現代経営基礎シリーズ ②
現代企業論の基礎

佐久間 信夫 編著

学 文 社

執筆者

*佐久間信夫　創価大学経営学部教授　（第1, 5, 8章）
今西　宏次　大阪経済大学経営学部教授　（第2, 6章）
文　　載皓　富士常葉大学総合経営学部助教授　（第3, 15, 16章）
所　　伸之　玉川大学経営学部助教授　（第4章）
中間　信博　九州国際大学経済学部助教授　（第7章）
小島　大徳　神奈川大学経営学部助教授　（第9章）
浦野　倫平　九州産業大学経営学部教授　（第10, 13章）
松本　　潔　自由が丘産能短期大学講師　（第11, 12, 14章）
文堂　弘之　常磐大学人間科学部助教授　（第17, 18章）
石井　泰幸　新潟経営大学経営情報学部助教授　（第19, 20, 21章）

（*は編者，執筆順）

はじめに

　本書は第1部企業形態，第2部企業統治，第3部企業と社会，第4部経営戦略，第5部中小企業と情報ネットワークの5部から構成されている．日本企業は今日，激しい競争環境，経営環境の変化にさらされ，こうした変化へのすばやい対応を求められているが，各部はこうした状況を十分に踏まえて書かれている．

　第1部の企業形態は，オーソドックスな企業の諸形態と株式会社の大規模化，株式会社どうしの結合形態などをとり上げる．2006年5月1日に施行された会社法では，合同会社（LLC）という新しいタイプの会社形態が認められるようになった．また，これに先立って，経済産業者は有限責任事業組合（LLP）という新しい制度を創設した．これらの企業は資本以外の特許や技術などを拠出して会社の設立に参加することができるという点で，従来とは全く発想を異にする企業形態である．知的財産が資本以上に重要な経営資源となってきた近年の時代状況を反映するものということができる．

　第2部の企業統治は，各国の企業統治改革についてみていく．現在先進国，途上国を問わず各国で企業統治改革が進められているが，ここでは各国の会社機関構造についての基礎的な知識を得ると同時に，企業統治を強化するために会社機関についてどのような改革が進められているのか検討する．

　第3部の企業と社会は近年の企業とステークホルダーの関係の変化についてみていく．企業と社会は，より具体的には企業とステークホルダーの関係の事をさす．ステークホルダーの企業に対する影響力は近年非常に大きくなり，企業はステークホルダーの要求に俊敏に応えていく必要に迫られている．ステークホルダーの要求に対応する経営，すなわちCSR経営こそが企業利益や企業成長に不可欠な時代となりつつある．CSR経営の理論と実践について考えていく．

第4部の経営戦略は，経営戦略の理論およびM&Aや国際化戦略など実践的な領域を取り上げる．日本においてもいよいよ敵対的M&Aが活発になり，企業も買収防衛に奔走するようになった．また，日本の経済成長が頭打ちとなったため，企業が成長するためには海外展開をすることが不可欠となった．多くの企業において日本国内での生産・販売比率が低下し，海外での生産・販売比率の方が高くなりつつある．ここでは，このような経営環境の変化に対し，企業がいかなる経営戦略のもとにM&Aや国際化を展開しているのかについて考えていく．

　第5部の中小企業と情報ネットワークは主として中小企業経営の現状や中小企業間の情報ネットワークがどのように機能しているかについてみていく．日本では中小企業の廃業数が新規開業数を上回り，それが年々雇用を縮小させている．中小企業の減少は雇用だけでなく，日本経済を縮小させ，不活性化させる懸念があるため，政府は中小企業支援法などによって新規開業を促進する政策をとっている．とくに新しい技術や経営ノウハウを持って参入するベンチャービジネスは経済の活性化に大きな貢献をすることが期待されている．

　企業は社会の要求に長期的・持続的に応えていかなければ，存続することができないが，社会の企業に対する要求は急速に変化している．この要求にすばやく対応することができない企業は淘汰されていくことになるであろう．これからの企業に何が求められ，企業はそれにどのように対応しているのかを本書から読み取っていただければ幸いである．

2005年5月7日　　　　　　　　　　　　　　　　　　　　　　　　編者

第1部　企業形態

第1章　現代企業の諸形態 …………………………………………2
  1.1　企業の法律形態と経済形態　2
  1.2　企業形態展開の原理　4
  1.3　日本における企業の種類　5
  1.4　株式会社の発展と経営機能の分化　13
  1.5　大規模株式会社の支配と統治　16

第2章　株式会社の発展 ……………………………………………20
  2.1　株式会社の歴史的起源とその発展　20
  2.2　株式所有の分散と経営者支配論　23
  2.3　株式所有の機関化と株主主権論　25
  2.4　おわりに　28

第3章　企業結合の諸形態 …………………………………………32
  3.1　企業結合の意義　32
  3.2　企業結合の目的と類型　33
  3.3　企業結合の制約と課題　39

第4章　公企業と公益企業 …………………………………………43
  4.1　公共企業の特性　43
  4.2　公共企業に対する規制　45
  4.3　公共企業の改革　47
  4.4　事例研究：郵政事業の民営化　50

第2部 企業統治

第5章 日本の会社機関と企業統治 …………………………56
- 5.1 監査役会設置会社の会社機関 56
- 5.2 株主総会と企業統治の現状 59
- 5.3 監査役会と企業統治の現状 60
- 5.4 取締役会と執行役員制 63
- 5.5 委員会設置会社と新しい企業統治制度 69

第6章 アメリカの会社機関と企業統治 …………………………73
- 6.1 はじめに 73
- 6.2 アメリカにおける企業統治論の展開 74
- 6.3 アメリカの会社機関と企業統治 77
- 6.4 おわりに 83

第7章 イギリスの会社機関と企業統治 …………………………86
- 7.1 イギリスにおける企業統治改革 86
- 7.2 イギリスの会社機関の特徴 89
- 7.3 株式所有構造と機関投資家の役割 92
- 7.4 統合規範以降の企業統治改革の動向 94

第8章 ドイツの会社機関と企業統治 …………………………99
- 8.1 共同決定の仕組みと会社機関 99
- 8.2 株式所有構造と企業支配 102
- 8.3 監査役会と取締役会の関係 107
- 8.4 銀行の支配力とコーポレート・ガバナンス改革 109

第9章 コーポレート・ガバナンス原則 …………………………114
- 9.1 はじめに 114
- 9.2 コーポレート・ガバナンス原則策定の歴史的系譜 115
- 9.3 コーポレート・ガバナンス原則の本質 119

9.4　コーポレート・ガバナンス原則の種類と役割　122

9.5　コーポレート・ガバナンス原則の体系　128

9.6　おわりに　133

第3部　企業と社会

第10章　企業に求められる21世紀型 CSR ……………………………138

　10.1　はじめに　138

　10.2　現代における企業と社会の関係　138

　10.3　重要性が高まる CSR　140

　10.4　日本における CSR の課題　146

第11章　企業とステークホルダー ……………………………………151

　11.1　企業の社会的責任とステークホルダー　151

　11.2　企業と株主（投資家）　154

　11.3　企業と従業員　155

　11.4　企業と消費者　157

　11.5　企業と政府および地域社会　159

第12章　企業の環境経営 ………………………………………………164

　12.1　企業を取り巻く環境問題と法体系　164

　12.2　企業行動レベルにおける環境経営への視点　170

　12.3　企業の環境マネジメント・システムと環境規格 ISO14001　176

　12.4　企業の環境会計と環境パフォーマンス指標　179

　12.5　企業のコーポレート・コミュニケーションと環境報告書　184

　12.6　市民団体・活動レベルからの環境経営への視点　188

　12.7　企業の環境経営の現状・動向とその課題　189

第13章　SRI の広がりとその課題 ……………………………………195

　13.1　はじめに──SRI と CSR　195

　13.2　SRI の概念　196

13.3 アメリカ，イギリスにおける SRI の動向　198
  13.4 日本における SRI の現状　204
  13.5 日本の SRI の課題　210
第14章　企業と NPO の連携 …………………………………………213
  14.1 企業と NPO・NGO との関係　213
  14.2 NPO の定義と活動領域　214
  14.3 企業と NPO との連携・協働　216
  14.4 インターミディアリー（中間支援組織）の役割　218
  14.5 企業と NPO の関係の展望　221

第4部　経営戦略

第15章　経営戦略論の展開 …………………………………………226
  15.1 経営戦略論の理論的展開　226
  15.2 規範的スクール　227
  15.3 記述的スクール　231
第16章　競争戦略 ……………………………………………………237
  16.1 競争要因には何があるのか　238
  16.2 競争優位を創造するためには何が必要なのか　240
  16.3 確立された競争優位をいかに持続するのか　244
第17章　M&A 戦略 …………………………………………………248
  17.1 M&A とは何か　248
  17.2 M&A の手法　249
  17.3 M&A の目的と種類　251
  17.4 日本の M&A の推移　253
  17.5 M&A の戦略的意思決定　255
  17.6 M&A 後の事業統合　256
第18章　国際化戦略 …………………………………………………259

18.1　企業の国際化と動機　259
18.2　戦後の日本企業の国際化　260
18.3　国際化の進展段階　263
18.4　国際ポートフォリオ戦略　267
18.5　撤退戦略　269

第5部　中小企業と情報ネットワーク

第19章　中小企業の現状と展開 …………………………………………274
19.1　わが国における中小企業について　275
19.2　戦後の中小企業の歴史的背景　278
19.3　中小企業の多様性　282
19.4　問題性中小企業と完全機能型中小企業　286
19.5　結び　287

第20章　中小企業と情報ネットワーク …………………………………290
20.1　情報ネットワークについて　290
20.2　ナレッジ・マネジメントにおける情報ネットワーク　293
20.3　中小企業と情報ネットワーク　296
20.4　結び　301

第21章　ベンチャービジネスの展開 ……………………………………306
21.1　はじめに　306
21.2　ベンチャービジネスとは　307
21.3　ベンチャービジネスの支援について　311
21.4　わが国のベンチャービジネス　315
21.5　ベンチャービジネスの日米比較　318
21.6　事例研究　323
21.7　結び　328

索　引 ……………………………………………………………………333

第1部　企業形態

現代企業の諸形態

1.1 企業の法律形態と経済形態

　企業は，広義には継続的に経済活動を行う組織体と定義することができる．企業の形態には法律形態と経済形態とがある．法律形態は民法や商法に規定されている企業形態で，大きく個人企業，組合企業，会社企業に分けることができる．組合企業には民法上の組合と匿名組合があり，会社企業には合名会社，合資会社，有限会社，株式会社，相互会社などがある．

　これに対して企業の経済形態は出資者の構成や出資と経営のあり方などから類型化されたものである．企業の経済形態は出資者が民間の私人であるかあるいは国や地方公共団体であるかによって，大きく私企業，公企業，公私合同企業の3つに分けることができる．私企業は営利を目的として民間の出資によって設立された企業である．私企業は出資者が単独かあるいは複数かによって，単独企業と集団企業とに分けることができる．単独企業は個人企業ともよばれている．

　集団企業はさらに出資者が少数か多数かによって少数集団企業と多数集団企業とに分けることができる．少数集団企業は少数の出資者が全員経営を担当する第1種少数集団企業と，出資者が経営を担当する出資者と経営を担当しない出資者から構成される第2種少数集団企業とに分けることができる．第1種少数集団企業は人的集団企業，第2種少数集団企業は混合的集団企業ともよばれている．

　多数集団企業は，経営活動から利潤を獲得することを目的として設立され

図表1-1　企業形態

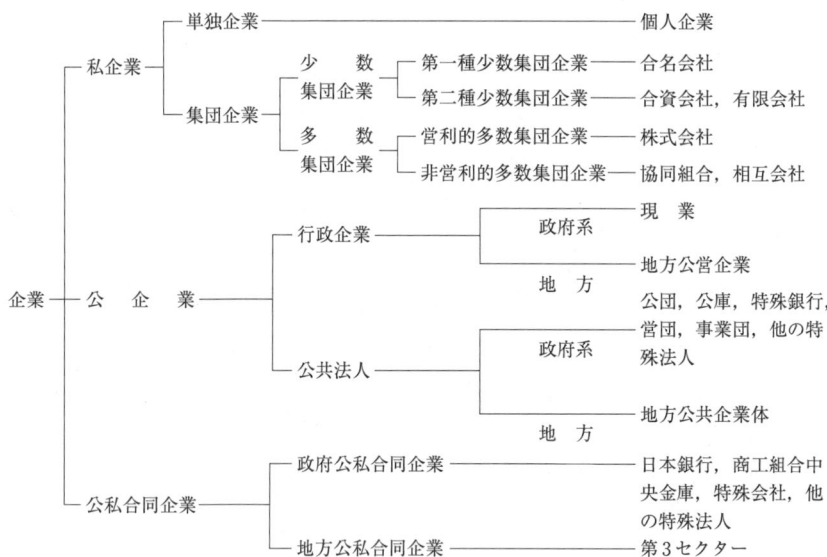

出所）鈴木岩行「企業の諸形態」佐久間信夫・出見世信之編著『現代経営と企業理論』学文社，2001年，3ページ

る，営利的多数集団企業と，経営活動から生まれた成果を自ら利用することを目的として設立される非営利的（第2種）多数集団企業に分類することができる．これらの経済形態はそれぞれ法律形態と対応している（図表1-1）．

　公企業は公益性の高い事業領域や営利活動になじまない事業領域において，国や地方公共団体が自ら企業活動を営むものである．公企業には国や地方公共団体の行政組織そのものが事業活動を行う行政企業と，国や地方公共団体が100％出資して法人を設立し事業を営む公共法人とがある．行政企業や公共法人においては，経営の裁量の幅を拡大することや競争の促進および効率性の追求という観点から，近年，独立行政法人への転換や民営化が進められている．

　公私合同企業には政府と民間が共同出資する政府公私合同企業と，地方自

治体と民間が共同出資する地方公私合同企業とがあり，後者は一般に第3セクターとよばれている．公共性の高い事業領域に利潤追求を目的とする私企業が参入した場合，公共性が損なわれる恐れがあることから，従来このような事業領域は公企業が担ってきた．しかし，その一方で，公企業の経営はきわめて非効率であるため，公私の共同出資によって公共性と効率性を同時に実現するために設立されたものが第3セクターである．しかし，現実には，多くの第3セクターが地方自治体への財務的依存体質を脱却することができず，巨額の赤字をかかえ倒産や解散が相次ぐ事態となっている．特にリゾート開発や地域開発を目的とした会社，鉄道会社などで経営危機が深刻化しており，第3セクターの半数は経営不振に陥っている．

1.2 企業形態展開の原理

　企業は常により大きな資本を集め，大規模化することを要求されている．それは規模を拡大すればするほど，規模の経済（economy of scale）を追求することができるため，単位製品当たりの生産コストを低下させることができるからである．企業は常に激しい競争にさらされているため，生産コストを引き下げる努力を怠れば，競争に敗れ市場から淘汰されてしまう．

　より多くの資本を集めるためには出資者の数を増加させればよいが，多くの出資者が経営に参加することは統一的な支配の維持（＝意思決定の統一）をむずかしくする．より大きな資本を集めること，および統一的な支配を維持することという2つのお互いに矛盾する要求を企業は同時に満たしていくことを要求される．企業形態はこの相矛盾する2つの要求を同時に満たす装置として展開されてきた[1]．

　中世のイタリアの商業都市で初めて形成されたソキエタス（societas）は複数の個人が出資する，今日の合名会社形態に相当するものである．この企業形態は出資者すべてが無限責任を負い，企業経営に参加する形態であるが，この企業形態のままでは出資者数をあまり拡大することができない．出

資者全員が経営に参加する形のままで出資者が増加した場合には，企業の統一的な支配の維持ができなくなるのである．ソキエタスという資本集中の枠組みがネックとなってそれ以上の資本集中は不可能となるのである．

そこで，企業の統一的支配を維持しながらより一層の資本集中を可能にするコンメンダ（commenda）という企業形態が創出されることになった．コンメンダは無限責任出資者のほかに，経営に参加しない有限責任出資者を有する企業形態である．コンメンダは今日の合資会社に相当する企業形態であるが，この形態も一定の資本集中の拡大を達成した後，その資本集中の枠組みそのものがネックとなって，それ以上の資本集中が不可能となる．

このように2つの相矛盾する要求を満たしつつ企業形態は展開してきたのであるが，最高度の資本集中形態として創出されたのが株式会社である．株式会社は全出資者を有限責任とし，資本を小額の株式に分割したため，資本集中の可能性を飛躍的に高めることができるようになった．株式会社においては無限責任出資者がいなくなったため，会社の第三者に対する責任，とりわけ債権者に対する責任を誰が引き受けるのかということが問題になる．株式会社では，株主総会，取締役会などの機関を設置し，これらの機関が第三者に対する責任を引き受けることによってこの問題を解消した．また，株式会社は会社の規模が大きくなるため，合名会社や合資会社と比べて会社そのものの信用が増大すると考えられている．株式会社では支配の統一は株主総会を通して実現される．すなわち，原則として1株につき1票の議決権が与えられ，多数決によって企業の意思が決定される．

1.3 日本における企業の種類

(1) 会社法制定

日本の会社形態は商法のほか有限会社法やさまざまな特例法の中で規定されてきた．また商法の条文はカタカナ文字で書かれているうえ，文章も古い形式が用いられており，改革が求められていた．こうしたさまざまな法律の

中に散らばっていた条項を「会社法」としてまとめ，この中に一体化する取り組みが続けられ，2006年度に施行された．「会社法」制定の主な目的の1つは，会社の設立を容易にすることである．そのために，これまでの最低資本金制度を廃止し，1円でも会社を設立できるようにする．また有限会社は廃止し，株式会社に一体化される．さらに新たに合同会社（Limited Liability Company：LLC）という会社形態も創設されることになった．会社の設立を容易にし，中小企業を中心に新規開業率を引き上げ，経済の活性化と雇用拡大につなげようとする意図がある．

(2) 個人企業

個人企業は出資者が1人の企業であり，個人の財産を資本として用い，出資者が自ら経営を担当する企業である．出資者が1人であるので出資規模には初めから限界がある．企業の経営は出資者自らが担当するため，経営能力にも限界がある．金融機関などからの借り入れは，出資者の個人的信用をもとに行われる．つまり，企業が返済不能に陥った場合には，出資者が責任をもって返済するということを前提に融資が行われるため，融資額はそれほど大きいものにはなり得ない．企業が債務不履行になった場合，出資者が個人の財産を提供して債務を返済する義務をもつことを無限責任というが，個人企業の出資者は無限責任を負う．個人企業においては，出資者の個人的財産と企業の資本との区別が明確でないことが多い．

(3) 合名会社

個人企業よりも多くの資本を集めるためには，出資者を複数化することが必要である．出資者の集団は一般に「会社」と定義される．

合名会社は，2人以上の出資者（法律上，社員とよばれる）が出資することによって設立される．会社の負債に対しては，社員全員が連帯して無限責任を負い，社員全員が会社の経営を担当する義務と権利をもつ．

出資者が複数になると支配の統一を維持することが問題になるが，合名会社では出資者全員の話し合いによって支配の統一が図られる．社員の出資持分を第三者に譲渡する場合には，他の社員全員の承諾を必要とする．会社の経営や負債に対して全社員が連帯して責任をもつことから，社員同士の人間的信頼関係が重視され，社員は血縁関係にある人やきわめて親しい人で構成されるのが普通である．合名会社はこのような性格から「人的会社」とよばれる．出資者は信頼関係にある人だけに限られるので，出資者の数が多くなることはない．日本には2005年現在，313万7,000の会社があるが合名会社の数は約1,900社（0.6%）とわずかである．

(4) 合資会社

　合資会社は，経営に参加しない出資者という新しい種類の出資者を作り出すことによって，出資者数を拡大しつつ支配の統一の維持も同時に図ろうとする企業形態である．経営に参加しない，すなわち，企業の支配権を放棄する出資者には無限責任を免除するという誘因が与えられる．したがって，合資会社は会社の支配権をもつ（経営を担当する）無限責任出資者と会社の支配権をもたない（経営を担当しない）有限責任出資者の2種類の出資者から構成される企業形態である．

　無限責任社員は経営を担当する義務と責任をもち，会社を代表する．これに対して有限責任社員は経営を担当したり，会社を代表する権限をもたない．有限責任社員は経営を監視する権限だけをもつ．無限責任社員がその持分を譲渡する場合には他の無限責任社員全員の承諾を必要とする．合資会社も個人的信頼関係に基礎をおいていることから人的会社である．

　合資会社は有限責任を条件に出資する個人が加わる分だけ，出資者の数が拡大することになる．しかし，有限責任出資者といえども，いったん出資してしまった資金は回収することがきわめて困難である．合資会社は出資金を返還する制度をもたないため，出資者が資金を回収しようとするならば，出

資の肩代わりをする新たな出資者を自ら探さなければならないが，これはきわめて困難である．したがって有限責任出資という新たな出資形態を創始したが，合資会社の出資規模にも自ら限界がある．2005年現在の合資会社の数は86,000社（2.7％）である．

(5) 株式会社

株式会社は資本金のすべてを均一で小額の単位に分割したものを意味する株式を発行する．出資者は株式を購入することによって株式会社に出資する．株式には所有権だけでなく，会社に対する均一な支配権も付与されており，したがってより多くの株式を所有するものがより多くの支配権をもつことを意味する．資本金を均一で小額の単位に分割した株式の発行はそれだけで出資者数の増加の可能性を高めるが，株式会社においては全出資者の有限責任制を実現したため，出資者数は飛躍的に増大（＝出資の分散）することになった．出資者の増加は支配の統一の困難をもたらすが，株式会社は多数決原理の導入によってこれを解決する．株式は資本金の均一な単位であると同時に支配権の均一な単位であるため，多数決によって株式の過半数を集めることによって支配の統一が図られることになった．株式会社の支配の統一は，株主総会において実現される．株式には1株につき1票の議決権が与えられており，多数決によって支配の統一が行われる．

これに対して経営は取締役によって担当される．取締役は必ずしも出資者すなわち株主である必要はない．株式会社においては，合名会社，合資会社と異なり，経営の担当者が出資者である必要がないため，経営の専門的知識や能力をもつものを広く探し，取締役として任命することができる．出資者が分散し，支配的な大株主がいなくなった大規模な株式会社では，大株主ではない経営者が経営を担当するのが一般となっている．大株主，すなわち企業の所有者である経営者が所有経営者（owner manager）とよばれるのに対し，所有者でない経営者は専門経営者（professional manager）とよばれる．

また，このように，所有者（＝大株主）と経営の担当者が別の人物になることを所有と経営の分離（＝出資と経営の分離）とよぶ．

　日本では，株式会社は，以前は7人以上の発起人によって設立されることになっていたが，1991年からは1人でも設立できるようになった．また，1991年から最低資本金制度が導入され，株式会社の設立には1,000万円以上の資本金の払い込みを必要とすることになった．しかし，1990年代は中小企業の廃業率が高くなる一方で新規開業率は低くなり，これが日本経済が停滞する一因となったため，政府は中小企業の設立を容易にする目的で2002年に「中小企業挑戦支援法」を制定し，資本金1円でも株式会社が設立できるようになった．「中小企業挑戦支援法」は2008年までの時限立法であり，しかも最低資本金が猶予されるのは設立後5年間だけであった．

　しかし，2006年に施行された会社法においては最低資本金制度が撤廃され，1円での株式会社の設立が恒常化されることになった．株式会社の設立方式には，発起人が資本金のすべてを拠出する発起設立と，発起人が資本金の一部を拠出し，残りを外部から募集する募集設立とがある．

　日本の大規模な公開株式会社には，監査役会設置会社と委員会設置会社の2つのタイプがある．監査役会設置会社は株主総会，取締役会，監査役会，代表取締役などの機関が法律で設置を義務づけられており，委員会設置会社は株主総会，取締役会，執行役，代表執行役などが設置を義務づけられている．これらの機関の役割については第5章で説明する．日本における株式会社の数は115万社（2005年現在）で全体の36.7％を占める．

(6) 有限会社

　株式会社が大規模な企業のために設けられた企業形態であるのに対し，有限会社は中小規模の企業のために設けられた企業形態である．有限会社においてはすべての社員が有限責任社員であり，出資者数は50人以下，資本金は300万円以上であることがわが国の有限会社法に定められていた．有限会社

図表 1-2　特例有限会社と株式会社の相違

	特例有限会社（整備法）	株式会社（新会社法）
譲渡制限	定款の記載がなくとも可（9条）譲渡承認手続は不要	定款の記載が必要（107条）譲渡承認手続が必要（136条）
特別決議	総株主の半数以上かつ議決権の4分の3以上（14条4項）	半数を有する株主が出席し，その議決権の3分の2以上（309条）
株主総会の適用除外	新会社法301～307条は原則として適用除外（14条5項）	・参考書類，議決権行使書面の交付（301条～302条） ・株主提案（303条～304条） ・総会検査役（306条） ・裁判所による総会招集（307条）
取締役の権限と義務	各取締役への委任不可・報告義務なし（21条）	各取締役への委任可・報告義務あり（348条・357条）
監査範囲	会計に限る（24条）	業務・会計の監査が原則

出所）渡邊顥・辺見紀男『会社機関の要点』商事法務，2005年，8ページ

は株式会社の利便性を中小規模の会社にも取り入れようとする目的で設けられた．したがって株式会社と同じような機関をもつが，有限会社のそれは株式会社より一層利便性の高いものとなっていた．会社法以前の株式会社の役員が，取締役3人以上，監査役1人以上，代表取締役1人以上であるのに対し，有限会社では取締役1人以上，監査役と代表取締役は置かなくてもよい．また創立総会や取締役会は開催しなくてもよいことになっており，株式会社の株主総会に相当する社員総会は書面でもよいことになっているなど，株式会社に比べて設立手続き，会社機関とその運営などは非常に簡素化されていた．

　わが国における有限会社の数は2005年現在188万社（60％）で株式会社の数を上回るが，2006年施行の会社法では，有限会社は廃止され，株式会社に一本化されることになった．これまでも中小企業が信用力をつけるために株式会社の形態をとることが多く，実態においては有限会社と株式会社の区別

がほとんどなかったためである．中小の株式会社にはこれまでの有限会社と同様な簡素な会社機関を設置するだけで株式会社の設立を認めることになった．従来の有限会社は原則として会社法上の株式会社として存続することになったが，従来どおり有限会社の商号を用いることもできる．この会社は，株式会社であるにもかかわらず，有限会社の名称がついているため，特例有限会社とよばれることになり，一部において会社法の適用が除外されることになった．

(7) 相互会社

相互会社は保険事業を営む企業にだけ認められた会社形態であり，日本の大手生命保険会社はほとんど相互会社形態によって設立されている．相互会社は，保険加入者が保険料として拠出した資金をためておき，万が一事故にあった加入者にはこの資金から補償を行うという，いわゆる相互扶助の目的で設立される．

相互会社では保険加入者が社員（出資者）となる．相互会社は保険業法によって認められた会社形態であり，相互会社の機関も保険業法に規定されている．相互会社の最高議決機関は社員総会であるが，大規模な保険会社では保険加入者（＝社員）が数千万人にものぼるため，社員総会にかわって，社員の代表者によって構成される社員総代会を設置することが，保険業法によって認められている．

現実には日本の相互会社はすべて社員総代会を設置している．相互会社の取締役と監査役は社員総代会において選出される．保険会社には株式会社形態も認められているため，損害保険会社や中堅の生命保険会社は株式会社形態をとる会社がほとんどである．他の保険会社や他の金融機関との合併・再編を行う際には株式会社形態の方が便利であること，企業統治（Corporate governance：コーポレート・ガバナンス）の点からも株式会社形態の方が経営監視が容易であることなどの理由により，近年，大手生命保険会社も相

図表1-3　会社法上の会社類型の比較（有限会社については，旧有限会社法）

	株式会社	有限会社	合名会社	合資会社	日本版LLC
出資者の責任	有限責任	有限責任	無限責任	一部が無限責任（有限責任社員は，出資金の範囲内で責任を負う）	有限責任
会社内部の規律	強行規定	強行規定	定款自治	定款自治	定款自治
出資の目的	金銭その他の財産	金銭その他の財産	金銭その他の財産に限らず，信用・労務の出資を認める	金銭その他の財産に限らず，信用・労務の出資を認める	金銭その他の財産（信用・労務の出資は認めない）
役員	取締役3名以上監査役1名以上※	取締役1名以上監査役は置かなくてよい	社員が業務執行を行う	無限責任社員が業務執行を行う	社員が業務執行を行う

※株式譲渡制限会社のうち取締役会を設置しない株式会社については，有限会社型機関設計が認められるようになる

出所）太田達也『新会社法と新しいビジネス実務』商事法務，2005年，213ページ

互会社から株式会社への転換を検討している．

(8) 合同会社（LLC: Limited Liability Company）

　株式会社は一般に，多数の出資者が資本を拠出して設立され，1株につき1票の議決権をもつことを原則としている．したがって出資額の多い出資者ほど大きな権利をもち，多くの配当を受けとる．これに対して2006年の会社法で導入された合同会社（LLC）は，資金のほかに特許やアイデアなどの知的財産を提供することが認められ，事業のルールや利益分配のルールを出資者間で決めることができる．たとえば，多額の資金をもつ人と知的財産をもつ研究者や学者が共同出資して会社を設立し，知的財産をもつ学者や研究者により多くの利益を配分するようなルールを決めておくこともできる．資

本よりもむしろ知的財産が企業の競争力を決定するようになった昨今の経営環境に適した会社形態ということができる．出資者はすべて有限責任であり，株主総会や取締役会などといった会社機関を設置する必要はない．

　LLCはアメリカのワイオミング州で初めて導入（1977年）され，現在アメリカに約80万社存在する．会社形態ではないがLLP（Limited Liability Partnership；有限責任事業組合）の制度も2005年に経済産業省によって創設された．LLPは株式会社の長所と民法上の任意組合の長所を取り入れた制度であり，出資者はすべて有限責任であり，法人税を納める必要はなく，利益配分等のルールは出資者同士で決めることができる．出資額が少なくとも知的財産の提供や事業への貢献度が高ければ利益配分や権限などを大きくすることができる．

1.4 株式会社の発展と経営機能の分化

　現代の大規模企業は，ほとんど例外なく株式会社形態をとっている．株式会社は規模の拡大とともに所有と支配および経営機能の関係を大きく変化させた．ここで株式会社の発展に伴うこれらの諸関係の変化についてみていくことにしよう．

　株式会社は資本金を均一で小額の単位に分割した株式を発行する．小額であることと，有限責任であること，そして，株式市場で簡単に出資金を回収することができることなどの理由により，株式会社の資本規模は飛躍的に拡大した．株式会社の株式は次第に多数の小額な出資者によって所有されるようになり，また出資者の地域的分散も進んでいった．株主数の増加および株主の地域的分散は株式の分散とよばれる．

　現在でも大規模でない株式会社のほとんどは個人または同族などによって所有される企業であるが，これらの株式会社が大規模化するにしたがい，増資，相続などの要因によってこれらの個人や同族の持株比率は低下するのが普通である．

ほとんどの大規模でない株式会社においては，出資者である大株主が自ら経営を担当し，他の小額出資者である多数の小株主は経営を担当せず，出資から得られる配当のみを受けとる立場にあるのが普通である．このように，多額出資者であり自ら経営にたずさわる大株主は機能資本家とよばれ，小額出資者であり自ら経営にたずさわらない小株主は無機能資本家とよばれる．株式分散の初期の段階においてはこのように資本家に2種が生じ，機能資本家においては（資本ないし株式の）所有と経営が結合した状態であるのに対し，無機能資本家においては所有と経営が分離した状態にある．

　企業規模がさらに拡大し，同時に株式の分散も一層進んだ大規模企業においては，企業経営はきわめて複雑になり，経営者は科学的，専門的な知識と能力を必要とするようになる．専門的な知識や能力をもった人物は，専門的教育を受け，大きな企業組織の中の現実の企業活動の中で業績をあげることによって企業組織の階梯を昇進してきた人びとの中に容易に見つけ出すことができる．大株主あるいはその親族がこうした専門的な知識・能力をもっていたとしても，それは単なる偶然にすぎないであろうが，成功のゆえに企業組織を昇進してきた人物は必然的にこの知識・能力をもっているということができる．したがって大規模な企業であればある程，経営について専門的な知識や能力をもついわゆる専門経営者が大株主に代わって経営を担当する傾向が強くなる．これが所有と経営の分離ないし資本と経営の分離であり，それは所有者（大株主）と経営者の人格的分離を意味する．

　ここにいう専門経営者は（資本ないし株式を）所有せざる経営者のことであり，被傭経営者，俸給経営者ともよばれる．経営者は大株主に雇用され，給料をもらっているのであり（被傭経営者，俸給経営者），経営者が大株主の意にそわない行動をとれば大株主はこの経営者を解雇し別の専門経営者を雇用することになる．したがって，この場合，支配者は大株主である．つまり，所有と経営は分離していても所有と支配は結合した状況にあるのである．支配は一般に「経営者を任免する力」あるいは「企業の広範な意思決定

を行う力」と定義される．

　発行済株式の50％以上を所有するような個人や同族であれば完全にその企業を支配することができる．しかし，きわめて大規模な企業においては，その50％以上の株式を所有するためには莫大な資本を必要とするため，大規模企業でのこのようなケースは現実には稀にしか存在しない．株式の分散が極度に進んだ大規模な株式会社においては，まとまった株式をもつ大株主は50％未満の株式所有であったとしても会社の支配が可能である．このような大規模会社においては，株式が広範に分散し，他に大株主が存在しない場合には5％以上の株式所有によって企業の支配が可能であると考えられている．

　株式の分散がさらに進み5％以上を所有する大株主が存在しないような企業では，これまでのような株主による支配は成立しなくなる．このようにすべての株式が広範に分散した場合には，専門経営者が企業を支配する．専門経営者は株主総会に際して株主からの委任状を収集するための機構を掌握しており，また取締役会の決定を掌握しているため企業の支配が可能となる．

　大規模な株式会社においては，株主数は膨大な数にのぼるため，株主総会に実際に出席する株主の比率はきわめて低い．そこで企業は株主総会の定足数を満たすために委任状を収集することになるのであるが，経営者は企業の費用と人手を使って委任状を収集し，それを経営者自らの提案に賛成する形で行使しうる立場にある．そこで経営者は自ら株式を所有することなく，事実上，過半数の議決権を握り，株主総会の決定権を掌握することになる．

　また，経営者に対する任命権をもち，経営者の活動を監視する立場にある取締役会も，取締役が株主総会において選出されることが法律で定められているため，事実上経営者によって選任される取締役で占められることになる．取締役会が経営者を選任するという法律上の規定とは逆に，経営者が取締役を選任することになるため，結局，経営者は経営者によって選任されることになる．経営者が経営者を選任する権限と，企業の広範な意思決定を行う権限を掌握するこのような状況は経営者支配とよばれている．

経営者支配は株式が広範に分散し，支配力を行使しうるような大株主が存在しない大規模な企業にのみ成立しうる．株式が分散することだけでただちに経営者支配が成立するというような主張もあるが，株式の分散という量的変化が支配形態の転換という質的変化にそのまま結びつくわけではない．大株主による支配力はその持株比率が減少することに伴い徐々に稀薄になっていくが，それに伴って，経営者は株主総会や取締役会などの機関を介して支配力を行使するようになるのである．支配が所有者（株主）の手から離れ，経営者に移行した状況は一般に所有と支配の分離とよばれている．

　所有と経営および所有と支配の分離はこのように株式の分散度合いに応じて3段階で進展していくと考えることができる[2]．まず出資者が無機能資本家と機能資本家に分かれた第1段階では，機能資本家においては所有と経営は結合した状態であり，資本家による直接管理が行われている．所有と経営の人格的分離がおこった第2段階では，所有者はなお支配を行っており，支配者である所有者は専門経営者を通して企業を管理している．これは資本家による間接的管理ともいわれる．株式が最高度に分散した第3段階では，企業機関を掌握することによって経営者が自らの任免権をもつ経営者支配が成立する．資本家は直接的にも間接的にも企業の管理にかかわらない．

1.5 大規模株式会社の支配と統治

　資本主義国の法律においては，企業は株主のものであり，企業は株主の利益のために経営されなければならないと定められている．それにもかかわらず，先進資本主義国のほとんどの大企業では経営者支配が成立しており，株主の利益が軽視されている．経営者支配型企業では，経営者が経営者層の人事権を握り，経営者自身に対する巨額の報酬の決定権を握ることになる．配当を低く抑え，株価を下げるような，株主に不利益をもたらす政策を経営者が実施しても株主はそれを阻止するような手段を見出せないような状況が続くことになる．資本主義経済体制の下では，経営者は企業の所有者である株

主に雇われた存在であり，経営者が株主の意に沿わない行動をとるならば，株主は総会や取締役会を通して経営者を解任することができる仕組みが設けられていたはずであった．しかし，経営者支配型企業では，本来経営者に対して支配力を行使し，経営者の行動を監視するために設置された株主総会や取締役会などの会社機関が，むしろ逆に経営者の権力強化のために経営者によって利用されるようになってしまっているのが実状である．また経営者支配型企業においては，経営者を監視するために設けられている会社機関が形骸化していることが多いため，経営者自身が粉飾決算やインサイダー取引などの法令違反にかかわっていた場合，それを初期の段階で発見し是正させることがきわめて困難である．それは大きな企業不祥事を発生させる要因ともなっている．

　今日，世界各国で企業統治をめぐる議論が活発になっているが，企業統治活動は，まず第1段階として，このように「企業が経営者のために経営される」実態を本来法律が想定していた「企業が株主のために経営される」ように改善しようとする活動である．こうした企業統治改善への取り組みは，法律と実態の乖離を重要問題と認識したアメリカの法律家たちによって1970年代から始められた．

　一方，アメリカでは1970年代にペンセントラル鉄道の倒産（1970年）やロッキード・エアクラフト社の経営危機（1971年），ウォーターゲート事件（1973年）などの企業不祥事が相次いで発生した．巨大企業の経営危機や不祥事は，その企業を取りまく多くのステークホルダー（利害関係者）に甚大な影響を与えることになる．たとえば，ペンセントラル鉄道の倒産は年間9,000万人に及ぶ鉄道利用者，9万5,000人の従業員，沿線の地域社会，同社に融資している金融機関，取引企業などに対して大きな打撃を与えることになった．倒産後に明らかになったのは，ペンセントラル鉄道の財務状況の悪化や経営陣の違法行為を取締役会が見落していたことである．つまり，取締役会が経営者に対する監視機能を果たしてこなかったために，企業が倒産

し，多くのステークホルダーが損失を被ったのである．

　企業不祥事の多発は，多くのステークホルダーの犠牲を伴うことから企業経営の監視に対する社会の関心は高まり，経営者の監視の強化，そのための法律や制度の整備の社会的要求が高まることになった．すなわち，企業統治の改善に対する社会からの要求が高まると同時に，「企業が株主のために経営される」だけでよいのかということも問われることになった．消費者や従業員，地域社会などのステークホルダーの企業に対するさまざまな要求も強くなり，しだいに「企業はステークホルダーのために経営されなければならない」という考えが浸透するようになった．すなわち，企業統治活動は第2段階として，「企業が（株主を含む）ステークホルダーのために経営される」ように改善しようとする活動である．

　第2段階の企業統治活動は「企業の社会的責任」(Corporate Social Responsibility) ないしCSRの追求を意味している．企業が株主の利益のために経営されるべきであるか，あるいは多くのステークホルダーの利益のために経営されるべきであるのかということについては，企業理論の観点からは異なった見解が存在するものの，CSRの考え方はほとんどの大企業経営者によって受け入れられ，すでに高度に実践されている．多くの企業がその実践状況を社会的責任報告書としてまとめ公表している．CSRや企業統治に関しては国際規格の作成が始められており，将来，世界の企業をこの国際規格によって格づけする準備が進められている．

　注)
　1)　植竹晃久『企業形態論』中央経済社，1984年，61ページ
　2)　村田稔『経営者支配論』東洋経済新報社，1972年，4-5ページ

　◆参考文献
　植竹晃久『企業形態論』中央経済社，1984年
　村田稔『経営者支配論』東洋経済新報社，1972年

増地昭男・佐々木弘編『現代企業論』八千代出版，1994年
佐久間信夫・出見世信之編『現代経営と企業理論』学文社，2001年
渡邊顯・辺見紀男『会社機関の要点』商事法務，2005年
太田達也『新会社法と新しいビジネス実務』商事法務，2005年

株式会社の発展

2.1 株式会社の歴史的起源とその発展

　株式会社の歴史的起源は，いったいどこに求めることができるのであろうか．ミッチェルらは，株式会社の歴史的起源は中世イギリスの宗教法人や都市自治団体（ecclesiastical and municipal corporations），さらにはローマ時代にさえさかのぼることができると主張している[1]．これに対して，わが国の代表的な見解である大塚久雄の主張によると，株式会社の発生史は，「個人企業→合名会社→合資会社→株式会社」という図式で発展してきたと跡付けることができるとされている[2]．

　では，どのような特徴が出揃えば，「株式会社」が誕生したということができるのであろうか．大塚は，「株式会社」が誕生したとするための指標として，以下の4つの形態的特徴をあげている．すなわち，①全社員の有限責任制の確立，②会社機関の存在，③譲渡自由な等額株式制，そして，④確定資本金制と企業の永続性である．大塚は，このうち①の全社員の有限責任制の確立が「株式会社」誕生の決定的指標であるとしている[3]．そして，これら4つの特徴を最初に具備するに至ったオランダ東インド会社（1602年）をもって株式会社制度の起源としている．それより先に1600年に設立されたイギリス東インド会社は，当初は一航海ごとに資金を集める継続性のない「当座企業」にすぎなかった．しかし，その後，徐々に元本をそのまま残しておくより永続的な形態である合本企業制へ移行し，永続企業となる．そして，1665年に全社員の有限責任制が導入されて，イギリスにおいても株式

会社としての形態が築かれることとなったのである[4]．

　以上のように，株式会社の歴史的起源はヨーロッパにあったといえる．そして，その次の重要な展開はイギリスにおいてなされることになる．これは，1720年に南海会社（The South Sea Company）を巡って起こった，いわゆる『南海泡沫会社』事件である．南海会社は，1711年にスペイン領南アメリカとの貿易を行う名目で設立された会社だが，実際には，戦費調達等のために発行されていた巨額の国債を引き受けることを目的としていた．南海会社は，本業の貿易を1717年まで行わず本業はまったく振るわなかったが，国債引き受け会社として成長し，この国債を時価で株式に転換する過程で恣意的な株価操作を行い，1720年のわずか数ヵ月の間に株価が約10倍にも高騰するという，きわめて大きな投資ブームを引き起こすことになったのである．このような株式投資ブームは，急激な株価の上昇をもたらしたが，その下落もかつてないほど急激なものであった．南海会社の株価は1720年の夏の2ヵ月の間に一気に5分の1に暴落してしまったのである[5]．そして，このバブル崩壊の結果，多くの破産者が生まれることになる．この南海泡沫会社事件とそれに伴って新たな会社設立を規制するために制定された「泡沫会社法」（Bubble Act of 1720）は，株式会社に対する広範囲にわたる国民の反対を伴っており，その後，1世紀にわたってイギリスにおける株式会社の発展を停滞させることになってしまったのである[6]．

　これに対して，アメリカは「株式会社王国」とよばれ，株式会社はその最初期から繁栄していたといえる．アメリカでは，独立後間もない1783〜1801年にかけて，300社以上の株式会社企業（business corporations）が設立されている[7]．この当時のアメリカは，未だ定住人口は少なかった．これに対して，当時の世界の2大勢力であったイギリスとフランスには，それぞれわずか20社ほどしか株式会社は存在しなかったのである．ただし，この時代においては，アメリカにおいても，企業形態からみれば個人企業やパートナーシップが依然として中心的な役割を果たしており，今日のように株式会社が重

要な意味をもつようになるまでには，さらなる時間が必要であった[8]．

　また，このような初期の段階においては，アメリカの会社設立許可書は，第1には橋梁，運河，有料道路等のような公的な役割を果たす会社に与えられており，その後，銀行や保険会社のような金融機関に与えられるようになったが，製造業の株式会社に対しては，アメリカが独立後30年間，ほとんど認められなかったという点については注目しておく必要があろう．つまり，アメリカの初期の段階においては，株式会社は，主として橋梁，運河，道路のような公共財を提供するために投資を集め，財務負担を分散させるための手段として用いられており，公共の利益に役立つという目的のために設立されていたといえるのである．しかし，19世紀の初めにイギリスとの関係が悪化して，通商禁止法により外国製品の輸入が排除されるようになって，ビジネス界からの圧力が高まったこともあり，製造業のためにも株式会社形態が利用されるようになったのである．とはいえ，商取引を行う際に株式会社形態を用いることは，アメリカにおいても依然として19世紀においては，一般的なことではなかった．19世紀末から20世紀の初めまでの間に，株式会社は資本を調達し，商取引を行う手段として確立されてきたのである．株式会社形態を組織化し，その諸活動を規制する法律や規則は，株式会社の利用頻度が高まるにしたがって発展し，制定されてきたといえるのである[9]．

　以上のように，株式会社の歴史的起源はヨーロッパにあるが，その後の発展はアメリカにおいてなされたということができる．そして，株式会社は，今日でもアメリカ企業の最も支配的な企業形態となっている．たとえば，1998年に，パートナーシップと個人企業の収益を合計しても1兆ドルであったのに対して，株式会社形態をとっている企業は37兆ドルもの収益を上げていたのである[10]．では，アメリカの最も支配的な企業形態となっている株式会社は，20世紀以降，どのように発展・展開していったのであろうか．以下では，アメリカの場合を中心に，株式所有の分散と経営者支配論，株式社有の機関化と株主主権論の順にみていきたい．

2.2 株式所有の分散と経営者支配論

　すでに述べたように，アメリカにおいて株式会社は19世紀の末以降，急激な発展を遂げることになる．株式会社が発展したことにより，それ以前には存在しなかったような巨大な株式会社が登場することになった．

　伝統的に株式会社は，株主（所有者）＝資本家のために私的利益を追求するための手段であると把握され，彼らのために利益を生み出す経済的な組織であるとみなされていた．しかし，それ以前には存在しなかったような巨大な株式会社が登場することにより，従来の伝統的な株式会社観では説明しきれないような状況が出現したのである．そして，この問題を理論的・実証的な形で世に問うた著作が，バーリとミーンズの共同研究である有名な『近代株式会社と私有財産』（1932年）[11]である．彼らの著作の出現により，法律的・経済的意味を超えて巨大株式会社制度のもつ意味を探求することの価値が明らかになったのである．以下，彼らの研究をみていくこととする．

　まずバーリとミーンズが研究対象としたのは，アメリカの巨大株式会社200社（銀行を除く）であった．これは，1929年当時のアメリカにおいて，会社数でみれば全体のわずか0.07％にすぎなかったにもかかわらず，その規模についてみると，株式会社の富の49.2％，事業用の富の38％，国富の22％がこの200社によって占められており，驚くほど株式会社の巨大化と経済力の集中が進んでいたからである．そして，彼らはこの200社の現状を分析することにより，アメリカ経済の主要な部分が明らかになると考えたのである．

　さて，彼らの主張をまとめれば，①所有と支配の分離による経営者支配への移行（経営者革命論）と，②株式会社の性格の私的な致富手段から準公的会社への変容（株式会社革命論）の2つに要約することができる．

　まず，経営者革命論について理論的にみてみるとおおよそ以下のようになる．巨大な株式会社は，多くの場合，株式を証券取引所に上場している．これは，株式会社が大規模化するためには多額の資本調達を行う必要があり，

図表2-1　最大会社200社の支配形態（1929年）

支配のタイプ	会社数	資産額
経営者支配	44%	58%
法的手段による支配	21%	22%
少数所有支配	23%	14%
過半数所有支配	5%	2%
私的所有支配	6%	4%
管財人の手中にあるもの	1%	negligible

出所）Berle, A. A. and Means, G. C. *The Modern Corporation and Private Property*, New York, The Macmillan Company, 1932, p. 109.

大量の株式が発行されるからである．そして，その過程の中で，株式所有は多数の株主の間に広範に分散することになる．その結果，株式所有に基づいて会社を支配することが困難になり（所有と支配の分離），会社の支配者が株主（所有者）から経営者に移行することになるのである．

　この点に関して，彼らは以下のような実証研究を行っている．彼らは，主として大株主の持株比率に従って会社支配を次の5つのタイプに分類する．すなわち，私的所有支配（持株比率100～80％），過半数所有支配（同79～50％），少数所有支配（同49～20％），経営者支配（同20％未満），そして法的手段による支配（株式を過半数所有せずに，ピラミッド型持株会社，無議決権株，議決特権株，議決権信託等を利用して会社を支配する）である．そして，図表2-1が示しているように，彼らは，アメリカの巨大株式会社200社のうち，会社数でみれば44％，資産額でみれば58％の会社が経営者支配になっていることを明らかにしたのである．

　では，この経営者支配の成立はどのような意味をもつのであろうか．すでに述べたように伝統的に株式会社は，所有者のために利益を追求する手段であると考えられていた．しかし，多額の資本調達のために株式が大量に発行され，株式所有が広範に分散し，またそれに伴って「財産の変革」が生じ，所有と支配の分離が生じて，経営者支配が成立することになる．その結果，株式会社は，「社会全体に対するサービスの提供にもっぱら志向するものと

把握」され,「多くの会社利害関係者に責任をもつ経営者が支配する準公的会社 quasi-public corporation へ発展するという，いわゆる株式会社革命論 corporate revolution の主張」[12]がなされることになるのである．

このような経営者支配論は，議会や政府機関による報告書やマルキストを中心とする所有者支配論者や金融支配論者により多くの批判にさらされてきたが，1960年代頃には一応のコンセンサスを得ていたと考えられている[13]．

2.3 株式所有の機関化と株主主権論

アメリカは，1960年頃まではいわゆる個人所有段階にあり，経営者支配論は一応のコンセンサスを得ていたが，1960年代以降はどのような状態になっているのであろうか．アメリカでは，1950年代後半から徐々に株式社有の機関化が進行することになる．

機関投資家には，通常，私的年金基金，公的年金基金，ミューチュアル・ファンド，商業銀行の信託部門，保険会社などが含まれる．そして，上場会社の株式に対する機関投資家の持株をすべて合計すれば，1955年時点で23%であったのが，1990年時点で53.3%というようにその持株比率が急激に高まったのである[14]．また，巨大株式会社に対する持株比率を示した図表2-2か

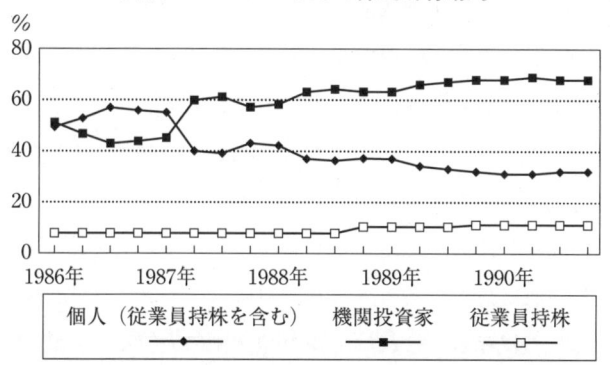

図表2-2 アメリカの株式所有動向

出所) Useem, M., *Investor Capitalism*, New York, Basic Books, 1996, p. 116.

figure 2-3 最大200社に関するラーナー調査とハーマン調査

支配のタイプ	ラーナー調査（1963年）	ハーマン調査（1974年）
経営者支配	83.5%	82.5%
法的手段による支配	4.5%	―
少数所有支配	9.0%	14.5%
過半数所有支配	3.0%	1.5%
私的所有支配	―	―
金融支配	―	0.5%

注) 少数所有支配に関して，バーリとミーンズの調査とは異なりラーナーは持株比率を49～10%（したがって，経営者支配は10%未満），ハーマンは49～5%（したがって，経営者支配は5％未満）と設定している．

出所) Larner, R. J., *Management Control and the Large Corporation*, New York, Dunelien, 1970, p. 12. および, Herman, E. S., *Corporate Control, Corporate Power*, Cambridge, Cambridge University Press, 1981, pp. 58-59より作成

らわかるように，1980年代の後半以降，機関投資家がその比率を急激に高めているのに対して，個人はそれを急激に低下させている[15]．

とはいえ，1970年代頃までは，図表2-3からもわかるように，一般的には経営者が株式所有に基づかないで会社を支配していると考えられていた．たとえば，ラーナーは，1966年に，「1929年にバーリとミーンズが進行中であると観察していた『経営者革命』は，30年後の今日，少なくとも最大非金融株式会社200社の枠内では，あらかた完成したように思われる[16]」と述べている．また，ハーマンも1974年時点の巨大株式会社200社に対する独自の調査を行ない，経営者がその戦略的地位に基づいて会社を支配していると主張していたのである[17]．そして，機関投資家も一般的には，ウォール・ストリート・ルール，すなわち，経営に不満のある投資家は，会社の経営に対して積極的に発言するのではなく，その所有する株式を売却するという暗黙のルールに従って行動すると考えられていたのである．

しかし，1980年代に入って，新たな状況が発生することになる．それは，敵対的な企業買収の急増である．敵対的買収は，通常，株式公開買付を利用して行われることになる．これは，現行の株価に大幅なプレミアを付けて株主に直接アピールするものであるため，株主に対して大きな利益がもたらさ

れると考えられる．とはいえ，このような敵対的買収が成立してしまえば，ターゲット会社の経営者はその地位を失ってしまうことになってしまう．このため，経営者は敵対的企業買収に対抗し，自身の地位や利益を守るためにさまざまな手法を考案し，利用することになる．しかし，これは，株主の利益を損なうことになってしまったのである．このため，第6章でも改めてみるように，この時期以降の企業統治論は，株主対経営者，すなわち，どのようにすれば有効に株主による企業経営（経営者行動）のチェックが行えるようになるのかが中心的な問題とされるようになる[18]．つまり，株主主権論が展開されることになったのである．

次に，1990年代に入ると，Calipers（カリフォルニア州公務員退職年金基金）やTIAA-CREF（教職員退職年金基金・株式ファンド）のような公的年金基金を中心とする機関投資家が，株主として積極的に会社経営に参加し始めるようになる．これは，期末時価ベースでみて，アメリカの会社株式に対する公的年金基金の株式所有構成比が，1980年には3％（年金基金全体では17％）であったものが，1990年には8％（同27％），そして1997年には10％（同24％）というように，その構成比を急速に高めているからである[19]．

それ以前は，商業銀行の信託部門が機関投資家の中でも中心的な役割を果たしていたが，年金基金がそれに取って代わることになったのである．このような現象は，年金基金による積極的な行動主義やリレーションシップ・インベスティング（会社経営に積極的に参加する投資）等とよばれている．そして，1990年代以降，年金基金の積極的な行動主義により，巨大株式会社の著名な経営者が何人も解任され，数多くの株主提案がなされるようになっている．このため，エージェンシー理論の提唱者は次のような主張を行うことになる．それは，株主の反乱により所有と支配の分離が事実上終焉しており，株主反革命が起こっているという主張である．その結果，この立場からは，経営者革命論による貢献が無視されることになってしまっている[20]．経営者革命論の今日的意義について改めて考え直してみる必要があろう．株主反革命

といわれ，株主主権論が叫ばれる中で，株式会社の将来をどのようなものと考えていくのか，今日，株式会社は重要な岐路に立っているといえるのである．

かつて所有者支配論者は，株式会社は株主（資本家）により支配されており，したがって会社の目的は私的な利益の極大化であるとしていた．しかし，佐久間信夫もいうように，「年金基金は，投資に対する利益は重視しつつも，その他に環境問題，消費者問題，人種問題など多様な目的意識をもつ一般市民を加入者としている[21]」．このため年金基金のとる行動は，このような多様な利害関係者を背景にして行われることになるのである．エージェンシー理論が想定しているような，単純な利潤動機しかもたないプリンシパル（本人）とエージェンシー（代理人）の関係ではないことを認識しておく必要があろう．

2.4 おわりに

以上，株式会社の歴史的起源から今日までの発展をそれが最も発達した国であるアメリカを中心にみてきた．かつて，「有限責任の株式会社（limited liability corporation）は，現代の最高の発見である．……蒸気や電気でさえ，それよりもはるかに重要性が低い．蒸気や電気は，それがなければ相対的な重要性を低下させてしまうことになる[22]」とまで賞賛されていた．しかし，著名な経済学者であるジェンセンとメクリングは，1978年に「株式会社という組織形態は，将来，全くなくなってしまうと思われる．われわれが現在知っているような巨大な株式会社は，何らかの形で生き残るかもしれないが，滅んでしまう運命にある．実際，われわれは，いくつかの産業ではその終焉が差し迫っていると信じている[23]」と主張していた．確かに，サービス関連の分野では，依然として個人企業やパートナーシップが企業を設立する際の手段として広範に用いられているのは事実である[24]．

しかし，すでに第1節でみたように，全体的にみれば，1998年に，パート

ナーシップと個人企業の収益を合計しても1兆ドルであったのに対して，株式会社形態をとっている企業は37兆ドルもの収益を上げている．ジェンセンらの将来予測とは異なり，株式会社は経済的な役割を果たす制度として，今後も発展を続けていくと考えられるのである．

では，バーリとミーンズの株式会社の性格が私的な致富手段から準公的会社へと変容していくという主張についてはどうであろうか．実は，第3節で取り上げたハーマンは，別の論文で半経営者支配論者の展望（semi-managerialist perspective）[25]と自ら述べているところからもわかるように，会社は経営者により支配されているものの，経営者は数多くの内的・外的要因によって利潤動機に制約されている（「制約された経営者支配」説）ため，会社が積極的・自発的に社会的責任を果たすことはないと主張してバーリらの主張を批判している[26]．確かに，経営者が数多くの利潤動機に制約されていることは事実である．しかし，今日，大規模な株式会社は，社会から積極的に社会的責任を果たし，倫理的な行動をとるように求められるようになっている．このような動きは，わが国においても，近年，急激な高まりをみせている．経営者は，積極的に社会的責任を果たし，倫理的な行動をとらねばならないという動機にも制約されていると考えられるのである．

注）

1) Mitchell, L. E., Cunningham, L. A. and Solomon, L. D., *Corporate Governance and Finance*, 2nd ed., Durham, Carolina Academic Press, 1996, p. 5.
2) 大塚久雄『株式会社発生史論』岩波書店，1969年，144ページ
3) 同上書，24-25ページ．これに対して馬場は，株式会社を経済的に規定しているのは，③の譲渡自由な等額株式制であると主張し（馬場克三『株式会社金融論』森山書店，1965年，序2ページ），岡村は，資本の証券化による資本の集中，つまり証券金融こそが株式会社の基本的特徴であると主張した（岡村正人『株式会社金融の研究』有斐閣，1950年，8ページ）．

　ただし，本章で中心的に取り上げる最も株式会社が発達した国であるアメリカの株式会社についてみてみれば，当初，製造会社には株主有限責任制は

認められていなかった点は注意をしておく必要があろう。この点については、今西宏次「株主第一位の規範と株主有限責任制」『大阪経大論集』第55巻第3号，2004年を参照されたい。
4) 三戸浩・池内秀己・勝部伸夫『企業論（新版）』有斐閣，2004年，56-58ページ
5) 中野常男「株式会社と企業統治：その歴史的考察」『経営研究』No. 48, 2002年，30-40ページ，および，林敏彦「お金の物語」『日本経済新聞』2003年6月12日
6) Votaw, D., *Modern Corporations*, Englewood Cliffs, Prentice-Hall, Inc., 1965, p. 18.
7) Blumberg, P. I., "Limited Liability and Corporate Groups", *The Journal of Corporation Law*, Vol. 11, 1986, p. 587.
8) 正木久司『株式会社財務論』晃洋書房，1993年，33-34ページ，および，三戸他，前掲書，61ページ
9) 今西，前掲論文，72-75ページ
10) Mendelson, N. A., "A Control-based Approach to Shareholder Liability for Corporate Trots", *Columbia Law Review*, Vol. 102, 2002, p. 1208.
11) Berle, A. A. and Means, G. C., *The Modern Corporation and Private Property*, New Brunswick, Transaction Publishers, 1991. Originally published in 1932 by Harcourt, Brace & World, Inc.（北島忠男訳『近代株式会社と私有財産』文雅堂書店，1958年）
12) 正木久司『株式会社論』晃洋書房，1986年，92ページ
13) 同上書，96ページ
14) Ruback, M. J., *Institutional Shareholder Activism*, New York, Garland Publishing, 1999, p. 8.
15) ただし，全会社株式（corporate equities）の市場価値に占める株式所有動向をみると1990年時点で，個人49.9％，機関投資家43.2％，1995年時点で，それぞれ48.9％，43.2％，2000年時点で，同43.4％，45.5％，2005年の第1四半期で，同37.8％，50.2％である（*Flow of Funds Accounts of United States*, September 12,1996 & June 9, 2005）．
16) Larner, R. J., "Ownership and Control in the 200 Largest Nonfinancial Corporations, 1929 and 1963", *The American Economic Review*, Vol. 56, 1966, pp. 786-787.
17) Herman, E. S., *Corporate Control, Corporate Power*, Cambridge, Cambridge University Press, 1981. なお，ハーマンの所論については，今西宏次「E. S. ハーマンの株式会社論」『同志社大学大学院商学論集』第26号，1991年を参照されたい。

18) 今西宏次「コーポレート・ガバナンス」佐護誉・渡辺峻編『経営学総論』文眞堂, 2004年, 149ページ
19) 染宮秀樹「米国コーポレート・ガバナンスの展望」『財界観測』1998年7月, 132ページ
20) Nodoushani, O., "The Promises of Managerial Revolution Theory", *Journal of Management History*, Vol. 2 No. 4, 1996, pp. 3-20.
21) 佐久間信夫『企業支配と企業統治』白桃書房, 2003年, 17ページ
22) Cited in J. W. Hurst, *The Legitimacy of the Business Corporation in the Law of the United States*: 1780-1970, Charlottesville, University of Virginia Press, 1970, p. 9.
23) Jensen, M. C. and Meckling, W. H., "Can the Corporation Survive?", *Financial Analysts Journal*, 1978, Vol. 31, No. 1, available at http://papers.ssrn.com/sol3/papers.cfm?abstract_id=244155
24) Weidenbaum, M. L. and Jensen, M. J., "Introduction to the Transaction Edition", in Berle & Means, *op. cit.*, ix-x.
25) Herman, E. S., " The Limits of the Market as a Discipline in Corporate Governance", *Delaware Journal of Corporate Law*, Vol. 9, 1985, p. 530.
26) 詳しくは,今西宏次「コーポレート・ガバナンスの論理展開」『同志社大学大学院商学論集』第28号, 1993年, および, 今西「E. S. ハーマンの株式会社論」を参照されたい.

◆参 考 文 献

Berle, A. A. & G. C. Means, *The Modern Corporation and Private Property*, New Brunswick, Transaction Publishers, 1991. Originally published in 1932 by Harcourt, Brace & World, Inc. (北島忠男訳『近代株式会社と私有財産』文雅堂書店, 1958年)

大塚久雄『株式会社発生史論』岩波書店, 1969年

正木久司『株式会社論』晃洋書房, 1986年

正木久司『株式会社財務論』晃洋書房, 1993年

今西宏次『株式会社の権力とコーポレート・ガバナンス』文眞堂, 2006年

第 3 章

企業結合の諸形態

3.1 企業結合の意義

　企業集中ともいわれる企業結合（business combination）は，独立的に機能している資本単位である単一企業間の結合あるいは集中のことを意味する。個々の企業が有する孤立した組織能力では高度の企業目的を達成することが困難なため，企業結合のような高次の発展形態が必要となる．特に，1990年代以降にみられるように，グローバル化と情報化を軸とする急激な経営環境の変化に対応するためには，従来のような硬直な組織形態では将来の発展は無論，さらなる持続可能な発展は期待できないであろう．多様性，複雑性，不確実性などの急激な増加を特徴とするグローバル化に機敏かつ効率よく対応するため，各々の企業の経営者たちは数多くの戦略的および組織的課題に直面している[1]．また，後者の情報化の動向は，具体的に，「電子的伝達効果」「電子的仲介効果」「電子的統合効果」の3つの効果をもたらし，企業経営にさまざまな影響を及ぼしている．これらの情報化の波にいかに対応するかの問題は現代の企業経営に携わっているすべての経営者が抱えている重要な課題である[2]．

　従来，日本では商法が定めた範囲内で，個人企業，合名・合資会社，有限会社，株式会社などがその成立の目的によって異なる諸類型として存在していた．しかし，上述したグローバル化と情報化という二軸の激しい経営環境の変化に対応するために，既存の法人形式を自由な変更が容易にできる新会社法が制定され，今後の経営主体の動向に目が離せない．無論，これらの諸形態は国ごとの経済・社会・文化的状況によって異なる様子をみせている．

特に，これらの単一企業の諸形態の変化とは別に，企業結合が経済全般において重要なウェートを占めるようになったのは，より多くの資本の集中と集積によって個別資本間の結合の活発化を可能にした株式会社の一般化と普遍化に起因するものであると考えられる．

3.2 企業結合の目的と類型

では，企業間の結合はなぜ行われるのか．企業が結合を行う理由はさまざまであるが，一般的には企業相互間の競争の制限または排除，生産工程の合理化，出資関係から企業の支配力の強化などが主な目的とされている．

また，実際の企業結合が成立する要因には何があるのか．これは主導的要因と促進的要因によって成立できる.[3] 前者の主導的要因には，固定費の増

図表3-1　企業結合の成立要因

項目	要因	内容	具体例
主導的要因	固定費の増大	特に，不景気など市場需要が低下する際に備え，各企業間の過当な競争を予め行った協定によって調整すること	日本の繊維産業と鉄鋼産業
	市場の独占的地位	市場への供給量をコントロールする能力	マイクロソフトの提訴
	企業間の組織的合理化	企業間の生産及び流通の組織的合理化によって原価を低減する目的	
	金融的利益	銀行が固定的貸付や株式会社金融などによって金融的利益を得るのが目的	
促進的要因	株式会社の発達	会社法など法制度の整備によって可能な施策	M&A，持ち株会社
	政府の統制	政府が国民全体の経済的利益を確保するために強制的に行われる立法や規制	1932年の米国で行われた強制カルテル法
	景気変動	不況期にはカルテルなどを促進するのに対し，好況期にはそれらへの制約要因になる点	日本企業の長期的不況

出所）占部都美『経営形態論』白桃書房，1980年，262-269ページ

大，市場の独占的地位，企業間の組織的合理化，金銭的利益などがあり，後者の促進的要因には，株式会社の発達，政府の統制，景気変動などがある．その具体的な内容とその具体例については図表3-1で示している．

企業結合の類型にはさまざまなものが存在するが，一般的には企業連合，トラスト (trust)，企業合同，コンツェルン (Konzern)，コンビナートなどが典型的な形態として取り上げられる[4]．

(1) 企業連合

第1の企業連合は，事業者団体 (trade association) とカルテル (cartel ; pool) に大きく区分される．前者の事業者団体とは，業界別に形成された企業の連合組織としての性格が強い．業界の需給動向の把握，情報交換，教育活動，そして事業者団体メンバー企業間の利害関係を調整することなどの体内的事業と，国会や行政機関への圧力，社会公共への協力，広報などの対外的な活動を行うのが主な目的である．

後者のカルテルは，同一部門間における競争の制限と市場支配を目的とした参加企業間の協定の締結により成立される．これは個別企業の自立性を認めた上で，マーケットシェアを高めるため，マーケットコントロールを行う形態をとる．したがって，カルテル傘下に属している企業は連合して生産量，販売条件，生産設備などといった諸条件の統制，すなわち，マーケットコントロールの強度によって一定のマーケットシェアを持続的に確保できる．カルテルの代表的な類型には価格協定による価格カルテルと，生産協定による生産カルテルがある．

しかし，このカルテルは，各カルテルの支配力が一産業内に及ぶため，代替製品投入による価格競争と，その傘下企業と他部門の競合企業との競争によってもその協定が破壊される可能性が常に存在することが限界点として指摘されている．また，両者ともに，他の企業に対する競争の制限や阻害を行う可能性が高いため，公的監査機関である公正取引委員会によって厳格に追

及されたり，独占禁止法などによってそれらの活動が制限されている．

(2) トラスト

　第2のトラストは，企業合同ともいわれ，同一産業部門のいくつかの企業が統一的意思のもとで，資本的結合を行うことによって成立される．この形態はカルテルよりいっそう高次の企業結合を行う手法として知られている．カルテルの限界を克服するために考案されたものではあるが，トラスト傘下にいる企業同士が克服すべきより高次元の問題もさらに共存していることも看過できない事実である．このトラストの代表的なものとして知られているのがM&Aである．

　企業は自社の成長のために製品や市場の多角化を図る．特に，近年，自社内にこの多角化を行うために必要とされる経営資源が不足したり，迅速に多角化を行う際に採用される手法の1つがM&Aである．M&Aとは企業を取巻く企業環境の変化に対応するために企業の業務再構築の有効な手段として行われる企業の買収と合併のことをいう．Mは買収（mergers）を意味し，Aは合併（acquisitions）のことを意味する．前者が買収した企業を解体して自社組織の一部分として吸収する形であるのに対し，後者は対象企業を解体せずに子会社や関連会社として管理する形をとる．

　M&Aは図表3-2が示しているように基本的に4つの形態で行われる．買収には，買収される企業全体を自社の子会社化とする形態と，一部門を子会社化する形態がある．そして合併には，法律的に合併する企業が合併後存続し，他方の企業は消滅してしまう吸収合併と，合併後まったく新しい形として誕生する新設合併という2つの形が存在する．[5] 実際に1980年代においてアメリカ企業が行った活発なM&Aは，1990年代のアメリカ経済の成長を牽引する原動力となったと評価されている．

　日本においても経営戦略の1つとして注目を受けてこのM&Aが1980年代半ば以降，活発化されている．1990年代後半から続発した大手銀行の合従

連衡や仏ルノー自動車による日産自動車の買収，日本テレコムによる大型企業買収などの動きは，従来にはみられなかった規模や数で発生しているM&Aの新たな動向であった．特に，最終的な実行には至らなかったが，2005年に生じたライブドアによるフジテレビの買収劇は多くの人びとの脳裏に鮮明に残っている．このような動向については，バブル経済崩壊後，経営業績が不振に落ちた日本企業を欧米企業が相対的に安価で買収しようとする一時的な傾向にすぎないという分析があるものの，日本に限って発生してい

図表 3-2　M&A の類型

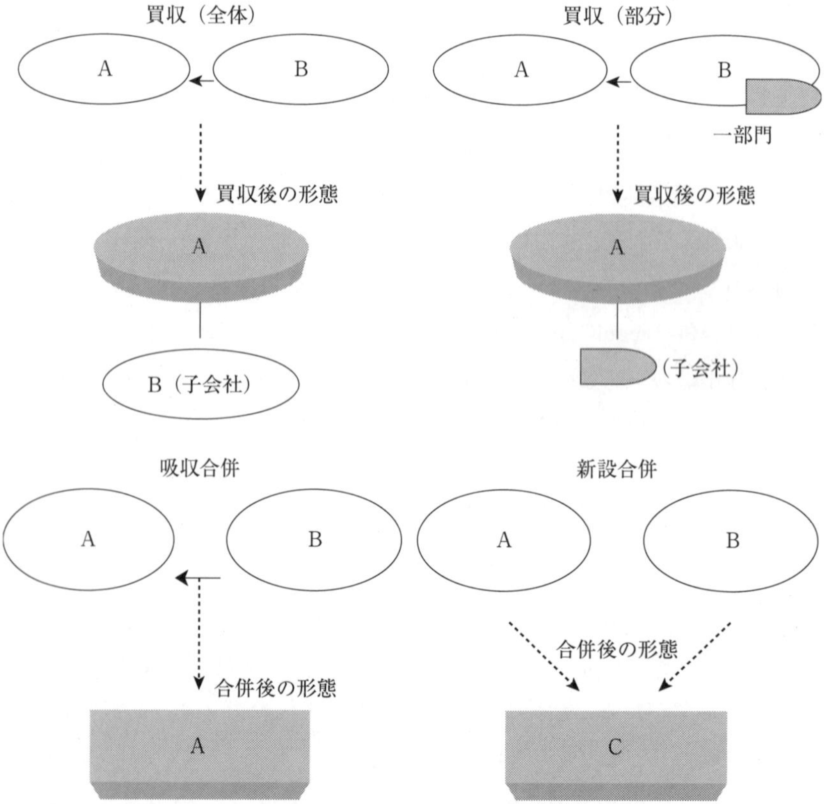

買収（全体）　　　　　　　　買収（部分）

買収後の形態　　　　　　　　買収後の形態

A　　　　　　　　　　　　　A

B（子会社）　　　　　　　　（子会社）

吸収合併　　　　　　　　　新設合併

A　B　　　　　　　　　　　A　B

合併後の形態　　　　　　　合併後の形態

A　　　　　　　　　　　　　C

出所）伊吹六嗣・坂本光司『現代企業の成長戦略』同友館，2001年，86ページ

る動きではないという意見に異論を立てる人はないであろう．

　一方，このM&A戦略の急激な台頭は，1980年以降，米国で登場した価値ベース戦略と無縁ではない．この価値ベース戦略は，「企業価値を，特に株主価値をいかに高めるのか」の問題が経営者の最大の目標であった[6]．

　そしてこのM&Aは定義によって，株式取得や営業譲渡を伴う狭義の概念と，それに業務や情報などに限定して行われる提携も概念の範疇に入れた広義の概念に区分することができる．また，M&Aは，買収する行為に対して買収先の同意を得るのかどうかによって友好的買収と敵対的買収に区分することもできる．後者に対しては，バブル経済崩壊後，業績悪化で苦戦している日本企業を欧米企業が安価で乗っ取るような悪いイメージを与えているのも事実である．これは，企業を単なる商品とみなす欧米の考え方に対する反感でもあり，内部留保などを通して安定的な成長を選好するなどの従来の方式を堅持しようとする流れとしても考えられる．

(3) コンツェルン

　第3のコンツェルンは，トラストの矛盾を克服するために登場した手法の1つである．カルテルとトラストが同一産業内で行われたのに対し，コンツェルンは産業と金融の融合によって企業間の結合が行われるのが特徴である．換言すれば，これはいくつかの企業がそれぞれの独立性を維持しながら，持株会社（holding company）ないし株式持ち合いに基づく金融的結合のグループの形で形成される．ここでいう持株会社とは，複数の企業の株式を保有することにより，それらの企業の事業活動を支配することを主な目的とする会社のことをいう．

　現代日本におけるコンツェルンの具体的な形式には，戦後長期間にわたって形成・維持されてきた三菱グループ・三井グループ・住友グループ・芙蓉グループ・三和グループ・第一勧銀グループなどに代表された6大企業集団が存在していた[7]．この6大企業集団は，巨大都市銀行を中心に，株式の相互

所有,融資,人的結合などのいずれにおいても中核を形成しており,その点においては先に取り上げたトラストとは区別される.すなわち,トラストが「産業資本型企業集団」とするならば,6大企業集団は「金融資本型企業集団」として規定することが可能である.しかし,周知のとおり,近年では三菱東京フィナンシャルグループ・三井住友銀行グループ・みずほフィナンシャルグループ・UFJグループといった「4大企業集団」の形を経て,4大企業集団の中で三菱東京フィナンシャルとUFJ銀行が合併するような形の「3大企業集団」にまで集約された.これらの金融グループは持株会社を有する形をとるが,銀行,証券,保険などの再編が柔軟に行われるなどの利点があると考えられる.

一方,欧米では一般的な事業形態として利用されている持株会社は,傘下にある事業会社の経営戦略の立案に携わり,自らは事業を行わないのが特徴である.これは事業を行わない純粋持株会社が一般的であるが,事業を行う事業持株会社も存在する.この制度は,比較的に小額の資本で大規模な事業会社を支配できる点,また傘下企業の独立性を維持しながらグループ全体の統一的な支配が可能な点などのメリットがあり,19世紀末以降,アメリカにおいては急速に普及されていた.

日本において,純粋持株会社は戦前,三井や三菱などのオーナー一族が支配する財閥本社がこれらの機能を担当したが,戦後,財閥は解体され,純粋持株会社も独占禁止法によって全面禁止された.独占禁止法は事業持株会社の株式保有も制限した.その後,持株会社の設立が解禁されたのは1997年12月であった.

この持株会社における設立の解禁は財界や一部産業界,あるいは旧通産省の悲願であった.しかし,これに対し,公正取引委員会はその規制する主な理由として,①戦前の財閥によって行われた事業支配力の過度の集中の弊害,②日本企業間の閉鎖的な株式相互所有が海外企業から参入障壁や投資障害になる点,③市場の透明性と開放性を阻害する可能性がある点などを指摘

していた．

　近年，日本では銀行や証券など事業区分の垣根を越えた再編が加速する金融機関を中心に持株会社の導入が進められているが，今後は，さまざまな事業を営む電機や商社分野においてもその導入の本格化が予想される．

(4) コンビナート

　最後のコンビナートは，複数企業の生産過程的・生産技術的・地域的結合という結合形態である．しかし，この形態は，生産を目的とした総合的結合であるため，現実的に実現される可能性はきわめて低いと判断される．

3.3 企業結合の制約と課題

　しかし，これらの企業結合にはさまざまな利点があるにもかかわらず，実際の運用する上で発生した多くの問題を抱えているため，法制度によって制限されている．特に，企業結合は実際に強力な競争力を有する大企業間で行われる場合が多く，市場メカニズムの正常な動きを妨害する可能性があるため，多くの国で独占禁止法という形で制限されている．資本主義社会が高度化すると，少数の企業や資本によって支配される傾向，すなわち独占状態に陥る傾向がある．この状態では，世界各国ですでに経験したとおり，少数の企業や資本の主体が価格を上昇させたり，技術革新などを遅延させたりするところにまで至る．また公正な競争を阻害し，究極的に国家全体の経済に悪影響を及ぼす局面にまで至る可能性が高い．

　実際に，このように経済全体に多大な悪影響を及ぼす独占などの弊害を是正するために，アメリカでは国会ですでに1890年にシャーマン法を成立させ，当時のトラストからの被害を回復しようとした動向があった．独占禁止法をめぐる動向は国ごとに多様な形態での議論や実際の異なる法制定の動きはあるものの，少数の巨大企業が市場を支配するなどの弊害から，公正な競争を促進させようとした努力はどの国にもみられる．しかし，法制度の隙間

を狙った独占資本の挑戦を抑止することは容易ではない．先述したように，グローバル化と情報化を軸とした今日における経営環境の変化の目まぐるしさに対応するためには，党政局の機敏な対応だけではなく，企業自らが利害関係者を尊重するような企業倫理や社会的責任を果たすための組織的対応が強力に要求されている．

　一方，先述したように，1990年代以降，日本において急増しているM&Aの動向はいわゆる「平成不況」からの脱却，グローバル化や情報化の進展の流れとともに規制緩和による新たな法整備の必要性が強く認識された．近年，ライブドアによるフジテレビの買収劇などが発生したことを契機に，敵対的買収に対するさまざまな工夫が日本国内で本格的に議論されたのがよい事例である．しかし，敵対的買収への対抗策については，経営能力が足りない経営者を排除するという意味での有効な手段である経営規律の自然な動きをあらかじめ処断するのではないかという懸念も少なくない．

　実際に，敵対的買収の対抗策への株主側の反発がますます強まっている傾向をみせている．ニッポン放送やニレコなどが敵対的買収への対抗策を発表した後，株主による訴訟が起こされた．ニレコは2005年3月に日本初のポイズン・ピルを導入した企業として有名であるが，株主が起こした訴訟により，結果的に新株予約権の差し止めが決定された．

　以上のように，われわれは企業結合におけるさまざまな内容について概観した．単一・個別企業の資金的かつ経営的限界から脱皮し，よりいっそうの高次の経営目的を達成するための手段として行われた企業結合は，上述した一定の利点があるにもかかわらず，独占などの弊害が経済全体の円滑な流れを妨害するなどの問題を生じさせる原因の1つであることについても明らかになった．企業結合が有するさまざまな側面は経営環境の激しい変化とともに今後われわれが解決すべき課題として残されている．

注)
1) Allen, T. J. and Scott Morton, M. S., *Information Technology and the Corporation of the 1990*s, Oxford University Press, 1994.（富士総合研究所訳『アメリカ再生の「情報革命」マネジメント』白桃書房，1995年，73-75ページ）
2) 情報化のもたらす3つの効果については，次のようである．第1の電子的伝達効果とは，情報技術が単位当たりにより多くの情報を送ることと，その伝達費用を大きく低下させることができることを意味している．これは特に，情報を伝達するのにコンピュータと電気通信を利用したために生ずることである．第2の電子的仲介効果とは，コンピュータを仲介者としてより多くの潜在的な売り手と買い手に接触できることをいう．仲介者の存在により，売り手と買い手にとっては，多数の代替的な取引相手と個別に接触する必要性が低くなる．より具体的にいうと，考えられうる選択肢の数の増大，選択肢の質の向上，製品選択の全プロセスにおける費用の削減がもたらされることになる．

　　最後の電子的統合効果とは，買い手と売り手が情報技術を利用して付加価値連鎖の各段階において協調し，相互浸透的なプロセスを作り出す時に享受できる効果のことをいう．これがもたらす利益は，時間が節約され，エラーを避けることができる点と，ある特定の状況において，プロセスの密接な統合が可能になる点があげられる（佐久間信夫『経営戦略論』創成社，2004年）．
3) 占部都美『経営形態論』白桃書房，1980年，262-269ページ
4) 車戸實『現代経営学』八千代出版，1983年，269-271ページ
5) M&Aについては以下の文献を参照した（Penrose E. *The Theory of The Growth of the Firm,* third edi., Oxford University Press, 1995, pp. 153-196. 伊吹六嗣・坂本光司編著『現代企業の成長戦略』同友館，2001年，85-103ページ）．
6) ここでいう株主価値とは文字通りに企業価値のうち，株主に帰属する価値の部分である．これに対し，企業価値は株主価値に債権者に帰属する価値を加えたものである．したがって，企業価値は株主価値に純負債を加えた価値になる（服部暢達『M&Aマネジメント』東京経済新報社，2004年，48-72ページ）．
7) 中村瑞穂・丸山恵也・権泰吉編著『新版　現代の企業経営』ミネルヴァ書房，1994年，35-37ページ

◆参考文献
Allen, T. J. and Scott Morton M. S., *Information Technology and the*

Corporation of the 1990s, Oxford University Press, 1994.（富士総合研究所訳『アメリカ再生の「情報革命」マネジメント』白桃書房，1995年
伊吹六嗣・坂本光司編著『現代企業の成長戦略』同友館，2001年
占部都美『経営形態論』白桃書房，1980年
Penrose, E., *The Theory of The Growth of the Firm,* third edi., Oxford University Press, 1995.
車戸實『現代経営学』八千代出版，1983年
佐久間信夫・出見世信之編『現代経営と企業理論』学文社，2001年
中村瑞穂・丸山恵也・権泰吉編著『新版　現代の企業経営』ミネルヴァ書房，1994年
服部暢達『M&Aマネジメント』東京経済新報社，2004年

第4章

公企業と公益企業

4.1 公共企業の特性

　一口に企業といっても設立形態や運営方法，活動目的等によってさまざまな範疇に分類される．本章で取り上げる公企業や公益企業は，「公益性」という範疇で分類される企業群である．すなわち，一般に企業といえば営利原則に基づいて私的利潤を追求するというイメージが強いが，こうした企業は「私企業」というカテゴリーに属する．私企業の代表的な企業は株式会社である．これに対して，公企業や公益企業の場合は私的利潤を追求するのではなく，公共の利益のために活動するというところに特色がある．前出の「私企業」に対してこれらの企業は「公共企業」という分類がなされる．

　公共企業の場合，公益性の追求が主たる目的であるため，設立や運営に際して政府や地方自治体といった「公的機関」が深くかかわることになる．一般的に政府公企業としては，国有林野事業の「現業」，日本郵政公社の「公社」の他，公庫，公団，事業団などが存在し，一方，地方公企業としては，地方公営企業や地方公社，地方独立行政法人などがある．また，公企業と公益企業の違いについても理解しておく必要がある．公企業とは，政府や地方自治体の影響の下，公的規制を受けつつ事業活動を展開する企業と定義される．したがって，政府や地方公共団体による完全所有もしくは出資総額の過半数を握る多数所有といった公的所有，あるいは事業を展開するにあたって「私企業」とは別に公的な規制の制限を受ける公的規制がその特性といえるが，実際のところ，その内実は多種多様である．つまり，政府による完全所

有の公企業からまったく所有していない公企業まであり，また公的規制についても，非常にタイトな規制の下に置かれている企業もあれば「私企業」と同じ条件のところもある．周知のように，わが国の場合，政府主導による構造改革が進行中であり，日本道路公団や日本郵政公社の事例にみられるように「官から民へ」の掛け声の下，公的所有や公的規制は出来る限り撤廃する傾向にあり，公企業の役割も大きく変化しつつある．また海外の事例をみても，日産自動車との提携で日本でも馴染みの深いフランスのルノー自動車の場合，かつては政府所有の国営企業であったが現在では政府の出資比率は50％を下回っており，公的所有の度合いが低下している．

　さて，もう一方の公益企業についてであるが，こちらは公益事業サービスの分野で活動している企業と定義される．公企業との相違点は，必ずしも政府や地方公共団体による公的所有を伴わない点にある．公益事業サービスの分野は多岐に渡るが，電気，ガス，水道，運輸，交通，通信等の分野が代表的である．これらの分野は国民生活を維持していく上で欠くことのできない領域であり，万一，事業に不都合が生じれば国民生活に重大な影響が及ぶことになる．つまり，「公益性」のきわめて高いサービスを提供している事業であるわけである．また，こうした事業以外にも放送，金融，保健，医療，教育などの分野も公益事業サービスに含めることもある．公益企業の場合，前述したように必ずしも公的所有を伴わないため，その所有形態は多様である．一般的には私営公益企業，公営公益企業，公私混合公益企業の3種類がある．私営公益企業とは，所有形態においては公的所有を伴わず「私企業」と同類であるものの，事業の性格が「公益性」を有している企業を指す．電力会社や私営鉄道会社などがこれに該当する．これに対して公営公益企業の場合には，政府や地方自治体による公的所有がみられるのが特徴であり，各地方自治体が運営する水道会社や政府が運営する郵政事業などがあげられる．3番目の公私混合公益企業については，政府や地方自治体による公的所有はあるものの，その比率は高くなく「私企業」的な企業経営が行われてい

図表 4-1　公共企業の領域

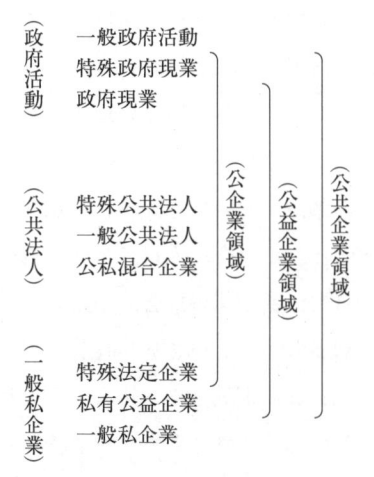

政府活動	一般政府活動			
	特殊政府現業			
	政府現業		（公共企業領域）	（公益企業領域）	（公共企業領域）
（公共法人）	特殊公共法人			
	一般公共法人			
	公私混合企業			
（一般私企業）	特殊法定企業			
	私有公益企業			
	一般私企業			

出所）小林規威・土屋守章・宮川公男『現代経営事典』日本経済新聞社，1986年

る企業であり，代表的な例としては第3セクターがあげられよう．

4.2 公共企業に対する規制

　市場経済の下では，企業活動は自由競争が原則であるが，私企業と公共企業では当然のことながら競争のルールは異なる．私企業の場合は市場が規定する最低限のルールを守ってさえいれば私的利潤を追求する活動を自由に行なうことが許容されるが，公共企業の場合にはその活動が社会の安定や公益性の問題と深くかかわっているために私企業に比べてさまざまな制約が課せられることになる．つまり，公共企業の場合には市場経済の原理原則が適用されにくい側面があるのである．たとえば，かつて公共企業の代名詞であった日本国有鉄道（現在のJR）の経営を考えてみよう．鉄道による人や貨物の輸送というきわめて公益性の高い事業を担っていた日本国有鉄道は，事業の採算性という視点からのみ経営を行っていたわけではなかった．1日の利用客が数十人という過疎地域において列車を運行することは採算性の視点から

みれば，まったくナンセンスである．しかしながら，たとえ利用客が数十人であろうとも利用者がいる限りその地域から撤退せず，事業を継続することが公共企業の使命であると考えられた．つまり，こうした採算の取れない過疎地域に私企業が進出することはあり得ない以上，日本国有鉄道が撤退してしまうと地域住民の生活に不都合が生じるからである．同様の主張は，郵政事業の民営化に際しての議論においても民営化に反対する人びとの間で展開された．郵便事業を民営化した場合，人口の少ない過疎地域から郵便局がなくなるという主張である．公共企業の場合，事業の採算性という視点からのみ経営を行う私企業とは異なり，「公益性の追求」が大前提とされるため，場合によっては採算の取れない事業も抱え込まざるを得ない．公共企業のこうした側面は，公共企業の経営にさまざまな矛盾や非効率性を生み出す要因となり，それが現在の公共企業改革や民営化の議論に拍車をかけているわけであるが，公共企業がこれまで果たしてきた役割についても一定の評価はされるべきであろう．

　さて，公共企業は上記したような特殊性をもつがゆえに多くの公的規制を受けることになる．ここでは公企業と公益企業に分けて説明しておこう．公企業の場合には，政府や地方自治体による公的所有が含まれるため，経営にはさまざまな公的規制や介入がなされる．公企業に対する最も代表的な規制は，経営トップ（公企業の場合には総裁という名称が用いられることが多い）の任免権が政府や地方自治体にあることである．私企業の株式会社の場合，経営トップの任免権は株主にあるわけであるが，公企業においては事業を行政の監督下に置く必要性からトップの任免権は行政機関が握ることになる．また，公企業が提供する製品やサービスの価格，料金に関しても市場原理に委ねられるのではなく規制の対象になる．その他，職員給与の決定や決算の承認・利益処分の認可，債券発行・資金調達・運用の認可，重要資産処分の認可，会計検査，業務監査，立入検査等の規制もある．

　これに対して公益企業の場合には，独占ないしは独占的な市場において事

業を営んでおり，事業活動が国民生活の基盤を支えているという性格上，市場への参入および市場からの退出に関して規制が加えられることになる．すなわち，電力やガス，水道あるいは運輸といった国民生活のインフラを支える事業の場合，市場原理に基づいて私企業の市場への参入，退出を自由に認めた場合，こうした事業の安定的長期継続が困難になることが考えられる．電力事業の採算が取れないからといって安易に事業撤退されたのでは，国民への安定した電力の供給が覚束なくなるからである．したがって，公益企業に対しては参入，退出に関する公的規制が課されるのが一般的である．具体的には，事業の転廃業規制，資産処分の制限等がある．また，公益企業の事業は自由競争を廃した独占状態で運営されるため，提供するサービスの料金に対しても公的規制が加えられる．つまり，公益企業に独占ないしは独占的な状態で事業を行うことを敢えて認めているのは，あくまでも公共の利益に資するためであって公益企業が独占的な利潤を得るためではない．そのため，サービスを享受する利用者の保護という観点から料金規制が加えられることになる．その他，公益企業に対する規制として重要なのが労働規制である．公益企業が営む事業サービスは，国民生活に必要不可欠のものであり，事業の中断はきわめて大きな影響，混乱を与えることになる．したがって，公益企業の従業員に対してはストライキ等の労働争議権について公的規制が加えられている．すなわち，ストライキについては一定の告知期間を設定すること，また電力やガスの供給停止といった手段に訴えることは禁止されている．

4.3 公共企業の改革

公共企業は，営利原則に基づいて事業の選択と集中を行う私企業とは異なり，公益性の視点から事業を継続するという点に特色がある．そのため，採算が取れない事業であっても公益性の視点から事業を継続せざるを得ない状況にしばしば直面する．公共企業の有するこうした特性は，過疎地域におけ

るサービスの提供等において一定の効果があったことは確かであるが，その反面，採算を考えない企業経営のあり方は公共企業に深刻な経営上の問題を発生させることになった．すなわち，政府や地方自治体と関係が深い公共企業の場合，赤字経営が続いても税金の投入などで事業の継続が図られるため，倒産するリスクが少ない．私企業であれば当然，赤字経営に対する経営責任が問われるところであるが，公共企業では「公益性」を隠れ蓑に経営責任が問われることは稀である．その結果，私企業に比していちじるしく非効率的な経営が行われ，採算を度外視した放漫経営や不正がしばしば発生している．日本道路公団による高速道路の受注をめぐる官製談合事件が摘発され，公団の首脳が逮捕される事態が起こっている．こうした公共企業の体質は，しばしば「親方日の丸」「税金の無駄使い」といった世間の厳しい批判を浴び，公共企業改革の議論を喚起している．

　そもそも公共企業とは，営利追求を原則とする「企業性」と公共の利益を重視する「公益性」の微妙なバランスの上に成り立っている存在であり，両者の均衡を保つことは容易ではないため，こうした問題が絶えず起こる可能性を秘めている．したがって，公共企業が存在する限り，公共企業改革の議論も続くことになろう．わが国においても公共企業改革の議論は古くから存在するが，本格的な取り組みが始まったのは1980年代のことである．

　1980年代といえば，アメリカでは共和党のレーガン政権，イギリスでは保守党のサッチャー政権がともに「小さな政府」というスローガンを掲げ，財政赤字の削減や規制緩和等の改革に取り組んだ時期である．アメリカ，イギリスともに肥大した政府部門を縮小し，福祉等の財政支出を抑える一方で，大胆な規制緩和により民間部門の活力を引き出し，国の競争力を回復しようとしたのである．

　これに対してわが国では，同じく自民党の中曽根政権の下で行財政改革が断行された．この当時，わが国には日本国有鉄道，日本電信電話公社，日本専売公社という，いわゆる3公社とよばれる公企業が存在し，その非効率的

な経営や巨額の赤字が槍玉にあげられていた．1980年に設立された臨時行政調査会は，82年に3公社の分割，民営化という基本答申を打ち出し，この答申に基づく形で3公社の分割，民営化が断行された．また，同じ時期に日本航空の完全民営化も実施されている．この中曽根内閣の公企業改革の流れはその後の自民党政権に受け継がれ，2001年に成立した小泉政権の下で日本道路公団や郵政事業の民営化が行われることになる．

公共企業改革は，公企業は民営化，公益企業の場合は規制緩和というのが基本的な方針であるが，いずれにせよ「小さな政府」「官から民へ」という潮流の中で公共企業部門の縮小，再編成は避けられない状況下にある．先進諸国の中で最悪と評されるわが国の財政状況からして政府の歳出削減は待ったなしの状況にあり，非効率，劣悪なサービス，税金の無駄使いといった悪評の絶えない公共企業の整理・統合，縮小はやむを得ないところであろう．しかしながら，こうした公共企業に付きまとうマイナスのイメージばかりが強調されて，改革が誤った方向に進むことは避けなければならない．公企業の民営化を進める過程で，民営化すれば状況は100％改善されるかのような論調が一部にみられるが，こうした議論に惑わされて公企業改革の本質を見誤ってはならない．前述したように，公共企業の経営は公益性の視点からの事業選択，参入・退出規制や料金規制といった公的規制などにみられるように，私企業に比して経営上の制約はいちじるしく大きい．言い換えれば，公

図表4-2 公企業改革・民営化の推移

1980	3月	第二次臨時行政調査会の設立
1982	7月	第二次臨時行政調査会が三公社（日本国有鉄道，日本電信電話公社，日本専売公社）の分割・民営化に関する基本答申を提起
1985	4月	日本電信電話公社，日本専売公社が民営化
1987	3月	日本航空が完全民営化
1987	4月	日本国有鉄道が分割・民営化
2003	4月	郵政事業が「日本郵政公社」へ移行
2005	10月	日本道路公団が分割・民営化
2005	10月	郵政事業民営化に関する法案が国会で可決

共企業である以上，ある程度の経営の非効率さはやむを得ないといえる．したがって，公共企業の有するそうした特性を十分認識した上で改革も進められなければならない．こうした公共企業の特性を無視し，やみくもに公共企業批判を展開し，民営化すればすべての問題が解決されるといった安易な考えは厳に慎むべきである．何よりも，公共企業は私企業ではカバーできない事業サービスを提供しているわけであり，公共企業の提供するサービスの恩恵に浴している国民が多数存在することを忘れてはならない．重要なことは「企業性」と「公益性」のバランスを絶えず心掛けることであり，そうした視点から慎重に改革が実施されることが求められる．

4.4 事例研究：郵政事業の民営化

　周知のように，自民党の小泉政権は郵政事業の民営化を政権の最大の公約に掲げ，2001年4月の政権発足以来，その実現に向けて準備してきたが，2005年10月に郵政事業民営化に関する法案が国会で可決され，長年の懸案であった郵政事業の民営化がついに実現する運びとなった．郵政事業の民営化は小泉内閣発足以来，最大の政治課題として国論を二分する激しい議論が展開され，衆議院を解散して総選挙で民意を問うという事態にまで発展したが，最終的には総選挙で大勝した小泉内閣が当初の予定通りに民営化を実現した．本節では，日本国有鉄道の分割，民営化以来，最大の公企業改革となったこの郵政事業民営化の問題を取り上げてみたい．

　まず郵政事業とはどのような中身のものを含んでいるかという点についてであるが，基本的には窓口サービス，郵便，郵便貯金，簡易保険の4つの機能が含まれる．これら4機能の中では，とりわけ郵便事業が公共性の高い分野であり，国民が安心して郵便を出したり受け取ったりするサービスを受けるためには，サービスの担い手は公企業でなければならないと考えられてきた．また，国際的にみても郵便事業を完全に民営化して私企業が担っている事例はそれほど多くはない．しかしながら，わが国よりも一足早く郵便事業

の民営化に踏み切ったドイツポストの成功例などから，民営化しても何ら問題はなく，むしろサービスの質が向上するとの主張が展開された．ただし，郵政事業の民営化に関する議論の中心はこうした郵便事業や窓口サービスではなく，むしろ郵便貯金や簡易保険といった金融サービスの方にあった．元々，民間企業の金融サービスを補完するという目的で始められた郵便貯金や簡易保険のサービスは，政府による支払保証という絶対的な信用度を背景に巨額の資金を集めている．すなわち，郵便貯金の資産残高は約230兆円，簡易保険は約125兆円にのぼり，民間企業の資産をはるかに超えている．いうなれば，郵便局は巨大な銀行であり，保険会社なのである．問題は，こうして集められた巨額の資金が他の公企業や特殊法人の事業運営の資金として流れ，非効率な経営を助長し，官僚の天下り先の確保のために無意味に存続させているという点である．郵政事業の民営化の争点はまさにこの点にあり，郵便貯金，簡易保険を通じて公的部門に流れていた資金を民間部門に回すことで，市場を活性化することこそが民営化の真の目的であるとされたのである．

次に，郵政事業の民営化に至るこれまでの流れと今後のプロセスについて概観しておこう．1980年代に中曽根内閣の下で3公社の分割，民営化が断行された時にも郵政事業の民営化については議論の対象にならなかった．その後，バブル経済の崩壊と90年代の経済不況の中で，「小さな政府」についての議論は後退し，不況対策として財政の出動による公共事業の拡大や国債の発行等の措置がとられたため財政赤字が拡大し，国民1人当たりで実に約600万円の借金を抱えるという財政破綻にも近い状況に陥ったのである．このような状況の下で成立した小泉内閣は，自民党政権では実現不可能とさえいわれた郵政事業の民営化に本格的に取り組み，まず2003年4月に郵政事業を「日本郵政公社」という公企業組織に切り替え，次いで2005年4月に「郵政民営化の基本方針」を閣議決定し，郵政民営化関連5法案を国会に提出した．この法案は，衆議院で可決されたものの参議院では否決され，衆議院の

解散，総選挙という事態に発展したものの自民党が選挙で大勝したことを受けて秋の国会で正式に可決，成立の運びとなった．今後のプロセスとしては，2003年に設立された「日本郵政公社」を2007年に「日本郵政株式会社」として民営化し，移行プロセスを経て2017年には完全民営化を実現するとしている．しかしながら，前述した郵政事業の4機能（窓口サービス，郵便，郵便貯金，簡易保険）の各々について民営化の最終的なゴールが異なるので，その点に関して少し説明を加えておこう．

まず2007年に設立される日本郵政株式会社は，政府が100%株式を保有する純粋持株会社となり，その下に郵便局株式会社，郵便事業株式会社，郵便貯金銀行，郵便保険会社の4つの事業会社が置かれる．このうち，郵便局株式会社と郵便事業株式会社については持株会社である日本郵政株式会社が株式を100%保有するが，郵便貯金銀行と郵便保険会社に関しては2017年までに持株会社が保有している株式を全株売却し，完全な民間会社にすることになっている．また，政府が保有している日本郵政株式会社の株式に関しても早期に売却することになっているが，発行済み株式総数の3分の1以上は保有することが決められている．したがって，持株会社が100%株式を保有する郵便局株式会社と郵便事業株式会社の場合，完全な民営化とはいえず，効率的な経営やサービスの向上等，民営化で期待されている事項に十分対応できないのではないかという意見もある．しかしながら，日本郵政株式会社の政府持株比率は3分の1程度に抑えられることになっており，従来に比べると経営の自由度は増す．そのため，国内外の物流事業への参入や高齢者への在宅福祉サービス支援，旅行代理店サービス，チケットオフィスサービス等さまざまな新規ビジネスの可能性が指摘されている．

前述したように郵政事業の民営化は，日本国有鉄道の分割，民営化と並ぶ最大の公企業改革である．日本国有鉄道の民営化は結果として成功したが，郵政事業の場合には不透明な部分も存在する．民営化された場合，全国の郵便局の整理・統合が進み，その結果，人口の少ない地方から郵便局がなくな

るのではないかという懸念も根強く存在している．過疎地域に住む高齢者にとっては郵便局は生活していく上でなくてはならない存在になっており，こうした人びとが不便を強いられるようなことがあってはならないのはいうまでもないことである．「企業性」と「公益性」のバランスをどのように保っていくのか，改革の真価が問われるのはまさにこれからであるといえよう．

◆参考文献

桜井徹『ドイツ統一と公企業の民営化　国鉄改革の日独比較』同文舘，1996年
小松章『企業形態論』新星社，2000年
奥林康司編著『現代の企業システム─経営と労働』税務経理協会，2002年
水野清『ドイツポスト VS. 日本郵政公社』中経出版，2002年

第 2 部　企業統治

第5章

日本の会社機関と企業統治

5.1 監査役会設置会社の会社機関

　日本では，2002年の商法改正によって，大規模な株式会社に委員会等設置会社が導入された．委員会等設置会社は従来の日本の株式会社の機関や制度を変更しコーポレート・ガバナンス機能を強化することを主たる目的とするものであった．委員会等設置会社は従来の大規模株式会社に設置が義務づけられていた監査役会をもたないことを1つの特徴としている．そこで従来型の会社は，委員会等設置会社と対照させて，監査役会設置会社とよばれることになった．これまで委員会等設置会社に移行した企業はきわめて少数に留まっており，上場企業のうちでも，圧倒的に多数の企業が監査役会設置会社の形をとっている．

　また，2005年には会社法が制定され，2006年5月に施行された．会社法では，委員会等設置会社は委員会設置会社に名称が変更された．会社法では有限会社が廃止され，株式会社に一本化されることになった．そのため，小規模な株式会社の機関は従来の有限会社と同等の簡易なものとなり，株式会社は原則として株主総会と1名以上の取締役を置けば良いことになった．したがって，取締役会，監査役，会計監査人の設置は義務づけられていない．また機関設計が柔軟化され，定款の定めによって上述の機関の他に会計参与，取締役会，監査役会などを設置することが認められることになった．そこで会社法における株式会社の機関構造は非常に複雑な組み合わせが可能になったので，ここでは公開・大会社の機関に限定してみていくことにする．公開

会社は，株式が上場されているかどうかにかかわらず，株式の譲渡制限がなされていない会社（一部の株式にだけ譲渡制限がついている会社も公開会社）のことである．また，大会社は，資本金5億円以上，または負債200億円以上の会社である．会社法における公開・大会社の株式会社の類型は監査役会設置会社と委員会設置会社の2つということになるので，本章ではこの2種型の株式会社について取り上げ，まず監査役会設置会社の機関構造と企業統治の現状および企業統治改革についてみていくことにしよう．

　監査役会設置会社には株主総会，取締役会，監査役会，代表取締役などの機関が法律で設置を義務づけられている．株主総会は，株式会社の最高機関である．会社法は法令または定款に定められた事項に関してのみ総会に決定権を認めている．それは主として，定款の変更や解散・合併といった会社の基本的事項，配当などの株主の利益にかかわる事項および取締役や監査役の選任・解任などである．

　監査役は株主総会で選任され，会社の業務監査および会計監査を任務とする．監査役会設置会社においては，監査役は3名以上でなければならず，そのうち半数以上は社外監査役でなければならない．取締役会は株主総会で選任された取締役によって構成され，株主に代わって会社の業務が適正に運営されるように監督することを任務としている．取締役会は意思決定機関であり，業務執行は行わない．業務執行にあたるのは取締役会によって選任される代表取締役をはじめとする少数の役員である．取締役会は一般に，株主の利益を保護するための受託機関として位置づけられ，また意思決定および経営の監視と業務執行の機関は区別されている．すなわち，代表取締役以下の役員が業務執行を担当し，取締役会がこれを監視するというように，執行と監視の機能が分離している．

　しかし，日本企業においては，取締役会のメンバーはそのほとんどが業務執行担当者によって占められており，意思決定と業務執行の分離が行われていなかった．業務執行を兼務する取締役は社内取締役（内部取締役）とよば

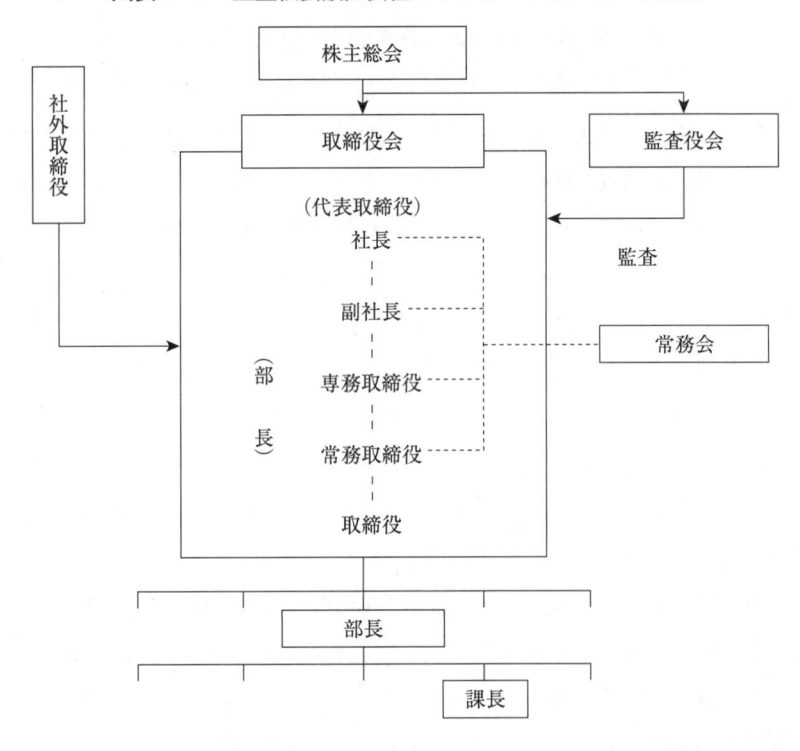

図表 5-1　監査役会設置会社のトップ・マネジメント組織

```
                    ┌─────────┐
                    │ 株主総会 │
                    └────┬────┘
         ┌─────┐    ┌────┴────┐    ┌─────────┐
         │社外 │    │ 取締役会 │    │ 監査役会 │
         │取締役│    └─────────┘    └─────────┘
         └─────┘                        │
                   （代表取締役）       監査
                      社長
                      副社長 ─────── 常務会
                      専務取締役
                      常務取締役
                      取締役
                    ┌─────┐
                    │ 部長 │
                    └─────┘
                    ┌─────┐
                    │ 課長 │
                    └─────┘
```

れるのに対して，その会社の従業員でない取締役は社外取締役（外部取締役）とよばれるが，これまでの日本の大規模株式会社では，取締役のほとんど全員が社内取締役であることから，取締役会と業務執行担当者が一体化しているのが一般的であった．取締役会は受託機関として，株主に代わって業務執行を監視する責任を課せられていたのであるが，取締役会メンバーのほとんどすべてが業務執行担当を兼務していたため，監視機能がはたらかなくなっていたのである（図表 5-1 参照）．

　代表取締役は，対外的に会社を代表し，取締役会の決めた基本方針にしたがって業務執行にあたる．しかし後に述べるように，わが国においては通常，代表取締役である社長の権限がきわめて強く，現実の機関運営は取締役

会が株主のために代表取締役らの仕事を厳正に監視するという，法律の想定した状況といちじるしく乖離している．次に監査役会設置会社におけるそれぞれの会社機関が，これまで実際にどのように運営されてきたのかをみていくことにしよう．

5.2 株主総会と企業統治の現状

会社の最高機関である株主総会は一般株主が直接経営者と議論できる唯一の場であるから，本来，多数の株主が出席し活発かつ十分な議論が行われ，経営者が株主に対して十分な説明責任を果たすべき場である．しかし，わが国の株主総会は同じ日時に一斉に開催され，短時間で終了し，また非民主的に運営されるなど多くの問題をかかえてきた（図表5-2参照）．

日本の株主総会に関してこれまで問題にされてきたのは，まず第1に，総会開催日の集中である．わが国においては上場企業が特定の日時に一斉に株主総会を開催するのが慣行となっている．1996年は6月27日午前に2,241社が総会を開催した．これは6月中に総会を開く企業の88%に相当する[1]．株主総会の一斉開催はいわゆる総会屋対策を名目に行われてきたのであるが，これによって複数の会社の株式を保有する個人株主も総会から排除されることになるのである．

日本の株主総会の第2の問題点は，総会の時間がきわめて短いことである．欧米では，1年に1度の株主総会を株主と会社の貴重なコミュニケーションの機会と捉え，会社が十分時間をかけて経営状況を説明している．これに対し日本では大部分の総会が30分程度で終了し，質問もまったくないのが普通であった．株主総会はほとんどの株主にとって発言することも議決権を行使することもなく，経営者の提案を無条件に承認するための機関となってしまっていた．

第3の問題は，株主総会の非民主的運営であり，これがこれまでの日本の株主総会の最も大きな問題であった．経営者は総会に出席しない株主から送

図表5-2　株主総会の平均所要時間の推移

年度	93	94	95	96	97	98	99	00	01	02	03	04	05
平均所要時間(分)	29	30	28	26	29	32	33	36	39	41	43	42	48

出所）商事法務研究会『株主総会白書』2005年版，11ページ

られてきた多数の委任状を背景に強引に議事を進めていくことが多かった．特に個人株主が発言や質問を求めた際に，社員株主やOB株主が，「異議なし」や「議事進行」などの大声で個人株主の声をかき消して，非民主的に議事を進めることが一般的であった．

　これらの問題はいずれも過去数十年間にわたって是正が叫ばれてきたものであるが，最近徐々に改善の動きがみられる．すなわち，1999年頃を境に総会開催日の集中度の若干の低下，総会の所要時間の長期化，個人株主の発言の機会の増加など株主総会運営の民主化にやや改善のきざしが現れた．特筆すべきは，株主総会を株主に開かれたものにしようとする努力が大企業経営者の間に次第に浸透しつつあり，個人株主の質問に丁寧に回答し，そのため所要時間の長くなる企業が増加したことである．

　近年の経営者が株主総会の民主化，個人株主重視へと姿勢を大きく転換した理由は，株式相互所有が急速に解消しつつあることである．近年，株式相互所有の解消，外国人持株比率の急増，国内機関投資家の活動の積極化などが急速に進んでおり，これらはいずれも経営者に対する監視の強化につながる変化である．

5.3 監査役会と企業統治の現状

　監査役の任務は主として取締役の業務執行を監査すること，および会計監査であり，また監査役は取締役らに営業報告を求めたり，会社の業務，財産の状況を調査する権限などを与えられている．さらに，取締役が法律や会社の定款に違反する行為によって会社に損害を与える恐れのある場合には，監

査役は取締役に対しその違法行為を差し止める権限をもつ．しかし，このように広範な権限を与えられているにもかかわらず，わが国の監査役は経営者に対する監視機能をほとんど果たしてこなかった．

わが国の監査役がほとんど機能しない最大の原因は，監査役の人事権を実質的に社長が掌握していることである．監査役は株主総会で選任されることになっているが，安定株主からの委任状を握り，株主総会での圧倒的な議決権をもつ社長が監査役の人事権を事実上掌握している．社内においてこのような強い権限をもつ社長は，自らの経営活動に対する強い監視を，自ら望むことはありえないので，社長を中心とする経営者層は監査役の無機能化を促進してきたと考えられる．わが国の監査役に職務を遂行するうえでの適切な権限や独立性，調査能力が与えられていないことなどは，こうした理由によるものである．

わが国の監査役はこれまで，内部昇進者がほとんどであり，社内の役員の中での序列も相対的に低かったため，強い独立性をもつこともなく，社長等の最高経営者の業務執行を監査することはほとんど不可能であった．

また，監査役の情報収集能力もきわめて限定されたものであった．1992年の日本監査役協会のアンケート調査によれば，社長との懇談の場がない（21％），社長との懇談の機会が年に1・2回（39％）などの不満をもつ監査役が60％にのぼった[2]．また，この調査によれば，「常務会などの実質的な意思決定会議に出席できない」などの意見が多く，監査のために必要な経営情報が監査役に与えられてこなかった．

このように，わが国の監査役は法制度上は，社長を中心とする経営者層の監視をするのに最も適した機関であるにもかかわらず，上述の理由によっていちじるしく形骸化され，長年にわたってその企業統治機能を果たしてこなかったのである．

このような現状を踏まえ，監査役の企業統治機能を高めるため，1993年に商法が改正され，大規模な企業（資本金5億円以上または負債200億円以上の企

業）は3人以上の監査役を置き，そのうち1人は社外から任命しなければならないことになった．社外監査役の導入を義務づけたことに対しては，企業統治の観点から一定の評価が与えられているものの，商法改正直後の実態調査によれば，純粋な意味での社外監査役は少ないことがわかった．

すなわち，日本監査役協会の調査によれば，社外監査役のうち，「社内出身者」は16.5％（商法では社外監査役を「就任前5年間その会社の従業員でなかったもの」と規定しているため，たとえば子会社等へ5年以上出向していればこの規定を満たすことができる）[3]，系列企業グループ出身者は42.2％，大株主，銀行，生損保グループ出身者は23.8％，職業専門家グループは15.8％であった[4]．

改正商法は企業に対して独立的な社外監査役を導入し，経営者に対する監視機能を強化することを眼目にしていたのであるが，この調査結果は社外監査役のほとんどが当該企業と深い関連をもつ企業や機関の出身者であり，真に外部性ないし独立性をもつ社外監査役がきわめて少ないことを示している．その中で職業専門家（弁護士や会計士など）グループは比較的独立性の強い社外監査役ということができるが，このグループでさえ，わが国の風土においては，経営者に対する監視者としてよりむしろ協力者としての性格を強くもつものであることが推測される．その後，さらに2002年の商法改正で監査役会設置会社においては，監査役の過半数に社外監査役を選任しなければならないことになった（2006年から）が，社外監査役の独立性が高まらない以上，監査役の監視機能の強化には結びつかない．

社外監査役の選任にあたって，社長をはじめとする経営トップがほぼ完全に主導権を握っているこれまでの方式も，1993年の商法改正前と本質的にはほとんど変わらなかった．すなわち，社外監査役の選任に際して監査役が「選任者を具体的に推薦した」と答えた会社は6.8％にすぎなかった．調査報告は「口頭で意見を述べる機会があった」会社が28％あったことを捉え，「社外監査役の選任に関し監査役が積極的に関与した努力の跡がうかがわ

れる[5]」と述べ，改善のきざしがみられることを評価している．社外監査役の独立性が保証されるためには，次期社外監査役が，現在の経営者と利害関係をもたない，社外監査役のみによって構成される委員会等によって選任されるような制度の導入が必要である．

さらに，日本監査役協会が1999年に3,300人余りの監査役を対象に行ったアンケート調査によれば，わが国の監査役の無機能化の問題は商法改正から6年を経てもなお，ほとんど改善のきざしがみられなかった．それによれば，75.2%の監査役が「監査役候補者の選定を社長が行っている」と回答しており，同様に53.8%が「監査役の報酬が社長の提示額で決まっている」，38.8%が「監査役の任期が肩たたきによる辞任で決まっている」ことを問題視しており，また「自信をもって監査報告書に署名捺印している」監査役は36.7%に過ぎなかった[6]．

しかし，監査役の選任については2001年の商法改正によって監査役会に監査役候補者を提案する権限が与えられることになり，状況は次第に変化してきている．日本監査役協会が2005年に実施したアンケート調査（監査役設置会社4,777社に対するアンケート調査で，上場会社1,435社と非上場会社810社が回答）によれば，監査役候補者の選定にあたり，監査役会として監査役候補者を提案しなかった企業は66.4%（2004年は70.6%）であった[7]．1999年には社長が監査役候補者を選定している企業（2005年のアンケート調査で監査役会が監査役を提案しなかった企業にほぼ相当すると考えられる）が75.2%であったことと比べると大幅に減少している．また，監査役会が社内監査役候補者について提案した企業は16.3%（2004年は16.6%），社外監査役候補について提案した企業は23.7%（同21.7%）で，監査役提案権の行使は社外監査役候補についてより積極的であることがわかる．

5.4 取締役会と執行役員制

取締役は株主総会において選任され，取締役会を構成する．取締役会は代

表取締役を選任し，会社の業務執行は代表取締役に担当させ，取締役会自体は業務執行を担当しない．取締役会は意思決定の機関であり，株主に代わって株主の利益を保護するために業務執行を監督する役割を担っている．取締役会の株主に対するこの機能は受託機能とよばれている．アメリカの企業統治改革は取締役会を中心に行われてきたが，日本においても同様の改革が求められるであろう．これまで，日本の取締役会には企業統治の観点から多くの問題点が指摘されてきた．これらの問題点の一部については近年大幅に改善がみられるものもある．どのような問題がどう改善されたのかを明らかにするために，ここではまず1990年代までに指摘されてきた問題点をあげることにしよう．

第1は，業務執行とそれに対する監視という2つの機能が分離されていないということである．取締役会は全社的見地からの意思決定と業務執行の監督を行い，代表取締役以下の役員が業務執行にあたることになっている．しかし，わが国の取締役会のメンバーはそのほとんどが業務執行担当者で占められており，意思決定および監督と業務執行の機能が人格的に分離されていない．したがって，業務執行担当者が同時に彼の監督者であるという矛盾した関係が成立している．

第2は，取締役会の中に序列が形成されていることである．取締役会のメンバーがほとんど業務執行担当者によって占められることから，取締役会のなかに代表取締役社長を頂点とした業務執行担当者の序列が形成されている．取締役会内においても業務執行担当者の序列が再現されることになり，これが社長の権力基盤を強化し，また取締役会の監督機能の形骸化をさらに推し進めることになるのである．

第3は，社外取締役がきわめて少ないことである．先進国では単に社外から就任した取締役というだけでなく，その企業や経営陣と利害関係をもたない，いわゆる独立取締役が取締役会の過半数を占めることが求められている．しかし，日本企業には社外取締役が選任されていない企業も多く，また

図表5-3 ソニーの執行役員制

取締役 9人(社外2人) Board Members	兼任	執行役員 36人(専任:29人) Corporate Executive Officers	
代表取締役会長	→	会長	Chairman
代表取締役社長		社長	President
代表取締役副社長		副社長	Executive Deputy President
専務取締役		専務	Corporate EVP
社外取締役		上席常務	Corporate SVP
		常務	Corporate VP

専務:取締役を兼ねる者1人

出所) 西村茂「ソニーグループの経営機構改革―取締役会改革と執行役員制導入」『執行役員制の実施事例』商事法務研究会,1998年,12ページ

社外取締役の独立性も低いことが指摘されてきた.

　第4は,取締役会の構成者数が多いことである.わが国の取締役会の規模は10～19名の会社が過半数を占めており,企業規模が大きくなるほど取締役会の規模も大きくなり,50名を超えるような企業も少なくなかった.

　このように多くの問題点をもつ取締役会に対しては,執行役員制を導入してその企業統治機能を改善しようとする企業が増大している.

　従来の取締役会の企業統治上の問題を執行役員制を導入して改革しようとする企業が多くなってきた.執行役員制は1997年6月にソニーで導入されたのを契機に,わずか2年間で上場企業の7.4%にあたる179社で採用されるようになった.[8]

　執行役員は商法の規定に基づく制度ではなかったので,導入企業ごとにその内容にかなりの相違がみられるが,導入の目的は,①取締役会の構成員数を削減し,取締役会の議論を活発にすることによって,その機能強化と活性化をはかること,②取締役の人数を削減することによって意思決定の迅速化をはかること,③会社の業務執行の機能と全社的意思決定および業務執行に対する監視機能とを分離すること,④ゼネラル・マネジメント(全般経営

層)とミドル・マネジメント(中間管理層)を分離すること,などであろう. 執行役員制導入企業において上記のような改革の目的が効果的に達成されているかどうかについては異論も多いが,少なくとも取締役数の削減については大きな効果を上げていることは疑いない. たとえば,上記の執行役員制を導入した企業179社において, 1社当たりの取締役数は1年間で18.6人から9.5人に半減した[9].

一般に,執行役員は取締役会の下位機関に位置づけられ,取締役会が意思決定と経営の監視を,執行役員が業務執行を担当するというように,両機能の分離を目的として設けられる. したがって取締役と執行役員の兼務が多い場合には,従来の取締役会のもっていた問題点が解決されないことになる. 執行役員は企業の特定部門の責任者であることが多く,彼らが取締役を兼務しない場合には,全般管理と部門管理の分離も執行役員制によって実現することになる.

東京弁護士会会社法部は2000年2月に全国の上場企業2,445社に対して執行役員制の実施状況についてのアンケート調査を行った(回答企業は951社)[10]. それによれば執行役員制を導入している企業は122社(12.9%),導入を予定している企業は57社(6.0%)であった. 大企業ほど導入している企業が多く,資本金500億円超の企業のうち30社(34.9%)がすでに導入していた.

このアンケート調査では,執行役員制導入に伴う問題点は,執行役員の「法的地位・根拠が不明確」(72.7%),「取締役との役割分担が不明確」(40.0%)などの項目が高い比率を占めた(複数回答). また執行役員制を導入していない企業はその理由として,「取締役の人数が多くない」(39.1%),「法的地位・根拠が不明確」(36.6%),「取締役との役割分担が不明確」(33.5%)などの項目が高い比率を占めた(複数回答). このアンケート結果をみると執行役員制は執行役員の法的地位や取締役との関係が導入のネックになっているように思われる. 2002年の商法改正で導入された委員会等設置会社では,執行役の法的地位や取締役会との関係が明確になったけれども,委員会

図表5-4　執行役員制の導入状況

(単位：％)

2002年 (846社)	10億円 未満	10～30 億円	30～100 億円	100～300 億円	300億円 以上	合　計
既に導入している	16.3	24.6	31.6	42.1	52.3	32.9
今後、導入予定である	5.0	2.4	2.3	1.4	4.5	2.7
今後、導入を検討している	22.5	26.6	29.6	25.5	17.1	25.8
一切、導入を考えていない	56.3	46.4	36.5	31.0	26.1	38.5

(単位：％)

1999年 (1145社)	10億円 未満	10～30 億円	30～100 億円	100～300 億円	300億円 以上	合　計
既に導入している	8.2	10.2	10.3	12.3	27.5	12.8
今後、導入予定である	5.5	1.8	2.1	2.0	2.7	2.3
今後、導入を検討している	27.4	33.5	37.7	45.6	34.9	37.4
一切、導入を考えていない	58.9	54.6	49.9	40.1	34.9	47.5

出所）財務総合政策研究所「『進展するコーポレート・ガバナンス改革と日本企業の再生』報告書（2003.6.20）」44ページ．財務総合政策研究所ホームページ．http://www.mot.go.jp/jouhou/souken.htm

等設置会社では「執行役」は社外取締役の導入などとセットになっているため，今後「執行役」の導入が急速に進むとは限らない．

　執行役員制を導入する企業は着実に増加し，2002年には資本金500億円以上の大企業の半数以上で執行役員制が導入されている[11]．こうした中で，社長をはじめとする経営者に対する監視を強化するためには執行役員制の導入だけでは困難であり，社外取締役の増強が不可欠であるとの認識もようやく芽

図表5-5 社外取締役の選任状況

(単位:％)

2002年 (846社)	10億円 未満	10〜30 億円	30〜100 億円	100〜300 億円	300億円 以上	合　計
既に導入して いる	36.1	33.3	33.9	33.1	49.6	35.9
今後、導入予 定である	6.0	1.9	3.3	2.0	2.7	2.9
今後、導入を 検討している	32.5	31.9	34.9	37.8	21.2	32.6
一切、導入を 考えていない	25.3	32.9	28.0	27.0	26.5	28.6

(単位:％)

1999年 (1145社)	10億円 未満	10〜30 億円	30〜100 億円	100〜300 億円	300億円 以上	合　計
既に導入して いる	38.9	32.8	28.5	23.4	36.6	30.1
今後、導入予 定である	1.4	1.7	0.8	0.8	1.4	1.1
今後、導入を 検討している	20.8	20.6	27.7	33.5	32.4	27.3
一切、導入を 考えていない	38.9	44.9	43.0	42.3	29.7	41.4

出所）財務総合政策研究所「『進展するコーポレート・ガバナンス改革と日本企業の再生』報告書（2003.6.20）」46ページ．財務総合政策研究所ホームページ．http//www.mot.go.jp/jouhou/souken.htm

生えてきつつある．

　財務総合政策研究所による2002年の調査によると，社外取締役を選任している企業は35.9％で，3年前の調査より5.8ポイント上昇している[12]．資本金300億円以上の企業では，ほぼ半数の企業で社外取締役が選任されているが，選任されている企業（315社）での社外取締役の人数は平均1.6人と少数にとどまっている．しかも同調査によると，社外取締役の出身は，グループ企業

(17.7％)，親会社（16.0％），メインバンク（4.6％），メインバンク以外の銀行（1.7％），取引先企業（29.8％）などであり，これらの明らかに独立性をもたない社外取締役が約70％を占めている．社外取締役について厳しい定義をするアメリカでは，これらの取締役は社外取締役（独立取締役）として認められていない．

わが国では社外取締役を選任する企業が，大企業において増加しているものの，独立性の高い取締役が選任されていないこと，1社当たりの社外取締役の比率が低いことなど，克服すべき多くの課題も残されている．

5.5 委員会設置会社と新しい企業統治制度

日本の企業統治制度に関して多くの問題点が指摘されている中で，一部の先進的企業は執行役員制や社外取締役，取締役会内常任委員会の設置などを通して，企業統治の改善を進めてきた．これらの取締役会を中心とする企業統治改革はアメリカのモデルの導入にほかならないが，これらの一部の先進的企業の動向を後追いする形で2002年に商法が改正され，委員会等設置会社の制度が導入された．

改正商法においては，大企業（資本金5億円以上または負債200億円以上の企業で，対象となる企業は02年現在，約1万社）は，監査役会をもつ従来の企業統治モデルと監査役会を廃止したアメリカ型企業統治モデルである，いわゆる「委員会等設置会社」（2006年施行の会社法では「委員会設置会社」に名称が変更され，大企業でなくとも委員会設置会社を採用することができるようになった）のいずれかを選択することができる．アメリカ型企業統治モデルを選択した企業には複数の社外取締役の選任が義務づけられ，取締役会の中に指名委員会，報酬委員会，監査委員会の3つの委員会の設置が義務づけられる．3つの委員会は3人以上で構成され，その過半数が社外取締役によって占められなければならない．取締役の任期は2年から1年に短縮され，取締役の権限が強化される一方で，株主総会でのチェックをより頻繁に受けることに

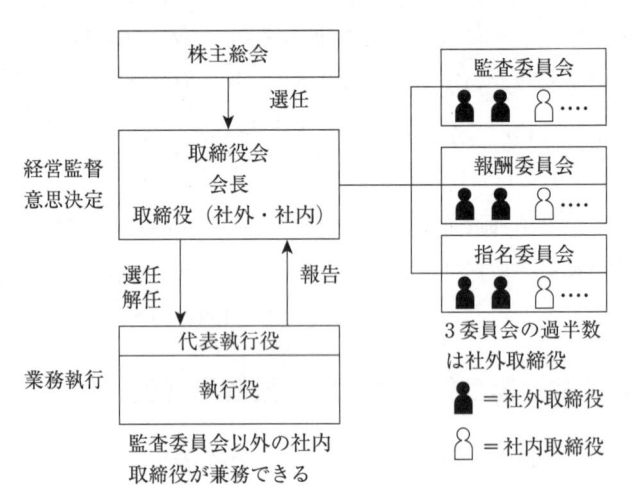

図表 5-6　委員会等設置会社の機関

経営監督
意思決定

- 株主総会
  - ↓ 選任
- 取締役会
  - 会長
  - 取締役（社外・社内）
- 選任・解任 ↓　↑ 報告
- 代表執行役
- 執行役

業務執行

監査委員会以外の社内取締役が兼務できる

- 監査委員会
- 報酬委員会
- 指名委員会

3委員会の過半数は社外取締役

■ ＝社外取締役
人 ＝社内取締役

なった．

　また，このアメリカ型モデルでは新たに執行役が置かれ，業務執行を担当する．これによって，全社的意思決定を担当する取締役会と業務執行を担当する執行役の役割分担を明確化した．執行役は取締役会において選任・解任される．また，従来の代表取締役に代って代表執行役が設けられることになった．新たに設置される執行役は取締役と同様，株主代表訴訟の対象となる．

　委員会等設置会社を採用せず，監査役会を存続させる大企業は，3年以内（2006年までに）に社外監査役を現行の1人以上から監査役の半数以上（最低2人）に増員しなければならないことになった．従来型の監査役をもつ会社は，委員会等設置会社に対応して監査役会設置会社とよばれるようになったが，監査役会設置会社において自主的な企業統治改革の結果設置されるようになった執行役員や取締役会内常任委員会はあくまでも任意の機関である．これに対して委員会等設置会社における執行役や3つの委員会は法律上，必ず置かなければならない機関であり，法律上の権限や責任も明確に規定され

た．

　これまでは配当などの利益処分案は株主総会で承認されることになっていたが，委員会等設置会社を採用した企業では取締役会で承認できるようになったほか，新株や社債発行などの権限を取締役会が執行役に委譲できることになった．なお，2006年施行の会社法では，監査役設置会社でも利益処分の決議を取締役会で行えるように定款で定めることができるようになった．ただしその場合には，会計監査人を設置し，取締役の任期を1年にするなど，一定の条件を満たしていなければならない．

　この新しい企業統治制度を今後どの程度の企業が採用することになるかは未知数である．委員会等設置会社については社外の人物が会社の強い権限を握ることになるため，経済界の拒否反応は強く，2005年の段階で委員会等設置会社に移行した企業は約100社にとどまる．

　この会社機関についての法改正に先立って，2001年12月5日，株主代表訴訟に関する商法も改正された．1993年の商法改正で，株主代表訴訟の手数料が一律8,200円と定められてから，提訴が容易になったため，株主代表訴訟の提起が増加した．93年以降，監査役会や取締役会が形骸化した日本企業においては，株主代表訴訟が経営者を効果的に規律づけることのできる事実上唯一の方法と評価されてきた．しかし，大和銀行ニューヨーク支店の不祥事にかかる株主代表訴訟で，大和銀行経営陣に対して約830億円の損害賠償を命ずる判決が出て以来，経済界からは賠償額が経営者にとって過酷すぎるという不満が出されていた．

　2001年の商法改正は，こうした経済界からの強い要望に応えるもので，所定の手続きを経て経営者の損害賠償額を，代表取締役は報酬の6年分，代表権のない社内取締役は4年分，社外取締役と監査役は2年分にまで軽減することができるというものである．ただし，犯罪行為のあった場合には賠償の軽減は認められない．

　さらに，最近の一連の商法改正により，株主総会手続きも簡素化され，中

小企業に対しては有限会社並みの簡素な株主総会手続きが認められることになったほか，書面や電磁的方法による総会決議も認められることになった．株主総会の特別決議の定足数も従来の「議決権総数の過半数」から「3分の1」に緩和された．これは外国人株主が増加し，株主総会に出席しにくい株主が多くなっている現実を踏まえたものである．

注）
1) 『日本経済新聞』1996年6月27日夕刊
2) 『朝日新聞』1992年11月12日
3) これは「5年ルールによる社外監査役」とよばれているが，その後，社外監査役の要件が厳格化され，2001年の商法改正で撤廃された．
4) 伊藤智文「商法改正2632社の社外監査役の実態」週刊東洋経済『企業系列総覧，95』東洋経済新報社，1994年，16-23ページ
5) 同上稿，19ページ
6) 『朝日新聞』1999年4月16日
7) 日本監査役協会『監査役』No. 507, 2005年12月25日号，51ページ
8) 『日本経済新聞』2001年6月16日
9) 『日本経済新聞』1999年6月25日
10) 東京弁護士会会社法部編『執行役員・社外取締役の実態—商法改正の方向を含めて—』商事法務研究会，2001年，61-131ページ
11) 財務総合政策研究所「『進展するコーポレート・ガバナンス改革と日本企業の再生』報告書（2003.6.20）」財務総合政策研究所ホームページ．http//www.mot.go.jp/jouhou/souken.htm
12) 同上書，46-47ページ

◆参考文献
坂本恒夫・佐久間信夫編『企業集団支配とコーポレート・ガバナンス』文眞堂，1998年
稲上毅・連合総研『現代日本のコーポレート・ガバナンス』東洋経済新報社，2000年
増地昭男・佐々木弘編『最新・現代企業論』八千代出版，2001年
佐久間信夫・出見世信之編『現代経営と企業理論』学文社，2001年
佐久間信夫編『企業統治構造の国際比較』ミネルヴァ書房，2003年
佐久間信夫編『アジアのコーポレート・ガバナンス』学文社，2005年

第6章

アメリカの会社機関と企業統治

6.1 はじめに

　本章では，アメリカの会社機関と企業統治について論じる．企業統治は，コーポレート・ガバナンス（corporate governance）の翻訳語であるが，既にカタカナのままで日常的に用いられ，日本語化しているといえる．「企業」には，企業形態論などを学べばわかるように，通常，合名会社，合資会社，有限会社，株式会社などが含まれるが，「企業統治」が対象としているのは，株式会社であり，それも特に巨大株式会社のみであるということを最初に明記しておく必要があろう．

　企業統治は，わが国ではいわゆるバブル崩壊（1990年代）以降，盛んに論じられるようになっているが，この問題がはじめて論じられたのはアメリカである．そしてそのアメリカでの議論が，欧州各国やわが国だけではなく，韓国，中国，台湾，オーストラリア，ブラジルなど世界中の国々に広がっていったのである．このため，企業統治の問題が，歴史的にみて，アメリカにおいてどのように論じられてきており，またそれが実際の会社機関にどのような影響を与えてきたのかについて正しく理解することは，重要であると思われる．

　したがって，本章では，まずアメリカにおいて企業統治論がどのように展開されてきたのかについてみる．そして，この議論が実際の会社機関である取締役会の構成員等に，どのような影響を与えているのかについてみてみたい．

6.2 アメリカにおける企業統治論の展開

　企業統治論は，アメリカにおいていったいどのように展開してきたのであろうか．ルーミスとルーブマン（Loomis, P. A. & Rubman, B. K.）によると，アメリカにおいては，20世紀の初頭からすでに企業統治の問題は存在しており，かなりの議論がなされていた[1]．しかし，このような指摘は，今日的な視点からみて，20世紀の初頭に企業統治の問題がすでに存在していたということであり，この当時は，企業統治という用語は未だ用いられていなかった．

　では，企業統治という用語はいつ頃から用いられるようになったのであろうか．筆者は，これは1960年代であると考えている．この用語を初めて用いた論者の1人であると考えられるイールズ（Eells, R.）は，その著書『株式会社の統治』（1962年）を次のような問題意識をもって著している．現代の巨大株式会社は自社の従業員を全人格的に従属させ，市民の権利に直接的に影響を与えており，社会の中で州や連邦等の公的な政府と同様の権力を行使しており，私的な政府（private government）といえるような存在になっている．州や連邦等の公的な政府は，それぞれ州法や合衆国憲法というその権力に対する歯止めとなる憲法を有している．これに対して，現代の巨大株式会社はその権力の歯止めとなる憲法をもっていない．イールズは，強大な社会的・経済的権力をもつようになった私的な政府ともいえる巨大株式会社に対しても，公的な政府と同様にガバナンス（統治）が必要だと考えたのである．また，すでに述べたように巨大株式会社は強大な権力をもつようになっており，その結果，多数の人びとの生活に多大な影響を与えるようになっている．このため，イールズは，大会社（の経営者）は確かに第一義的には株主に対して有利な収益をもたらすという義務をもってはいるものの，同時に社会の要求に対応すること，すなわち従業員，顧客，原材料の供給業者，地域社会等の構成員の要求にも対応する社会的責任ある会社（経営者）にもなる必要がある，と考えたのである[2]．

そして，アメリカで企業統治論争が本格化したのは，イールズの著作が発表されたのと同じ1960年代においてであった．これは，進歩的な社会活動家たちが小口の株主となり，当該会社に対して株主権を利用して社会的責任を果たすように要求し始めたためである．[3] このような傾向は1970年代においても続いており，トリッカーは，1970年代の企業統治の問題として次の4点をあげている．①所有と支配が分離して自己永続的な存在となり，また大きな社会的影響力をもつようになった経営者権力は，どのようにすれば正当化されうるかという問題，②取締役会に構成員代表の取締役を加えることにより，会社に社会的な目的も付加していくべきであるという要求，③従来の伝統的な会社統制メカニズムである法律や規制をさらに強化することにより，大会社を統制していくべきであるという議論，そして，④アカウンタビリティ（説明責任・会社の結果責任）を強化するべきであるという議論である．[4]

したがって，結論的にいえば，1960～70年代の企業統治の問題には次の2つの流れが存在したと考えられる．まず，中心的な論点であった，①本来的には私的権力である株式会社権力をどのように統制し，株式会社に社会的目標を付加していけばよいのかという議論（株式会社の社会的責任論）である．そして，②（①に対する批判として）株式会社を株主のために利潤を極大化するための経済的制度である（したがって，株式会社は株主以外のさまざまな利害関係者に対して社会的責任を果たすことはない）とする議論，また市場からのさまざまな圧力により株式会社は経済的目的のみを追求し，社会的な義務を負うことはできないとする議論である．[5]

しかし，1980年代以降に目を向けると全く状況が一変し，株主対経営者の時代となる．これは，LBO（leveraged buyout: 被買収会社の資産を担保に資金調達し，その資金を利用して買収する手法）やジャンク・ボンド（利払い・償還に関する危険は大きいが，その代わり利回りが大きい格付けの低い社債）の利用を含めた敵対的企業買収運動の増加・大型化を契機として始まった．この

時期の議論は，新古典派経済学の視点を導入して法制度の経済分析を行おうとする，いわゆる「法と経済学（Law & Economics）」が大きな影響力をもつようになっており，また企業買収運動との関わりで論じられていたため，会社支配権市場を巡る議論が中心であった．つまり，敵対的企業買収は無能な経営者を排除し，もし優秀な経営者が企業経営を行っていれば，株主が本来得られるはずであった利益を彼らに与える自由市場の装置であると考えられていた．株式市場を通じて企業経営（経営者行動）を確認し，規制することが有効に行えると考えられたのである．

しかし，経営者は敵対的企業買収に対抗し，自身の地位や利益を守るためにさまざまな手法を考案し，利用することになる．[6] このために，どのようにすれば有効に株主による企業経営（経営者行動）のチェックが行えるようになるのかが問題とされるようになるのである．そして，LBOブームが収束するにつれ，企業の借金漬け体質や対外競争力の低下が問題にされることになる．したがって，1980年代の企業統治論は，株主の願望と経営者の行動をいかにして一致させるか，という議論を中心に展開されていたといえるであろう．そして，この1980年代のアメリカの議論が，バブル崩壊後のわが国をはじめ，世界中の国々に輸出されることになり，大きな影響力をもつことになったのである．

しかし，敵対的企業買収は，理論的に考えれば確かに上に述べたように経営者を規律する有用な道具のように考えられるが，実際には，「株主のためにいかに有益であったとしても，敵対的乗っ取りは株主以外のさまざまな構成員・利害関係者に，広範囲にわたる補償されることのないコストを課している」[7]．このため，証券取引所で取り引きされている価格よりも高い価格で，買い手が株主に新聞などを通じて直接株式を購入すると申し出ている場合であっても，取締役会の判断で，従業員，原材料の供給業者，顧客，あるいは地域社会といった利害関係者の利害に適切にかなっていない場合は，乗っ取りの申し込みに反対する決定を行う取締役会を保護する法律が必要とされる

ことになった．したがって，アメリカでは1980年代の中頃（最初は1983年のペンシルベニア州）から1990年代の初めにかけて，30の州で，経営者が会社の意思決定を行う際に，株主の利害に加えて，株主以外の利害関係者への考慮も認める法律，いわゆる会社構成員法・利害関係者法が制定されることになったのである．つまり，アメリカにおいては，1980年代においても株主中心の企業統治に対する批判が行われていたのである．

次に，1990年代に入ると，Calpers（カリフォルニア州公務員退職年金基金）のような公的年金基金を中心とする機関投資家が，従来のウォール・ストリート・ルール（「経営に不満のある投資家は，会社の経営に対して積極的に発言するのではなく，その所有する株式を売却する」という暗黙のルール）から離れて，株主として積極的に会社経営に参加し始めるようになる．このような現象は，年金基金による積極的な行動主義やリレーションシップ・インベスティング（会社経営に積極的に参加する投資）等とよばれている．機関投資家の規模の拡大や多くの州で企業買収を規制する法律（会社構成員法）が成立したために，機関投資家は容易にその所有する株式を売却することができなくなり，株式の流動性が低下した．このため，多額の株式を所有している年金基金を中心とする機関投資家が，会社経営に対して発言するようになったのである．

6.3 アメリカの会社機関と企業統治

以上，前節では，アメリカにおいて企業統治論がどのように展開されてきたのかについてみてきた．本節では，この議論が実際の会社機関である取締役会の構成員等に，どのような影響を与えているのかについてみてみたい．

まず，アメリカのトップ・マネジメント組織をみてみると図表6－1のようである．株式会社は，確かに名目的には株主民主主義の形をとっている．法律上のモデルに従うと，まず株主が取締役を選び，取締役会が経営者を選任することになっている．したがって，この場合，経営者は株主に利益をも

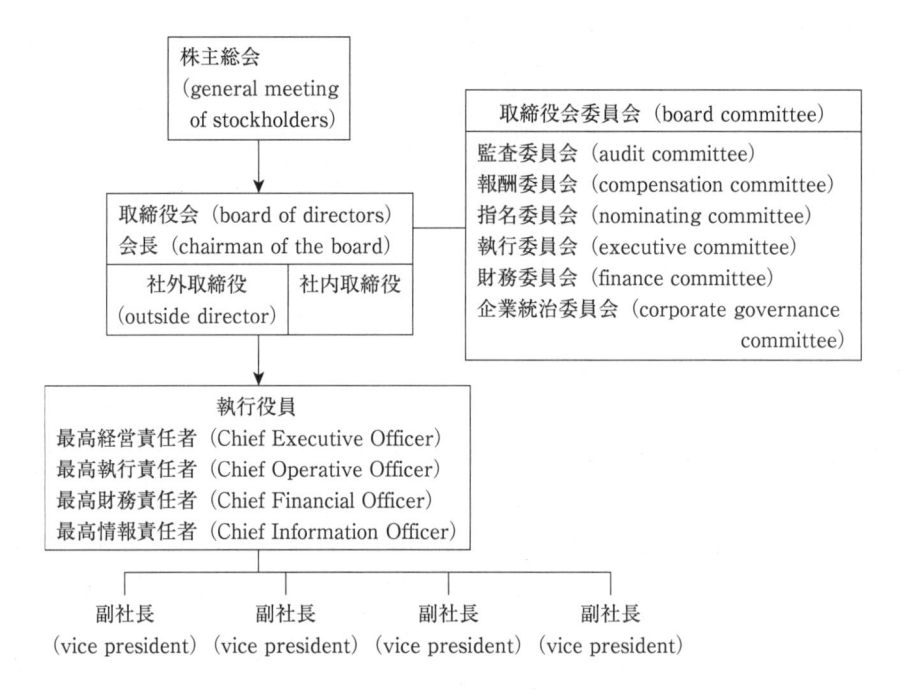

図表 6-1　アメリカのトップ・マネジメント組織

```
株主総会
(general meeting of stockholders)
  ↓
取締役会 (board of directors)
会長 (chairman of the board)
  社外取締役 (outside director) | 社内取締役
  ↓
執行役員
  最高経営責任者 (Chief Executive Officer)
  最高執行責任者 (Chief Operative Officer)
  最高財務責任者 (Chief Financial Officer)
  最高情報責任者 (Chief Information Officer)
  ↓
副社長 副社長 副社長 副社長
(vice president) (vice president) (vice president) (vice president)

取締役会委員会 (board committee)
  監査委員会 (audit committee)
  報酬委員会 (compensation committee)
  指名委員会 (nominating committee)
  執行委員会 (executive committee)
  財務委員会 (finance committee)
  企業統治委員会 (corporate governance committee)
```

注) 一部訳語を変更している.
出所) 佐久間信夫『企業支配と企業統治』白桃書房, 2003年, 179ページ

たらすような方法で会社の資産を運用し, もし経営者が腐敗したり, 無能であることがわかったりすれば, 株主は経営者をすぐに解任することになる. しかし, アメリカにおいて企業統治の問題の議論が始まった1960～1970年代の現実に目を向ければ, 経営者が取締役の候補者を推薦するのが一般的であり, 株主は経営者が推薦した候補者を単に承認するにすぎなかった. また, 株主が大規模な株式会社を支配することもまれであった. このため, 株主民主主義ではコーポレート・ガバナンスをうまく描写することができず, 株主民主主義は, 1970年代においては中心的な問題点にはなっていなかったのである[8].

とはいえ, 1970年代以降, この取締役会を会社の統治主体 (governing

body）として機能させるために改革していこうという動きが出ている．このような改革は，通常，以下のような方向に向けられていた．すなわち，①取締役会の構成員，②その構造（各種取締役会委員会），そして，③その監視活動と役割（権限の範囲，会合の同数，経営者が取締役のために準備する情報が十分であるかどうか，取締役がその活動のために振り向けている時間が十分であるかどうか），である．ここでは，この中から特に①と②の問題について論じる．

まず，取締役会の構成員の問題についてみてみる．ブランバーグは，1970年代に生じた取締役会の構成員の問題について以下のように論じている．すなわち，「今日の取締役会の構成員に対する関心の高まりは，本質的に株式会社が1つの制度として出現したことを反映している．株式会社はそれに関係する人びとに対して多大な影響力をもつようになっており，このように会社の行動から大きな影響を受けている人びとのグループが会社の意思決定過程において何らかの役割を果たすべきかどうか，という関心が生じている」と．つまり，株式会社の統治メカニズムに対する批判は，第2節での議論からもわかるように，株式会社から多大な影響を受けている数多くの社会的グループが株式会社の統治メカニズムに重大な影響を与えるような代表を送り込んでいないところにあったのである．したがって，取締役会構成員の変更に関する議論は，多様な利害関係者の代表を外部取締役として取締役会に参加させることにより，明らかに私的な制度である株式会社をいくらかでも公的な制度に変えていこうという努力である，と解されるのである．

では，取締役会構成員が具体的にどのように変化してきたのかみてみる．最初に，平均的な取締役会における内部取締役と外部取締役の構成比率について，コーンとフェリーの調査をみてみると，1975年時点では5人対8人（外部取締役62％），1990年時点では3人対10人（同77％），1996〜2001年では2人対9人（同82％）であり，取締役会は，外部取締役の比率を高めてきたといえる．この外部取締役の出身職業はきわめて多様である．図表6-2

**図表6-2　取締役会の構成員（取締役会に以下の個人が
　　　　　１人以上いる会社）**　　　　　　　　　　　　（単位：％）

	2001年	1995年	1989年	1985年
他社を退職したエグゼクティブ	93	75	64.1	68.2
投資家	91	73	47.0(1)	53.6(1)
他社のCEO/COO	82	82	79.5	NA
女性	78	69	59.1	45.0
元政府役人	56	54	27.7	29.6
少数民族	68	47	31.6	25.4
アフリカ系アメリカ人	42	34	NA	NA
ラテン系アメリカ人	16	9	NA	NA
アジア系アメリカ人	10	4	NA	NA
学者	59	53	55.4	54.5
商業銀行	30	28	22.7	30.8
合衆国の市民ではない人	15	17	12.0	14.0

注）(1) 1985年と1989年のカテゴリーには，投資家は存在しなかったため，1995年と2001年のそれと比較して，主要な株主と投資銀行の合計を投資家とした．
出所）2001年と1995年については，Korn L. B., and Ferry, R. M., *29th Annual Board of Directors Study 2002*: *Fortune 1000 Highlights*, New York, Korn/Ferry International, 2002, p. 7 を基に作成．1985年と1989年の数値については，Korn L. B., and Ferry, R. M., *17th Annual Board of Directors Study*, New York, Korn/Ferry International, 1990, p. 15を基に作成

からは以下のことがわかる．まず，1980年代においては減少傾向にあった他社を退職したエグゼクティブ，投資家および商業銀行が，1990年代以降は商業銀行を除いて急激に増加しており，また他社のCEO（最高経営責任者）やCOO（最高執行責任者）は一貫して多くの会社で外部取締役となっている点である．特に株主代表の取締役の増加は，1990年代に入って年金基金に代表

される機関投資家が会社経営に対して積極的に発言するようになったために，会社が株主価値に対する指向性を高めたことが原因であると思われる．これに対して，女性，学者，そして少数民族の取締役は，株主以外の利害関係者・会社構成員の利害関係への配慮から取締役になっている人たちであり，会社構成員代表の取締役（constituency director），一種の公益代表の取締役（public director）であると考えられる．特に女性取締役が1人以上いる会社は，1974年時点の約10％から1985年の45％，1989年の59％，2001年78％といちじるしく増大しており，同様に，少数民族の取締役も一貫して増大している点は注目される．

次に，取締役会委員会についてみてみると図表6-3のとおりである．確かに株主価値を高めるために設置されていると考えられる委員会が大部分ではあり，そのような取締役会委員会をもつ会社の比率は近年高まっている．これは，1980年代以降の株主主権論の考え方に符合していると考えられる．しかし，1980年代中頃には，すでに約100の大会社が公共政策委員会（public policy committee）をもつようになっており，また2001年時点で，フォーチュン1,000社の21％で社会的な問題を取り扱う会社責任委員会（多くの場合，内部取締役1人，外部取締役4人で構成される）が設置されており，この点も注目される．

コーンらは，以上のようなアメリカの株式会社における取締役会構成員の変化に注目して，1990年に次のように論じている．すなわち，「取締役会は従業員，地域社会，環境主義者のグループといった株主以外の構成員の利害をますます保護するようになるであろう．……CEOは，依然としてその第1の構成員である株主に圧倒的に関心を向けている．しかし，外部取締役は，株主以外のグループのニーズにさらに多くの神経を向けるようになっており，取締役会で多数派を占めている彼らの発言力は，今後さらに大きな影響力をもつようになるであろう」[12]と．また，ダラスも，「取締役会を多様化しようとする運動は，ますます多様化・国際化する社会において，従業員と

figure 6-3 取締役会に設置されている取締役会委員会 (単位:%)

	2001年	1995年	1989年	1980年
監査委員会	100	100	96.6	98.3
報酬委員会	99	99	91.1	83.3
ストックオプション委員会	86	56	NA	43.5(1)
指名委員会	72	73	57.3	52.4
エグゼクティブ委員会	56	65	73.5	77.3
取締役会編成(board organization)委員会	48	35	NA	NA
財務委員会	35	32	33.5	32.3
後継者育成委員会	30	31	NA	NA
投資委員会	19	21	NA	NA
会社責任委員会	21	19	18.3	16.1(2)
取締役報酬委員会	30	NA	NA	NA

注）(1)1976年の数値である．
(2)比較のため公共問題委員会（9.5%）と会社倫理委員会（6.6%）の合計16.1％を会社責任委員会とした．
　＊この表には現れていないが，Korn等の調査によると，企業統治のプロセスや取締役会の業務を調査する公式の委員会を2002年時点で62.3%の取締役会が有していた．［なお，この数値は，1995年時点では41%であった（Korn and Ferry, 29th Annual Board of Directors Study 2002, p. 4.)］
出所）2001年と1995年については，Korn L. B., and Ferry R. M., *29th Annual Board of Directors Study* 2002 : *Fortune 1000 Highlights*, New York, Korn/Ferry International, 2002, p. 7を基に作成．1989年の数値については，Korn L. B., and Ferry, R. M., *17th Annual Board of Directors Study*, New York, Korn/Ferry International, 1991, p.17を基に作成．1980年については，Windsor, D., "Public Policy and Corporate Ethics Committees", in Greanias G. C., and Windsor, D., eds., *The Changing Board*, Houston, Gulf Publishing Company, 1982, p. 101を基に作成

消費者の利害関係に対する会社の感度を高めることを目的としている．この議論は，断固として株主価値を高めることとの関連で進行したものではあるが，多様性に対する利害関係は，ある程度は利害関係者資本主義（stakeholder capitalism）の必要性を認めているものである」と述べている[13]．このよう

に，アメリカの会社取締役会は，実際には，株主の価値だけではなく，株主以外の利害関係者の利害も認めようとするものなのである．

6.4 おわりに

　以上，アメリカの会社機関と企業統治についてみてきた．アメリカの会社機関や企業統治論は，「法と経済学」の影響力の高まりや年金基金に代表される機関投資家が会社経営に対して積極的に発言するようになったこと等により，近年，株主価値に対する指向性を高めていることは事実である．しかし，歴史的にみていくと，企業統治の問題は，本来，次のような点を問題としていた．すなわち，巨大株式会社は強大な社会的・経済的権力をもち私的な政府ともいえる状態になっており，多数の人びとの生活に多大な影響を与えるようになっているため，公的な政府と同様に統治が必要だと考えられる．そして，その際に，株式会社から多大な影響を受けている数多くの社会的グループが，株式会社の統治メカニズムに重大な影響を与えるような代表を送り込んでいないところに問題があると考えられたのである．大規模な株式会社は，このような議論に対応して，1970年代以降，取締役会に女性，学者，そして少数民族等の会社構成員代表の取締役を取り入れたり，取締役会委員会に会社責任委員会を設置したりするようになっている．したがって，アメリカの株式会社は，株主の価値だけではなく，株主以外の利害関係者の利害も認めようとする形で発展してきているということができるのである．

　わが国の会社機関と企業統治に関する議論と改革は，アメリカにおける議論や実践から大きな影響を受け，またそれを参考にして展開されてきていると考えられている．しかし，実際には，1980年代以降のアメリカの議論である株主第1位モデルが，バブル崩壊後のわが国に輸入され，大きな影響力をもつことになったといえるのである．アメリカにおいて会社機関と企業統治に関する議論と改革が歴史的にみてどのように展開されてきたのか，改めて正しく評価していく必要があろう．

注)
1) Loomis, P. A. and Rubman, B. K., "Corporate Governance in Historical Perspectives", *Hofstra Law Review*, Vol. 8, 1979, p.143.
2) Eells, R., *The Government of Corporation*, New York, Free Press of Glencoe, 1962.
3) Baldwin, F. D., *Conflicting Interest*, Lexington, Lexington Book, 1984, front flap.
4) Tricker, B., "Editorial : Corporate Governance — the new focus of interest", *Corporate Governance : An International Review*,Vol.1, 1993, p.1.
5) この点について，詳しくは以下の論文を参照されたい．今西宏次「米国におけるコーポレート・ガバナンス論の展開」『証券経済学会年報』第30号，1995年，および，今西「コーポレート・ガバナンスの論理展開—アメリカにおける議論を中心に—」『同志社大学大学院商学論集』第28号，1993年
6) このような手法として，たとえば，グリーン・メール（乗っ取り屋を追い払うために，彼らから市場価格よりも高い価格で自社株を買い戻すこと．他の一般の株主にはこのようなプレミアムは与えられない），ポイズン・ピル（毒薬条項：買収が実行された場合，買収コストが非常に高くつくようにする防衛策．実際上，買収が不可能になる），ゴールデン・パラシュート（被買収会社の経営者が買収の際に自分が解任される場合に，巨額の退職金がもらえるような雇用契約をあらかじめ会社と結ぶこと）等があげられる．
7) 今西宏次「共同体主義，契約主義と株式会社の目的—アメリカにおけるコーポレート・ガバナンスに関する議論との関連で—」『大阪経大論集』第52巻，2001年，189ページ
8) Jones, T. M. and Goldberg, L. D., "Governing the Large Corporation", *Academy of Management Review*, Vol. 7, No. 4, 1982, p. 608.
9) Sturdivant, F. D., *Business and Society*, 3rd ed., Homewood, Richard D. Irwin, Inc., 1985, p. 313. なお，③に関連して，Korn/Terry Internationalの調査によると，2000年時点で，外部取締役が取締役会に関連する問題で1年間に費やした時間の平均は，173時間であった（月当たりに直すと14.4時間）．なお，この時間には，実際の会議の時間だけではなく，会議の準備のためにかけた時間や移動の時間（travel）も含まれている（Korn/Terry International, *27th Annual Board of Directors Study 2000*, p. 22.）．アメリカは広大な国であり，またアメリカ国外の居住者が外部取締役になっているケースもある．これらの点から考えると，実際の会議にかけられた時間はそれほど長くはないと考えられる．

10) Blumberg, P. I., "The Role of the Corporation in Society Today", *The Business Lawyer*, Vol. 31, 1976, p. 1403.
11) Korn L. B. and Ferry, R. M., *17th Annual Board of Directors Study*, New York, Korn/Ferry International, 1990., Korn and Ferry, *29th Annual Board of Directors Study 2002 : Fortune 1000 Highlights,* New York, Korn/Ferry International, 2002.
12) Korn and Ferry, *17th Annual Board of Directors Study*, p. 3.
13) Dallas, L. L., "The New Managerialism and Diversity on Corporate Boards of Directors", *Tulane Law Review*, Vol. 76, 2002, pp. 1384-1385.

◆参考文献
深尾光洋『コーポレート・ガバナンス入門』ちくま新書，1999年
佐護譽・渡辺峻編『経営学総論』文眞堂，2004年
藤川信夫『コーポレート・ガバナンスの理論と実務―商法改正とその対応』信山社，2004年
佐久間信夫編『新版 現代経営学』学文社，2005年
今西宏次『株式会社の権力とコーポレート・ガバナンス』文眞堂，2006年

第7章

イギリスの会社機関と企業統治

　イギリスの企業統治は，アメリカとともに英米型企業統治システムの典型としてみられている．両国とも一般に株主主権の一元的企業概念をもっており，取締役会は主に経営監督機能を担当し，経営業務の実行は業務執行役員が行うことになっている．また，活発な株式市場を通した経営者の規律づけが重視されている点も共通しているところである．ただし，アメリカとの相違点がないわけではない．たとえば，企業統治にかかわる各方面から意見を集約して「統合規範」(Combined Code) というイギリス企業統治のスタンダードをつくり，その運用を企業の自主性に委ねていることや，取締役の指名において，取締役会会長と CEO（最高経営責任者）の分離が高い水準で進んでいることなど，アメリカとは違う点もある．本章では，イギリスの会社機関の特徴やアメリカと並んで世界をリードする企業統治改革の状況について考察していく．

7.1　イギリスにおける企業統治改革

　他国と同様，イギリスにおいても企業統治の改革は企業の破綻や不祥事を契機として始まった．イギリスでは，1980年代後半から1990年代初めにかけて，企業不祥事が多数発覚し，企業の倒産や業績低迷が相次いだ．その背景としてイギリス企業における経営監視や内部統制の不十分さが指摘されるとともに，株式市場の機関化現象に伴う近視眼的経営や経営者の高額報酬，アカウンタビリティの欠如に対する批判が高まっていた．

　こうした事態を受け，企業統治に関する本格的な議論が始まるようにな

図表7-1 イギリス企業統治に関する3委員会の概要

1．キャドバリー委員会
・キャドバリー卿を委員長として学界・監査法人・法曹界・証券取引所・イングランド銀行から成る12人の委員が「企業統治の財務的側面に関する委員会」を設置． ・当初の目的は財務面（会計面）およびアカウンタビリティを中心に議論していたが，取締役会と会計監査機能に絡む企業不祥事が発生したことで，会計に加えて取締役会，会計監査人，株主の役割について再定義することにより幅広の企業統治体制について議論した． ・1992年12月に全9章から成る報告書を発表．その中心は公開性，誠実性および説明責任の原則に基づいて作成された第9章の「最善慣行規範」であり，①取締役会，②非業務執行取締役，③業務執行取締役，④報告と統制，について行動規範を示した．
2．グリーンブリー委員会
・一部の民営化された公益企業における取締役報酬がストック・オプション制度を含め，法外に高額であるとの批判を背景として，グリーンブリー卿を委員長とした役員報酬問題を検討する「取締役報酬に関する検討委員会」を設置． ・1995年7月に全8章から成る報告書を発表．第2章で「最善慣行規範」が提示されており，①報酬委員会，②情報開示および承認手続き，③報酬方針，④任用契約および補償，について行動規範を示した．
3．ハンペル委員会
・キャドバリー委員会の後継委員会として，ハンペル卿が委員長となって「企業統治委員会」が設置され，1997年8月に中間報告書，1998年1月に最終報告書を発表． ・前2報告書のほとんど全てを支持するとした上で，取締役会の第1の任務を事業の長期的な繁栄とし，事業の成功とアカウンタビリティのバランスが必要とした． ・望ましい企業統治体制の確立には，企業と重要な株主である機関投資家の利益の一致が重要であり，機関投資家は長期的な視野に立って投資に臨む姿勢が求められるとした． ・前2委員会が「最善慣行規範」を示したのに対し，「企業統治の原則」を提案している．「規範」が「どの程度まで遵守されているか」を問題にするのに対し，「原則」は「実際にどのように適用されたか」を問題としている．

出所）経済産業省編『通商白書2003』経済産業調査会，2003年，31ページ

図表 7-2　改定前の統合規範の基本項目

① 取締役会会長と最高経営責任者（CEO）は原則として同一人物はならない．
② 取締役会に独立取締役のリーダーとして独立上級取締役（SID：Senior Independent Director）を選任する．
③ 取締役会の3分の1は社外取締役（非執行取締役）とする．
④ 3名以上で全員社外取締役からなる監査委員会を設置する．
⑤ 経営陣は株主との対話を重視する．

出所）橋本基美「経営監視のコストとインセンティブ」資本市場研究会編『株主が目覚める日』商事法務，2004年，76ページ

り，その成果として一連の報告書が公表された．すなわち，世界に向けて企業統治のあり方を示した『キャドバリー報告書』（1992年），経営者の高額報酬問題を検討した『グリーンブリー報告書』（1995年），これまでの議論を集大成した『ハンペル報告書』（1998年）である[1]（なお，これら3報告書が作成された経緯や概要については，図表7-1を参照のこと）．そして，1998年には，これら3つの報告書で示された規範を1つにとりまとめた（改訂前の）統合規範[2]が発表され，現在に至るイギリスの企業統治改革の基礎となった（図表7-2）．

また，イギリスでは，ロンドン証券取引所に上場する会社に対して，統合規範に示された企業統治の原則を「遵守するか，さもなければ（そのできない理由を）説明せよ」という有名な開示要請がなされている[3]．したがって，イギリス上場会社は統合規範を完全に遵守する義務はないものの，遵守できなければ情報開示に伴うコストを負担しなければならない．実際，図表7-3が示すように，上位企業350社を対象にした調査によれば，統合規範の遵守に向けたイギリス企業による取り組みが着実に進んでいることがわかる[4]．こうした各企業の自主性にゆだねる手法は実効性が高いものとして各方面からの支持を得ており，世界に1つのモデルを示すものと考えられる．

図表7-3 イギリス企業の企業統治の実態

項目	2000	2002
統合規範の完全遵守	17%	34%
社外取締役のうち独立取締役が過半数	30%	95%
取締役会の過半数が社外取締役	53%	87%
CEOと取締役会会長の職務が分離	80%	90%

出所）橋本基美，図表7-2に同じ，77ページ

7.2 イギリスの会社機関の特徴

(1) イギリス会社法

　イギリスの1985年会社法は株式会社を公開会社（PLC）と非公開会社に分類している．公開会社とは，証券取引所を通じてその株式や社債を発行することが認められている会社のことであり，すべての上場会社がこれに属する．イギリスの会社形態では，株主総会は普通決議をもって取締役を選任し，また解任することができる[5]．株主により経営を委任された取締役会がそのメンバーの中から，CEOや取締役会会長を選任することになる．また，公開会社では，少なくとも2人以上の取締役，1人以上の会社秘書役（company secretary）および外部会計監査人を置かねばならず，両者は会社法における特定の職務・責任を負う[6]．

　なお，イギリス会社法は，経営統治機構について詳細な規定を定めていない．これを補完するような形で，一連の報告書で示された自主的な勧告や統合規範等が採用され，企業統治の有効性向上が図られている．

(2) 取締役会の役割と構成

取締役会は，経営陣と株主とを結びつけるものであり，良い企業統治を実現するために不可欠な存在である．ここでは，主に統合規範に依拠しながら[7]イギリス企業の取締役会の特徴について説明したい．

さて，イギリスの取締役会制度は，アメリカや日本と同じく，単層型取締役会制度（unitary board system）を採用している．この単層型制度では，会長兼CEOなど1人の人物に強大な権力が付与された場合，経営陣に対する監視・監督が十分に機能しない恐れがある．そのため，イギリスでは一般に，会長とCEOの役割を分離することが望ましいと考えられている．統合規範では，取締役会会長は取締役会の運営に関して責任があるのに対して，CEOは事業の運営に責任をもつべきとされ，会長とCEOの役割を同一人物が果たすべきではないとされる．取締役会のバランスと独立性についても統合規範は図表7-4のように規定し，取締役会の経営陣からの独立性の確保を強調している．

また，近年，イギリスでも取締役会委員会制度が発達してきており，取締役会は下部委員会を通してさまざまな業務を行っている．統合規範は，企業

図表7-4　統合規範の「取締役会のバランスと独立性」の概要

取締役会のバランスと独立性
① 取締役会は，特定の個人または小集団が取締役会の意思決定を支配することができないように，業務執行および非業務執行取締役によりバランス良く構成されるべきである．
② 取締役の独立性の要件については，具体例（最近5年間に当該会社もしくはグループ会社の従業員であった場合など7項目）で明示された条件に取締役が該当する場合，通常，独立取締役とはみなされない．
③ 取締役会の少なくとも過半数は独立非業務執行取締役で構成されなければならない．小規模会社では独立非業務執行取締役は2名以上必要である．
④ 取締役会は，独立非業務執行取締役の中から1名の上席独立取締役（Senior Independent Director）を任命し，株主との対話に活用すべきである．

出所）*The Combined Code on Corporate Governance*, July 2003, pp.6-7.

統治において重要とされる3つの取締役会委員会——監査委員会・指名委員会・報酬委員会——の設置を求めており，いずれの委員会においても独立した非業務執行取締役が主要な構成メンバーとなることが規定されている．取締役会による統治機能（経営者監視機能）を実効的なものにするために，独立非業務執行取締役の活用が重視されているのである．

(3) イギリスにおける取締役会の現状

ここでは，イギリス上場会社1,702社を調査対象とした2002年の実態調査[8]に基づいて，イギリスの取締役会の状況について概観しよう．図表7-5が示すように，FTSE100（時価総額上位100社）の取締役会の平均規模は11.5人である．その内訳は取締役会会長が1人，業務執行取締役が4.5人，非業務執行取締役が6人となっていて，非業務執行取締役が過半数を超えている．

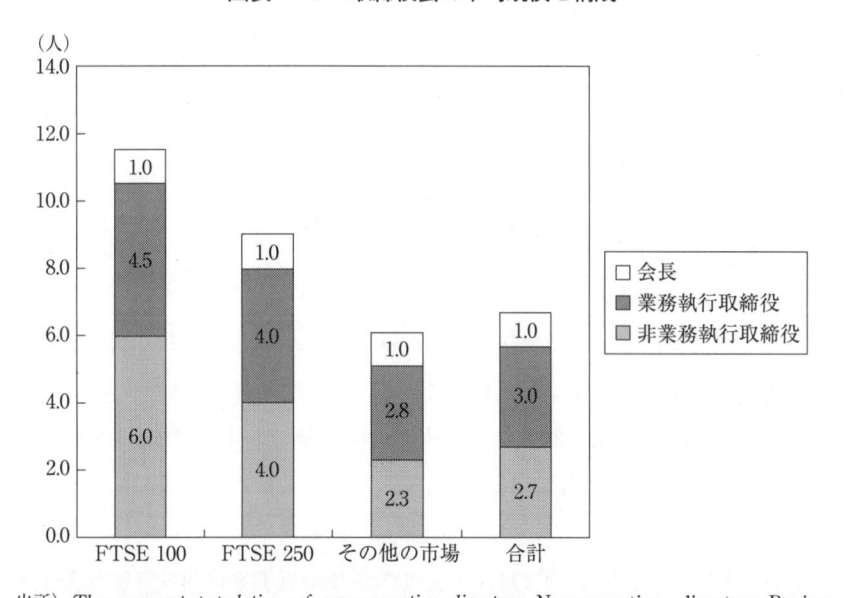

図表7-5 取締役会の平均規模と構成

	FTSE 100	FTSE 250	その他の市場	合計
会長	1.0	1.0	1.0	1.0
業務執行取締役	4.5	4.0	2.8	3.0
非業務執行取締役	6.0	4.0	2.3	2.7

出所）*The curreent population of non-executive directors,* Non-executive directors Review team analysis of data supplied by Hemscott, 20th January 2003, p. 7.

図表7-6 取締役会における各委員会の設置比率

(単位:%)

	FTSE 100	FTSE 250	その他上場会社
監査委員会	99	100	85
報酬委員会	99	100	86
指名委員会	94	81	29

出所) *The current population of non-executive directors*, 図表7-5と同じ, p.50.

　また，取締役会会長とCEOが同一人物であるのは，上位100社で5％，全上場会社でも10％にすぎなかった[9]．このことは，先にみた図表7-3でも同様の調査結果が得られており，イギリスでは会長とCEOの分離が進んでいることがわかる．さらに，図表7-6が示すように，イギリスでは取締役会委員会が普及しており，監査委員会と報酬委員会については，大多数の会社が設置している．指名委員会についても，小規模会社を除くと，設置比率は高い．

　なお，全取締役中に占める女性取締役の割合は4％（業務執行取締役では4％，非業務執行取締役では6％，会長では1％未満の割合）である[10]．また，全取締役のうち7％が非イギリス人で，黒人や少数民族集団は1％未満であった[11]．

7.3 株式所有構造と機関投資家の役割

(1) 株式所有構造の変化

　イギリスでは，アメリカ以上に個人の保有比率がいちじるしく減少し，他方で機関投資家の保有比率が上昇している．これらの機関投資家の中心は，長期安定的な資産運用を図る年金基金と保険会社である．図表7-7にみられるように，1970年代以降，株式所有構造における個人から機関投資家へのシフトが顕著であり，また，外国人投資家の保有比率が大幅に上昇していることも注目される．このことは，イギリス企業に対する機関投資家および外国人投資家の影響力が増大していることを示している．

図表7-7　イギリスにおける株式所有構造の推移

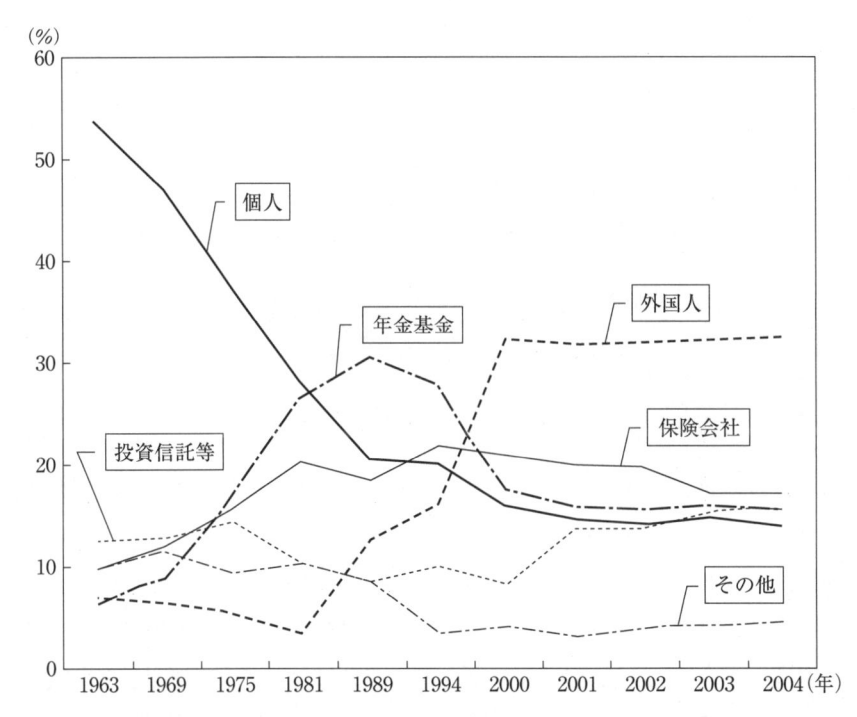

注) 1. 投資信託等：ユニット・トラスト，インベストメント・トラスト，その他の金融機関
　　2. その他：非営利団体，事業会社，公共部門，銀行
出所) Office for National Statistics, *Share Ownership, A report on ownership of shares as at 31st December 2004,* HMSO, Norwich, p. 10. より作成

(2) 機関投資家の役割

　従来からイギリスの機関投資家は，投資先会社に対する企業統治活動には消極的な態度で臨んできた．機関投資家は，一般に，議決権行使等の企業統治活動を格別のコストを負担して行うよりも，売却等の投資行動で経営者を規律づけようとするインセンティブが強かったからである．しかし，1991年のマックスウェル事件[12]は，企業だけでなく機関投資家においても企業統治問題が重要であることをあらわにした．この事件は，当時進められていたキャ

図表7-8　統合規範の「機関株主」の概要

機関株主
① 会社との対話 　機関株主は，互いに理解している目標に基づいて会社との対話を進んで行おうとすべきである． ② 企業統治に関する情報開示の評価 　機関株主は，企業統治の仕組み，とりわけ取締役会の構造や構成についての仕組みを評価する場合，注意を喚起する全ての関連要素を十分に考慮しなければならない． ③ 株主として議決権行使 　機関株主は，議決権を十分に検討して行使する責任を有する．

出所）*The Combined Code on Corporate Governance*, July 2003, pp.19-20.

ドバリー委員会にも大きな影響を与え，キャドバリー報告書は次のような提言を行っている．「機関株主がもつ集合的利害関係の重要性ゆえに，当委員会は，とりわけ機関株主が，……投資先会社に最善慣行規範を遵守させるために，所有者としての影響力を行使することを期待する」[13]．同様の見解がグリーンブリー報告書やハンペル報告書でも示されており，企業統治における機関投資家の役割が強調されている．統合規範においても，機関株主の原則を設けて，機関投資家がより実質的な経営監視を行うよう求めている（図表7-8）．

7.4 統合規範以降の企業統治改革の動向

図表7-9は，1998年の統合規範以降の企業統治見直しに向けた動きを描いている．図の中央にある楕円形は2003年に財務報告評議会（FRC）によって公表された（改訂）統合規範を表す．そして，中央の楕円形の周りには，1998年以降のさまざまな影響，すなわち，①企業統治の特定分野を取り扱った一連の報告書，②個々の機関投資家および彼らの利益を代表する業界団体，③企業統治にかかわる法制化の動き，④EU会社法の改正やアメリカ企業改革法などの外部からの影響，をみることができる[14]．中でも注目されるの

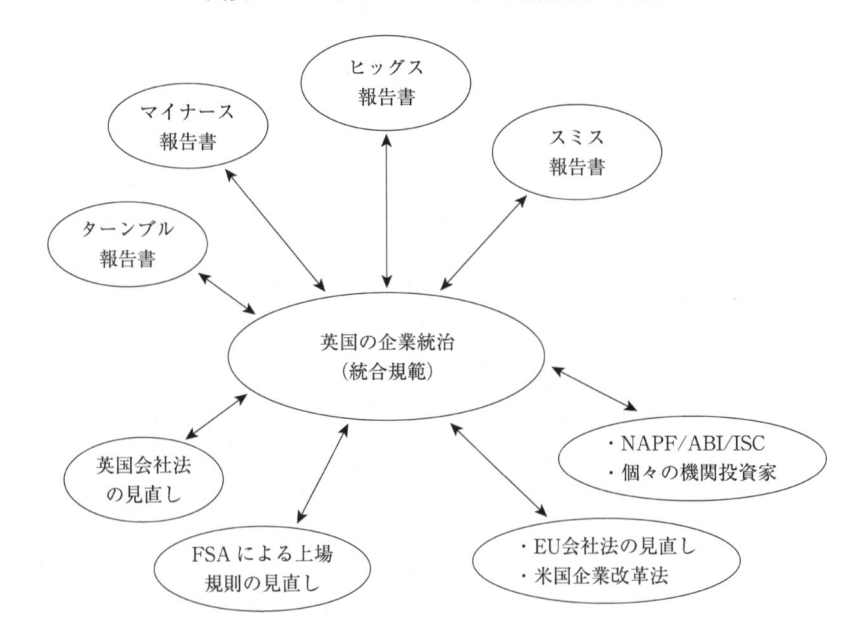

図表7-9　イギリスにおける企業統治の発展

```
          ヒッグス
          報告書
マイナース
報告書              スミス
                   報告書
ターンブル
報告書
          英国の企業統治
          （統合規範）
                        ・NAPF/ABI/ISC
                        ・個々の機関投資家
英国会社法
の見直し
      FSAによる上場    ・EU会社法の見直し
      規則の見直し    ・米国企業改革法
```

出所）Mallin C. A., *Corporate Governance*, Oxford University Press, 2004, p. 21.

図表7-10　ISCの「機関株主およびその代理人の責任に関する原則」

A) 以下のような機関投資家等の責任について，その遂行方法に関する方針を明示
  ・投資先の監視方法
  ・投資先企業に統合規範の遵守を求める方針
  ・投資先の取締役会および上級経営者との対話に関する方針
  ・機関株主等との間の利益相反の最小化または対処法
  ・会社への介入が必要な場合
  ・議決権行使方針
B) 機関投資家等による会社業績の監視
C) 会社への介入が必要な場合
D) 株主行動の影響を評価し，顧客等に報告

出所）橋本基美，図表7-2に同じ，79-80ページ

が，2001年に公表された『マイナース報告書』[15]である．同報告書では，機関投資家の受託者責任を明確にすることや積極的な株主行動を促す勧告がなされた．そして，政府もまたこの方針を認め，法制化にまで視野におさめた取り組みを開始したのである[16]．

こうした政府の規制強化に向けた動きに対し，機関投資家の利益を代表する英国機関株主委員会（ISC）は，2002年10月に，独自のガイドライン『機関株主およびその代理人の責任に関する原則[17]』を策定，公表した（図表7-10）．各機関投資家にはこの原則を採用することがよびかけられ，統合規範でも，機関投資家に対してこれを遵守することが推奨されている．ISCの原則は，イギリスの機関投資家に株主行動主義（shareholder activism）を促進させるマイルストーンになったと評価されている．

また，イギリスでは，国レベルで企業の社会的責任（CSR）活動に取り組む姿勢が顕著である．この動きは，2000年の年金法の改正を端緒にして始まったとされる．この法改正に伴い，イギリスの年金基金は投資原則ステートメント（SPI）による情報開示において，社会的責任投資（SRI）に関するステートメントを記載することが義務づけられた．イギリス政府がCSRおよびSRI政策を重視していることは，企業にとって大きなメッセージになるであろう[18]．

以上のように，イギリスでは，統合規範という形で企業統治のスタンダードが集大成され，企業統治改革が進められている．そこでは，幅広い意見が集約され，その運用は各企業の自主性に任せるという，これまでと変わらないやり方がとられている．関係する当事者——金融界，産業界，政府，利害関係者など——が一致協力して企業統治改革に取り組んでいるスタイルは，世界に対して望ましい1つのモデルを示しており，各国の企業統治の向上に役立っていると考えられる．

注)
1) *Report of the Committee on the Financial Aspects of Corporate Governance*, 1 December 1992. (キャドバリー報告書), *Directors' Remuneration : Report of a Study Group chaired by Sir Richard Greenbury*, 17 July 1995. (グリーンブリー報告書), *Committee on Corporate Governance : Final Report*, 1 January 1998. (ハンペル報告書). なお, これら3報告書は, 八田進二・橋本　尚訳『英国のコーポレート・ガバナンス』白桃書房, 2000年および日本コーポレート・ガバナンス・フォーラム編『コーポレート・ガバナンス』商事法務研究会, 2001年で邦訳されている.
2) *Committee on Corporate Governance : The Combined Code*, June 1998. この統合規範についても, 八田進二・橋本　尚, 前掲書および日本コーポレート・ガバナンス・フォーラム, 前掲書で邦訳されている.
3) FSA, *Listing Rules*, Release 051, February, 2006, pp. 30-31. (the website of FSA, http://fsahandbook.info/FSA/html/handbook/LR)
4) 橋本基美「経営監視のコストとインセンティブ」資本市場研究会編『株主が目覚める日』商事法務, 2004年, 76ページ
5) 法的規定はないが, 取締役は業務執行取締役 (executive director：社内取締役に相当) と非業務執行取締役 (non-executive director：社外取締役に相当) とに分類される.
6) 藤川信夫『コーポレート・ガバナンスの理論と実務』信山社, 2004年, 819ページ
7) 以下の記述は, 2003年に改訂された統合規範, *The Combined Code on Corporate Governance,* July 2003. (the website of FRC, http://www.frc.org.uk/combined.cfm.) に基づいている.
8) *The current population of non-executive directors*, Non-executive directors Review team analysis of data supplied by Hemscott, 20th January 2003. および *Review of the role and effectiveness of non-executive directors*, Research Study Conducted by MORI for The Higgs Review, 20th January 2003. の調査報告である. いずれも英国貿易産業省のホームページ (the website of DTI, http://www.dti.gov.uk/cld/non_exec_review/) から入手できる.
9) *The current population of non-executive directors, op. cit.*, p.8.
10) *Ibid*., p.27.
11) *Review of the role and effectiveness of non-executive directors, op. cit.*, Marked up Questionnaire, p.14.
12) ロバート・マックスウェル氏は自ら所有する会社の年金受託者理事長の地位を利用し, 年金資産を企業投資活動に流用した. しかし, 流用先が破綻し

たため，多くの従業員が退職後の年金を受領できなくなり，大きな社会問題に発展した事件のことをいう．

13) *Report of the Committee on the Financial Aspects of Corporate Governance, op. cit.*, p.52.
14) ①〜③について簡単に説明しておくと，①内部統制に関する『ターンブル報告書』(1999年)，機関投資に関する『マイナース報告書』(2001年)，非業務執行取締役に関する『ヒッグス報告書』(2003年)，監査委員会に関する『スミス報告書』(2003年)，②英国年金基金協会（NAPF），英国保険業協会（ABI），英国機関株主委員会（ISC），③政府による会社法の見直しや金融監督機関である英国金融サービス機構（FSA）の上場制度改革，などの影響を示している．詳しい内容については，Mallin,C.A., *Corporate Governance*, Oxford University Press, 2004, pp.19-40.を参照のこと．
15) *Institutional Investment in The United Kingdom : A review*, Mar 6, 2001.
16) 関　孝哉「イギリスの企業統治構造」佐久間信夫編『企業統治構造の国際比較』ミネルヴァ書房，2003年，102ページ
17) Institutional Shareholders' Committee, *The Responsibilities of Institutional Shareholders and Agents - Statement of Principles*, ISC, 2002.
18) 関，前掲論文，98ページ

◆参 考 文 献

Mallin, C.A., *Corporate Governance*, Oxford University Press, 2004.
日本コーポレート・ガバナンス・フォーラム編『コーポレート・ガバナンス』商事法務研究会，2001年
経済産業省編『通商白書2003』経済産業調査会，2003年
関　孝哉「イギリスの企業統治構造」佐久間信夫編『企業統治構造の国際比較』ミネルヴァ書房，2003年
藤川信夫『コーポレート・ガバナンスの理論と実務』信山社，2004年
橋本基美「経営監視のコストとインセンティブ」資本市場研究会編『株主が目覚める日』商事法務，2004年

第 8 章

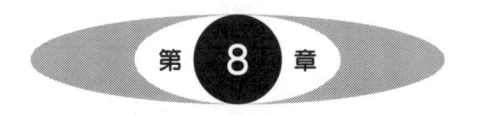

ドイツの会社機関と企業統治

8.1 共同決定の仕組みと会社機関

　ドイツの大規模な株式会社組織は，株主総会（Hauptversammlung），労使同数の代表によって構成される監査役会（Aufsichtsrat），業務執行を担当する数名の役員によって構成される取締役会（Vorstand）から成っている．

　Vorstandは取締役会と訳されるのが普通であるが，執行役会と訳されることもある．日本やアメリカの取締役会は意思決定と経営の監査を任務としているが，ドイツではそれは監査役会が行う．ドイツのVorstandは業務の執行を行うため，内容の点からは執行役会と訳すほうが適切であるが古くから取締役会と訳されている．取締役会会長は日本の代表取締役社長にあたる．

　企業の最高意思決定機関である監査役会に労働者の代表が参加する労使の共同決定という制度がドイツ企業の最も大きな特徴であるが，この制度はスウェーデンはじめヨーロッパのいくつかの国でも採用されている．

　ドイツ企業のトップ・マネジメント組織に関する法律は，モンタン企業を対象とし，完全な労資同権的共同決定を規定するモンタン共同決定法（Montan-Mitbestimmungsgesetz），従業員が2,000人を超える大企業を対象とする共同決定法，中規模企業を対象とする1952年経営体制法の3つに大別することができる．ドイツでは石炭産業，鉄鋼産業はモンタン・インダストリーとよばれ，これらの産業の共同決定の仕組みはモンタン共同決定法で定められている．モンタン・インダストリーの監査役会は労資同数の監査役と中

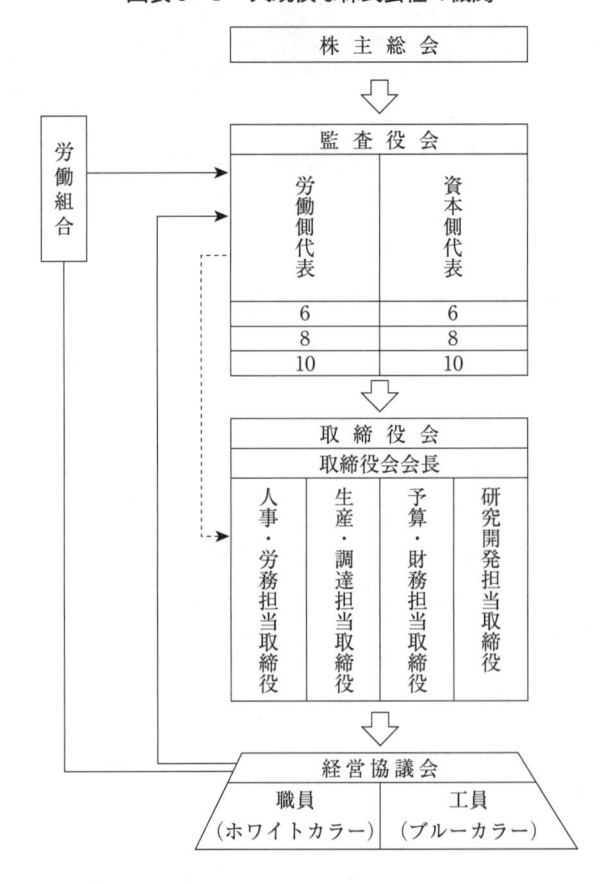

図表 8-1　大規模な株式会社の機関

株主総会			

↓

監査役会	
労働側代表	資本側代表
6	6
8	8
10	10

労働組合 →

↓

取締役会			
取締役会会長			
人事・労務担当取締役	生産・調達担当取締役	予算・財務担当取締役	研究開発担当取締役

↓

経営協議会	
職員 （ホワイトカラー）	工員 （ブルーカラー）

出所）服部正中『現代企業と経営』東京教学社，1979年，161ページを修正

立の監査役1名で構成される．このほかに株式会社は株式法（Aktiengesetz）によってその組織運営が規定される．1951年に制定されたモンタン共同決定法は完全に労資同権的な共同決定法として広く知られている．

モンタン企業を除く従業員2,000人超の大企業に適用されるのが1976年に施行された共同決定法である．企業の最高機関である監査役会は労資同数の代表によって構成されるが，実質的には資本側の権限が優越する仕組みにな

っている．

　1952年に制定された経営体制法（Betriebsverfassungsgesetz）は1972年に大幅に改正され，そのほとんどの条項が効力を失ってしまったが，従業員500人超2,000人以下の株式会社，株式合資会社，有限会社などの監査役会の設置とその構成に関する規定は今なお有効である．この法律の今日でも有効な部分は1952年経営体制法とよばれ，監査役会のメンバーの3分の1が労働者代表でなければならないことを定めている．これに対して，1972年に改正された部分は経営協議会（Betriebsrat）に関する部分で，今日たんに経営体制法とよばれている．経営協議会は事業所レベルでの労働者の経営参加のための組織で，従業員の採用や解雇，配置転換などについて，経営側と共同で決定する．また，労働側代表監査役のうち，従業員代表は経営協議会から選出される．

　従業員2,000人超の企業は，監査役会での資本側の実質的優位が確保されている．すなわち，監査役会議長は必ず資本側代表の監査役から選出され，監査役会の議決が可否同数となった場合には，議長は2票目の投票をすることになっている．また，労働側代表監査役の中には，部長，課長クラスの指導的管理職員が必ず1人は入っていなければならないことになっている．指導的管理職員は労働者側代表というよりも，むしろ資本側に近いと考えられる．

　ドイツ企業の監査役会は，その機能や権限という側面から日本企業の取締役会にほぼ相当し，その構成員は同数の労働側代表監査役と資本側代表監査役から構成されるが，資本側代表監査役には，銀行，他の産業会社，公的機関などの役員や，弁護士や大学教授などの専門職にある人びとが就任している．監査役会の構成員は株主総会によって選出され，経営の執行機関である取締役の任免権と取締役に対する監督権をもっている．労働側代表監査役は当該企業の従業員および企業の外に組織されている労働組合から所定の方法によって選出されることになっているため，株主総会における労働側代表監

査役の選任は形式的なものである．

　したがって，株主総会で実質的に選任されるのは資本側代表監査役だけであるが，資本側代表監査役は当該企業の経営者が兼任することが法律で禁止されていることもあり，比較的広範な利害関係者の中から選任されることになる．彼らは大株主あるいは取引関係のある企業の経営者である場合が多いが，銀行から派遣された監査役が非常に多いのがドイツ企業の特徴である．特にドイチェ・バンク（Deutsdche Bank），ドレスナー・バンク（Dresdner Bank），コメルツ・バンク（Commerz bank）のいわゆるドイツ3大銀行はドイツの有力な産業会社に多くの監査役を就任させてきた．しかも，これら銀行派遣の監査役は監査役会構成員の中でもとりわけ大きな権限をもつ監査役会議長に就任することが多く，産業会社の監査役会において銀行がきわめて大きな影響力をもっている．

8.2 株式所有構造と企業支配

　ドイツでは，すべての企業活動に占める株式会社の比率は比較的低い（図表8-2参照）．2001年末の株式会社数は13,598社であり，そのうち上場企業はベンチャー企業を除けば807社にすぎない．それに対し，圧倒的に多数を占めるのが有限責任会社（GmbH）である．付加価値生産額で上位100大企業の中にも多くの個人・同族企業が含まれており，有限会社はもとより合資会社，合名会社などもこの中にリスト・アップされている．また，過半数の株式を単一の所有者によって所有されている上場企業は25％にのぼっており，これはおよそ10％のアメリカ，日本，イギリスなどと比較していちじるしく株式が集中していることを示している．[1]

　さらに，上位200上場会社のうち90％近くが単独の所有者によって25％以上の株式を所有されている．ドイツの株主総会では，重要事項に関する決定は75％以上の賛成によって議決されることになっているため，25％以上の株式所有は重要な議決に対する拒否権の保持を意味し，阻止的少数持株ともよ

図表 8-2 ドイツの企業形態（1999年）

企業形態	企業数	％
個人企業	2,037,230	70.6
合名会社	257,321	8.9
合資会社	99,688	3.5
株式会社	3,951	0.1
有限会社	438,085	15.2
その他	49,993	1.7
合計	2,885,286	100.0

出所）http://www.stststik-bund.菊澤研宗「ドイツの企業統治構造」佐久間信夫編著『企業統治構造の国際比較』ミネルヴァ書房，2003年，112ページ

ばれ，重要な意味をもっている．このように，ドイツの株式会社においては英・米・日本に比べて株式の集中度が高いことがわかる．

一方，このように単独で高い比率の株式を所有する株主は，個人・同族，法人，銀行などである．ドイツの株式会社の所有構造の特徴は，① 株式の集中度が高いこと，② 大規模な株式会社の中にも個人・同族企業が多くみられること，③ コンツェルン型の企業集団が形成されているため垂直的な株式相互所有が多くみられること，④ 銀行による産業会社株式の所有比率が高いこと，などである．

巨大株式会社の株主総会をコーポレート・ガバナンスの観点からみてみるならば，個人・同族企業やコンツェルン型企業のように単一の支配株主が株主総会での決定権を握っていることが多い．ドイツ企業は，支配株主が支配の維持にきわめて熱心であるため，株式会社化を避けたり，株式の上場を避けたりする傾向があるが，株式を上場した後にも無議決権株式や多議決権[2]

図表 8-3 非金融会社における所有の集中（上位5大株主の所有比率）

	ドイツ	アメリカ	日本	イタリア	イギリス
平均	41.5	25.4	33.1	86.9	20.9
中間数	37.0	20.9	29.7	99.9	15.1
標準偏差	14.5	16.0	13.8	19.7	16.0
最小	15.0	1.3	10.9	n.a.	5.0
最大	89.6	87.1	85.0	100.0	87.7

注）ドイツ：41非金融会社（1990年），アメリカ：457非金融会社（1980年），日本：143鉱工業会社（1984年），イタリア：734非金融会社（1993年），イギリス：85工業会社（1970年）．

出所）OECD, OECD Economic Surveys, Germany, 1995, p. 89.

図表8-4 過半数の株式が分散した大企業24社の株主総会における法定議決事項に関する議決結果

	利益処分 (%)	取締役会 業務承認 (%)	監査役会 業務承認 (%)	会計監査 人選任 (%)	監査役 選任 (%)
1 Siemens	99.93	99.60	99.61	99.98	
2 Volkswagen	99.99	99.99	99.49	99.99	99.72
3 Hoechst	99.99	99.96	99.94	99.97	
4 BASF	99.86	99.85	99.85	99.88	99.88
5 Bayer	99.89	99.97	99.97	99.99	99.97
6 Thyssen	99.99	99.78	99.78	99.87	99.99
7 VEBA	99.99	99.64	99.64	99.99	
8 Mannesmann	99.99	99.99	99.98	99.99	
9 Deutsche Bank	99.98	99.64	99.72	99.94	
10 MAN	100	99.62	99.62	100	99.99
11 Dresdner Bank	99.91	99.83	99.82	99.83	99.68
12 Preussag	99.98	99.70	99.70	99.99	
13 Commerzbank	99.41	99.68	99.67	99.86	99.86
14 VIAG	99.99	99.99	99.99	99.99	
15 Bayr. Vereinsbank	98.88	99.39	99.39	99.96	98.96
16 Degussa	99.99	99.97	99.97	99.99	
17 AGIV	99.99	99.99	99.99	100	
18 Bayr. Hypo	99.96	99.85	99.79	99.99	99.99
19 Linde	99.99	99.38	99.38	99.99	99.38
20 Deutsche Babcock		99.92	99.91	99.99	99.96
21 Schering	99.99	99.54	99.53	99.99	99.99
22 KHD	99.96	99.95	99.95	99.99	99.99
23 Bremer Vulkan		97.35	97.29	99.42	99.75
24 Strabag	100	99.99	99.99	100	
Durchschnitt	99.89	99.69	99.67	99.94	99.79

出所) Baums, Theodor und Christian Fraune, Institutionelle Anleger und Publikumsgesellschaft: Eine empirische Untersuchung, *Die Aktien-gesellschaft*, 3/1995, S. 110.

株式を発行して支配主体が支配力の維持に務めようとすることが多かった[3]。[4]

ドイツでは個人・同族企業の株式が多少，個人小株主に分散したとしても，かならずしも個人・同族の企業支配力が減退するとはいえない．なぜならば，個人小株主へ分散した株式は寄託議決権制度によってその議決権が大銀行に寄託され，大銀行によって行使される仕組みがあるからである．通常，個人株主への株式の販売は，株式発行会社ときわめて協調的な関係にある銀行によって行われ，その株式に付随する議決権は株主総会の前に，株式発行会社と友好的な関係にあるこの銀行に寄託され，銀行は株主の指示にしたがって株主総会で議決権を行使する．これが寄託議決権制度である．

しかし，個人小株主から寄託された議決権行使書には，ほとんど議決についての特別の指示が書き込まれていない（特別の指示が書かれているのは2％ほどにすぎないといわれる[5]）ため，これらの議決権はこの会社と友好的な関係にある銀行の意向によって行使される．

このように，個人・同族が支配している企業は，寄託議決権を介した銀行の株主総会における協調的な関係を十分予測して株式の分散，すなわち，増資などを行うことができる．銀行はまた，このような強調的な信頼関係を前提にしてこそ株式の販売という業務を株式発行企業から受注することができるのである．

株式が広範に分散し，個人株主や株主のグループが会社の意思決定に影響を及ぼすことができない会社はドイツで公衆会社とよばれている．公衆会社は30社程度にすぎず，日本やアメリカと比べてその数はきわめて少ない．

銀行と産業会社の互恵的な関係は同族企業と同様に，株式の広範に分散した企業にも当てはまる．株式の広範に分散した企業においては経営者（取締役）が最高人事や最高意思決定において監査役会を主導するという，法律の規定とは逆転した状況が起こっており，いわゆる経営者支配が成立している．これらの企業においては，個人株主に広範に分散した議決権のほとんどが銀行に寄託されている．特定の企業に対する銀行全体の株式所有および寄

図表 8-5　ダイムラー・クライスラーのトップ・マネジメント組織

資本家代表　　　　Aufsichtrat（Supervisory Board: 監査役会）　　　　労働者代表	
1 Hilmar Kopper（会長） 　ドイツバンク監査役会会長	1 Erich Klemm（副会長） 　ダイムラー・クライスラーグループ全経営協議会委員長
2 Earl G. Graves 　ニューヨーク， 　アール・G・グレイブ社会長兼 CEO	2 Manfred Göbels 　サービス・機動性コンセプト管理者
3 Prof. Victor Halberstadt 　オランダライデン大学公共経済学教授	3 Nate Gooden 　全米自動車労働組合副委員長
4 Robert J. Lanigan 　オーエンズ－イリノイズ名誉会長	4 Helmut Lense 　ダイムラー・クライスラーウンターテュルクハイム工場経営協議会委員長
5 Peter A. Magowan 　サンフランシスコ・ジャイアンツ社長	5 Gerd Rheude 　ダイムラー・クライスラーヴェース工場経営協議会委員長
6 Dr. rer. Pol. Manfred Schneider 　バイエルン監査役会会長	6 Udo Richter 　ダイムラー・クライスラーブレーメン工場経営協議会委員長
7 G. Richard Thoman 　前ゼロックス社長兼 CEO	7 Wolf Jürgen Röder 　独金属労働組合最高評議会メンバー
8 Bernhard Walter 　前ドレスナーバンク執行役会会長	8 Peter Schönfelder 　EADSドイツランドアウグスブルク工場経営協議会委員長
9 Lynton R. Wilson 　CAE 兼ノーテル・ネットワーク社取締役会会長	9 Stefan Schwaab 　ダイムラー・クライスラーグループ全経営協議会副委員長
10 Dr.-Ing. Mark Wössner 　ベルテルスマン監査役会会長	10 Bernhard Wurl 　独金属労働組合への上申部門代表

社長委員会　　　　　　　　　　　　調停委員会
財務監査委員会

Vorstand（Board of Management：執行役会）	
会長 Jürgen E. Schrempp（ユルゲン・シュレンプ）	
Dr. Wolfgang Bernhard クライスラーグループ COO	Dr. Manfred Bischoff 航空宇宙担当役員
Dr. Eckhard Cordes トラック担当役員	Günther Fleig 人事労務担当役員
Dr. Manfred Gentz 財務管理担当役員	Dr. Rüdiger Grube 会社開発担当役員
Prof. Jürgen Hubbert メルセデスベンツ乗用車担当役員	Dr. Klaus Mangold サービス担当役員
Thomas W. Sidlik クライスラーグループ調達供給担当役員	Gary C. Valade 国際調達供給担当役員
Prof. Klaus-Dieter Vöhringer 研究技術担当役員	Dr. Dieter Zetsche クライスラーグループ社長兼 CEO

Daimler Chrysler Annual Report, 2002.
出所）菊澤研宗「ドイツの企業統治構造」佐久間信夫編著『企業統治構造の国際比較』ミネルヴァ書房，2003年，122ページ

託議決権を合計するとその企業の議決権総数の過半数をはるかに超えているのが普通である．銀行は重要な議決に関しても決定権をもつ75％以上の議決権，すなわち絶対的多数を保有していることが多い．しかし，公衆会社においても，資本側代表監査役を選任する際に経営者（取締役）が提案した監査役候補がほぼ100％近い賛成によって選任されるのが現状である．すなわち，株式の広範に分散したいわゆる経営者支配型企業の株主総会においては，銀行は経営者に協調して議決権を行使している．

8.3 監査役会と取締役会の関係

　監査役会の権限は株式法に定められており，その主要な役割は取締役および取締役会会長を選任すること，および会社の業務執行を監督することである．取締役会が特定の事項についての決定を行う際に，監査役会の承認を得なければならないことを定款に規定した場合には，監査役会はさらに大きな権限をもつことになる．この権限は事前承認権とよばれるが，監査役会が取締役会に対してこの事前承認権をもつことによって，監査役会は取締役会の決定を一層広く規制することができる．

　このように，監査役会は取締役会に対して法律上，取締役の人事を含む強力な権限をもち，取締役会を監督することになっているのであるが，現実は法律の規定のように運営されていない．大企業の最高意思決定において主導権をもっているのは，現実には監査役会ではなく，取締役会である．監査役会ポストの半分を占め資本側代表監査役と同等の権限をもつ労働側代表監査役は，賃金や労働時間などの労働政策に関する決定以外には監査役会の意思決定において積極的に発言しないといわれる．これは労働側代表監査役が最高意思決定にあたって，判断の基礎となる，① 高度な情報を与えられていないこと，そして，② その能力も十分でないこと，また従業員代表監査役がわが国の企業内労働組合のように，③ 一般に経営者の方針を支持する立場をとることなどの理由によるものである．

他方，資本側代表監査役の多くは銀行や産業会社の経営者（取締役）であったり専門職業人であったりするため，本務においてきわめて多忙であるばかりでなく監査役会の開催は年2回程度であることから，当該企業の経営状況に精通することはほとんど不可能である．

これに対して取締役会は実質的に大きな権限を握り，監査役会の意思決定にまで影響を及ぼしている．その理由の1つは，監査役が当該企業の情報をほとんど取締役を通して入手していることである．監査役による社内情報の入手は監査役会幹事会[6]，監査役会の前に開かれる各種の準備委員会，取締役との個人的な接触などによって行われるが，いずれも取締役を介した情報である．ここできわめて重要なことは，監査役の意思決定がこの取締役を通した情報入手の過程で，取締役の根回しの下で，取締役主導で行なわれていることである．このように，監査役会の意思決定を重要な社内情報を握る取締役が事実上行っているのが多くのドイツ大企業の実態であり，法律に規定された監査役会と取締役会の役割は，現実においては逆転しているといわれている．

このような状況は，取締役の選任や監査役の選任についての意思決定にまで及んでいる．すなわち，監査役は株主総会において，取締役は監査役会において選任されることになっているのであるが，多くの大企業では取締役が提案した監査役候補者が株主総会において圧倒的な賛成で選任され，取締役が提案した次期取締役候補者が監査役会においてほとんど満場一致で選任されるのが普通である．

監査役や取締役の人事を含めた監査役と取締役会の逆転現象はいわゆる経営者支配を意味しているが，ドイツの大企業の多くに経営者支配が成立している．このような実態はゲールム（Gerum, E.）の実証研究によっても裏づけられた[7]．ドイツ大企業62社に対する実態調査を行ったゲールムによれば，64％の企業において監査役会よりも取締役会の方が企業の主導権を握っていた．

これらの経営者支配型企業においては監査役は取締役を監視するために機能しているのではなく，取締役の会社支配あるいは経営リーダーシップを支援し，経営者の権力の強化のために機能している．すなわち，ゲールムによればこれらのタイプの監査役会をもつ企業においては，取締役は，① 経営者に対し助言を行う有能な人材を集めること，② 知名度の高い企業者を選任し，会社の威信と信用を向上させること，③ 企業間の人的結合をつくり出し企業活動の環境を安定させること，の3つの目的をもって監査役会の役員を選出すると述べている[8]．これは，まさにわが国の社外監査役や社外取締役に対して経営者が期待し，また現実に行われている機能とほぼ一致している．

ドイツでは1990年代に深刻な企業不祥事が続発し，その際，監査役会が無機能化していることがたびたび指摘された．経営者，すなわち取締役に対する監視機能を担っている監査役会を効果的に機能させることがドイツのコーポレート・ガバナンス改善にとって重要な課題であるということができる．

8.4 銀行の支配力とコーポレート・ガバナンス改革

ドイツの大規模株式会社においては，共同決定法の下で資本と労働の広範な協調関係をはじめとして，企業とこれをとりまく多くの利害関係者の協調関係の上に企業が運営されている．

なかでもとりわけ重要なのが企業と銀行の緊密な協調関係である．ドイツの産業会社はハウスバンクとよばれる特定の銀行ときわめて強い関係にある．ハウスバンクは日本のメインバンクに相当するものであるが，ドイツの銀行はいわゆるユニバーサル・バンクであり，銀行業務と証券業務のすべてを包括した一切の金融サービスを産業会社に提供することができるため，銀行の産業会社に対する影響力は日本と比較してきわめて大きなものとなる．

そればかりでなく，ドイツにおいてはアメリカや日本と異なり，銀行による産業会社株式の所有に制限がないため，しばしば銀行は産業会社の株式を

図表 8-6　銀行の産業会社に対する支配力

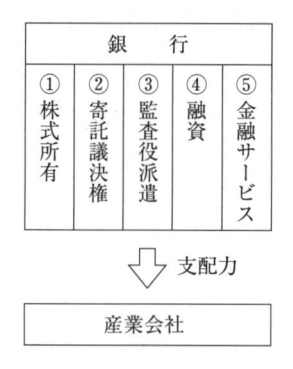

銀　　行				
①株式所有	②寄託議決権	③監査役派遣	④融資	⑤金融サービス

⇩ 支配力

産業会社

大量に保有することになる．銀行の直接的な株式所有に加えて，個人株主の議決権を株主総会において銀行が個人株主に代わって行使する，ドイツ特有の寄託議決権制度も銀行の産業会社に対する大きな影響力源泉の1つとなっている．

　このようにドイツの銀行は，① 株式の所有，② 寄託議決権の保有，③ 監査役の派遣，④ 融資，さらには，⑤ ユニバーサル・バンクとしての包括的な金融サービスの提供などによってきわめて大きな影響力あるいは支配力を産業会社に行使しているともいわれてきた．ドイツの銀行はドイツ経済の戦後の成功においてきわめて重要な役割を果たしてきたと評価される一方で，この問題は「銀行権力」(Macht der Banken) の問題として長く議論されてきた．

　「銀行権力」の批判者は，銀行がコーポレート・ガバナンスに対して大きな影響力をもっており，また銀行と産業会社の協調が独占を形成していると批判してきた．日本と同様に，ドイツの銀行は産業会社の安定株主となっており，これがM＆Aに対する防御機能を果たしているため，資本市場の経営者に対する規律を妨げている．他の国と比べドイツの銀行が株式所有，寄託議決権保有，監査役派遣などを通して産業会社に圧倒的な支配力をもっていることは明らかである．したがって，ドイツのコーポレート・ガバナンス

の議論は，産業会社と銀行の関係の検討を抜きにしては行い得ない．

　ドイツにおいては，銀行が産業会社に対して強力な支配力を維持しているにもかかわらず，これを行使している形跡がみられない．そればかりでなく，数々の企業不祥事をみるならば，産業会社に対する監視ないしモニタリングさえも十分に行っておらず，経営者や同族の行動に追随，協調しているように考えられる．銀行が産業会社の経営者や同族に対して過剰なまでに協調的であることについてはいくつかの理由が考えられる．

　まず第1に，銀行は「銀行権力」についての世論の批判に対しきわめて敏感である．銀行の産業会社支配に対する批判が高まれば，銀行を規制する法律が強化されることになるため，銀行は産業会社への支配力行使にきわめて消極的であると考えられる．

　第2に，銀行の経営者と産業会社の経営者は互恵的な関係にあり，互いに協調することによってその経営者としての権力基盤を補強しあっている．また，銀行は産業会社の経営行動を縛ることよりも，自由な活動によって達成される企業成長や利潤の増加によって大きな利益を得ることができる．

　第3に，ドイツにおいては銀行と産業会社が歴史的にも緊密な関係にあった．ドイツの3大銀行は1870年代の重工業化の時代に，産業界の旺盛な資金需要をまかなうために産業界の要請によって創立された．たとえば，ドイツ銀行はジーメンスのイニシアチブの下に設立されたのであり，ゲオルク・フォン・ジーメンス自身がドイツ銀行創立以来30年にわたってその代表を務めたのである．ドイツ銀行はドイツ電気産業の金融業務のニーズをまかなうために，ジーメンスによって創立され，創立以来今日まで産業会社との緊密な関係を維持してきた．

　以上のように，ドイツのコーポレート・ガバナンスにおいては，銀行が産業会社に対する大きな支配力を有しているにもかかわらず，その支配力を積極的に行使していない．経営者や同族は銀行の協調を背景に支配力を行使しているが，株主総会や監査役会は形骸化しており，一部の同族企業を除いて

経営者に対する監視機能は効果的に働いていなかった．特に株式の分散した公開株式会社においては，経営者に対する統治機能の欠如が深刻な問題となっていた．

1990年代に続発した企業不祥事の反省のもとにドイツでは企業統治改革が進められた．1998年には「企業のコントロールと透明性に関する法律 (KonTrag：コントラックとよばれる)」が施行された[9]．この法律ではまず，取締役会の監査役会に対する説明責任が明確にされた．また，1人の人物が兼任できる監査役の数を10社まで，監査役会会長職は5社までに制限した．ドイツでは1人であまりにも多数の監査役を兼任することが多く，それが監査役会が無機能化する一因となっているとの批判に対処するものである．監査役会の開催回数も従来の年2回から年4回に引き上げられた．さらに，銀行に対しては5％以上の株式を保有する企業の監査役を開示することが義務づけられた．

2002年には「ドイツコーポレート・ガバナンス規範」が策定され，上場企業に適用されることになった[10]．上場企業が「ドイツコーポレート・ガバナンス規範」を遵守するかどうかは各企業の判断に委ねられている．しかし，もし遵守しない場合には，企業はその理由を開示しなければならず，その評価は市場が行うというものである．

コーポレート・ガバナンス規範を策定し，遵守するかどうかは企業の裁量に委ねるが，最終的な企業統治の評価は市場が行うという企業統治の方法はイギリスで始められたものであり，この方法がヨーロッパ諸国で採用されるようになってきている．

注)
1) OECD, *OECD Economic Surveys, Germany 1995*, p.87.
2) 無議決権株式とは株主総会における議決権を与えられていない株式のこと．議決権を与えられていないかわりに，優先的に配当を受け取る権利を与えられている優先株などがこれに当たる．

3) 普通株は1株につき1票の議決権が与えられているが，1株に2票以上の議決権が与えられている株式を多議決権株式という．
4) 吉森賢「ドイツにおける会社統治制度」『横浜経営研究』第XV巻3号，1994年，12-13ページ．後述するように，98年の株式法改正で1株1票の原則が規定された．
5) Gottschalk, A., "Der Stimmrechtseinfluss der Banken in den Aktionärsversammlungen von Grossunternehmen", *WSI Mitteilungen*, 5, 1998, S. 296.
6) 監査役会の組織は監査役会自身で決定する権限をもっており，監査役会には通常いくつかの委員会が設けられている．監査役会幹事会は監査役会の全体会議の準備をする委員会で，ほかに人事委員会や財務委員会などが設けられる．
7) Gerum, E., "Aufsichtsratstypen-Ein Beitrag zur Theorie der Organistion der Unternehmensfurung", *Die Betriebswirtschaft*, 6, 1991.
8) Gerum, E., ebenda, S. 726.
9) 正井章筰「監査役会による企業のコントロール」奥島孝康教授還暦記念論集編集委員会編『比較会社法研究』1999年
10) 「ドイツ・コーポレート・ガバナンス規範」については次を参照のこと．なお全文をインターネットで入手することができる（http://www/corporategovernance-code.de）．池田良一「ドイツの『コーポレート・ガバナンス倫理指針』の全文和訳と内容解説」『月刊監査役』No. 461, 2002年，7月25日）．

◆参考文献
佐久間信夫「経営の主体―経営者」工藤達男・深澤郁嘉・佐久間信夫編著『現代の経営学』学文社，1991年，64-104ページ
高橋俊夫編著『コーポレート・ガバナンス―日本とドイツの企業システム』中央経済社，1995年
菊澤研宗「ドイツの企業統治構造」佐久間信夫編著『企業統治構造の国際比較』ミネルヴァ書房，2003年，107-135ページ
菊澤研宗『比較コーポレート・ガバナンス論』有斐閣，2004年

第9章

コーポレート・ガバナンス原則

9.1 はじめに

　企業の不祥事への対処と競争力の強化とを解決するために，今日も盛んにコーポレート・ガバナンス問題が盛んに議論されている．日本以外の先進諸国においても，企業経営環境，企業観，企業目的観等に若干の違いはあるものの，ほぼ同時期に同様の議論が積み重ねられてきている．今後も，コーポレート・ガバナンスは，21世紀における企業経営の中核的役割を担うものと予想される．

　コーポレート・ガバナンスに関する議論が深まるにつれて，コーポレート・ガバナンスに関する統一基準の必要性が高まった．これは，一般にコーポレート・ガバナンス原則（以下「原則」という）と称され，現在まで世界中のさまざまな機関や団体等によって数多く策定・公表されている．

　原則の大きな特徴は，コーポレート・ガバナンスに携わる研究者，実務家等を中心に研究や議論が行われ，帰納要約された性格が強いことである．つまり，今なお解決されていない多くのコーポレート・ガバナンス問題について，一応の決着が図られている傾向が強い．また，原則は，近年の企業外部からは法や規則による規制，企業内部からは企業経営者の積極的な原則策定への関与，といったことから今後の企業経営に多大な影響を与えている．原則について深く探求する必要性は，この2つからきているのである．

　本章では，今日まで策定された原則の体系と役割を説明する．まず，原則の策定の流れを萌芽期，活発期，発展期の3つの時期に分類し，それぞれの

期における代表的な3つの原則の策定に至るまでの歴史的系譜を考察する．次に，基本的問題として，原則の目的や定義を示し，原則の内容について検討を行う．さらに，原則を分類することにより，原則の種類ごとの役割を検討する．最後に，これらの原則を体系化し，原則の本質と役割を明らかにする．

9.2 コーポレート・ガバナンス原則策定の歴史的系譜

(1) コーポレート・ガバナンス原則策定の萌芽——イギリス——

　1990年代初頭を原則策定の萌芽期として位置づけることができる．ここでは，世界各国の原則策定の先駆けとなったイギリスにおけるコーポレート・ガバナンスに関する議論を概観する．

　イギリスの原則策定の動きは，1990年代に入りそれまでの企業不祥事が大きな契機となって設置されたキャドバリー委員会にまで遡ることができる．当初，キャドバリー委員会は，多くの企業不祥事が発生する原因を，会計報告書やアカウンタビリティが適正な企業の姿をあらわすことなく，しかも適時に情報開示がなされているからではないのか，といった認識から設置された．しかし，キャドバリー委員会設置の後も，歴史に残るような大型企業不祥事が立て続けに露見した．そして，そうした不祥事に対して個別に対応するのではなく，コーポレート・ガバナンスの視点から包括的に対応する『キャドバリー委員会報告書』[1]が公表された．

　1992年にキャドバリー委員会報告書が公表された後も，後継委員会によりコーポレート・ガバナンス問題は，一層議論が深められていく．1995年に設置されたグリーンブリー委員会は，当時，高額であるとの指摘が強かった役員報酬に関する問題を中心に検討した．同時に，企業に対してキャドバリー委員会報告書の遵守状況調査等を行い，キャドバリー報告書を補完し発展させ，『グリーンブリー委員会報告書』[2]を取りまとめる．次いで，1995年にハンペル委員会が設置され，1997年の中間報告を経て，1998年の『ハンペル委

員会報告書』[3]の公表に至る．

このような過程を経て，これまでの3委員会報告書をまとめたものが，『統合規範』[4]である．これが，イギリスにおける1990年代のコーポレート・ガバナンスに関する議論の集大成であり，イギリスを代表する原則といえるであろう．

これら3委員会の報告書は，その都度ロンドン証券取引所の上場規則に採用されている．これは，随時まとめられた原則を公的機関が規則等で定めることにより企業に遵守させ，同時にコーポレート・ガバナンスの重要性を広く社会に認識させる効果があったものと考えられる．このようなイギリスのコーポレート・ガバナンスに関する議論および報告書は，世界各国における初期の原則策定の動きに多大な影響を与えた．なぜならば，それらは，各国におけるコーポレート・ガバナンスの構築にとって，すぐに上場規則等として導入できるようなきわめて実効性の高い原則を多く含んでいたからである．

(2) コーポレート・ガバナンス原則策定の活発化——ICGN——

1990年代半ばには，世界各国におけるコーポレート・ガバナンス問題についての関心が高まりをみせ，やがてコーポレート・ガバナンス問題を中心として取り扱う私的な国際機関が設置された．この時期を原則策定の活発期として位置づけることができる．ここでは，インターナショナル・コーポレート・ガバナンス・ネットワーク (International Corporate Governance Network. 以下「ICGN」という）を例にあげ検討を行う．

ICGN設立準備委員会は，1995年に行われた米国機関投資家会議 (Council of Institutional Investors. 以下「CII」という）の最終日に開催され，ICGNは，1995年3月29日に，アメリカのカリフォルニア州公務員退職年金基金 (California Public Employees' Retirement System. 以下「CalPERS」という）や教職員保険・年金基金大学退職株式ファンド（Teachers Insurance and Annuity Association College Retirement Equities Fund. 以下「TIAA-CREF」という）といった代表的機関投資家が参加するCIIが中心となり発足した．このICGNは，全世界でさまざまな機関や組織，団体や個人等によって関心のもたれているコーポレート・ガバナンスに関して対話が重要であるとの認識から設立されたものである．[5] その後，ICGNは，世界各国内での原則策定の動きに注目し，世界に通用する独自の原則策定に積極的にかかわることになる．

1998年に入ると，ICGNは，『議決権行使原則』[6]を策定した．これは，株主の主要な権利である議決権行使に焦点を絞り，企業や関係監督機関等に具体的な改善を求める原則である．ICGNの内部では，機関投資家が中心となり，株主の議決権行使について非常に困難を伴う事例が報告されていた．そのため，コーポレート・ガバナンス構築の第一歩として，議決権行使に関して原則の策定に着手したのである．

1999年には，『グローバル・コーポレート・ガバナンス原則（以下「ICGN原則」という）』[7]が策定された．これは，ICGNの設立後，初めて公表されたコーポレート・ガバナンスに関する包括的な原則である．これにより，ICGNのより広範なコーポレート・ガバナンスに対する考え方および構築の手段が明らかになった．

今日のICGNには，主要機関投資家に加えて，企業経営者やアナリスト，研究者も多数参加しており，したがって，ICGNの一連の原則は，世界中に大きな影響力を与えている．今後もICGNは，機動力を生かし，時代に即応した原則策定を展開していくであろう．[8]

(3) コーポレート・ガバナンス原則の世界標準化への動き――OECD――

先進諸国を中心にコーポレート・ガバナンスに関する議論が盛り上がりをみせ，国内外を問わずさまざまな機関・団体等が原則を策定するに至り，世界標準となる原則の策定が待たれる機運が高まった．1990年代後半は，原則

策定の発展期と位置づけることができる．

　原則の世界標準化の動きを決定的にしたのが，経済協力開発機構(Organisation for Economic Co-operation and Development. 以下「OECD」という）が策定した1999年の『OECD コーポレート・ガバナンス原則（以下「OECD 原則」という）[9]』であった．この原則は，国や社会ごとに異なるモデルの中から比較的共通の要素をまとめたもので，法的拘束力はなく，各国政府や民間企業などに重要な指針を提供するものである[10]．

　OECD が原則に関心を示した背景には，加盟各国の経済に対するコーポレート・ガバナンスの重要性と政府・民間部門の相互作用の必要性とを認識し，国際的にコーポレート・ガバナンス問題を検討することが必要であるとの認識からであった[11]．その後，この問題を検討するため設置されたコーポレート・ガバナンスに関する経営諮問グループは，1998年に，『コーポレート・ガバナンス：グローバル市場における競争力向上と資本参入』[12]とした報告書を策定し，OECD 本部へ報告を行った．これを受けて検討が重ねられ，1999年の閣僚理事会において OECD 原則が採択された．

　そして，1999年6月に開催された G 7（ケルンサミット）蔵相会議において，OECD 原則が，国際的に可能な限り広範な基準として，民間企業の取締役会改革やディスクロージャーに適用されるよう，各国政府がバック・アップすることで合意した．また，アジア太平洋経済協力会議（Asia-Pacific Economic Cooperation）では，1999年の閣僚会議共同声明でコーポレート・ガバナンスの改革がきわめて重要であることが明言され[13]，首脳宣言の中でも，OECD 原則の拡充および適用を今後も求めていくよう明記された[14]．このように，OECD 原則の特徴は，国際的に公の場で，国際会議が承認または支持をしていることである．

　これらのことから，OECD 原則は，コーポレート・ガバナンスにかかわる主要機関に多大な影響を与えることになるであろう．つまり，OECD 原則は，平田光弘（2001a）が「『ディジューレ・スタンダード』としての役割

を担い，世界の各国に根を下ろしつつある状況にある」[15]と指摘するように，公的標準としての役割を担う最低限で基幹的な原則であるといえよう．そして，各国が法的，制度的，規制的枠組みに対して評価や改善をする際に参照できるような基本的原則として位置づけることができる[16]．

9.3 コーポレート・ガバナンス原則の本質

(1) コーポレート・ガバナンス原則の目的

そもそも原則は，機関が各々の目的に適合した原則を策定していた．そのため，それは，各国の企業に一律適用できる原則であったとは言い難い．また，世界の企業経営に影響を与えた1990年代初頭から先進国を中心となって露見した多くの企業不祥事や1997年のアジア通貨危機，グローバルに展開する市場経済の中，徐々に表面化した議決権行使の際の障壁や市場規制等，その時々に引き起こった企業による企業の利害関係者に対する負の影響が問題となり，機関投資家や市場監督機関を中心に，世界標準となる原則の必要性が高まり，数多くの原則が策定されている．

そこで，OECD 原則や ICGN 原則，そして機関投資家の原則で，明示的，暗示的に主張されている原則の役割に関する記述から，21世紀の世界標準たる原則は，企業にかかわるすべての利害関係者の立場から，企業が企業の利害関係者間の利害調整を行いながら，健全で効率的な企業経営を行える企業構造を達成することを目的としたものであるべきであろうと考える．ここで注意すべきことは，世界標準の原則が策定される際に，企業に対して過度に規制を行うのは，かえって各国独自の企業経営風土を混乱させることになり，企業の利益獲得活動を阻害することになりかねない．そのために，原則は，各国の文化や慣習，法制度を考慮に入れた，全世界に通用する最低限の原則とした位置づけとなるべきである．そして，このような原則の目的は，最終的に企業に対して，企業不祥事への対処と企業競争力の強化を目的としたコーポレート・ガバナンスを企業に浸透させることをめざすものでなくて

はならない．

(2) コーポレート・ガバナンス原則の定義

1990年代初頭から，原則が策定されはじめたわけであるが，いままで取り上げた代表的な原則の他にも，各国，各地域，各機関等において，積極的に多くの原則が策定されている．そして，その原則の形態は，証券取引所に導入される上場規則や企業法制度改革に対する意見書や提言から，国際的に活躍する機関投資家の議決権行使基準のために策定された原則，そして，国際機関が世界標準をめざして公表した原則まで，実に幅広く種類も多様である．そうではあるが，これらのものに共通するものは，企業のコーポレート・ガバナンス構築を行うことを最終的な目標として策定されているとことである．

そのため，一般に，原則といった場合，今までは広範な事項を体系立てて策定された狭義の原則（Corporate Governance Principles）を指していたが，この狭義の原則が策定されるまでにはさまざまな議論の蓄積がなされているため，これからはより広義に捉えて，狭義の原則の他にコーポレート・ガバナンスに関する報告書（Best Practice）や規則（Code）等を含むと解するのが妥当であろう．このように原則を捉えることによって，報告書や規則のコーポレート・ガバナンスに関する部分的または専門的な記述を，最善の行動規範として企業のコーポレート・ガバナンス構築に役立たせることができるのである．

(3) コーポレート・ガバナンス原則の内容

世界の代表的な原則である統合規範，OECD原則，ICGN原則は，1つの共通した体系をもつ．ここでは，原則の基本的内容を明らかにするために，これら3つの原則に共通して記載されている原則の内容について分類を行い，それぞれの内容について概観する．図表9-1は，統合規範，OECD

図表9-1　代表的なコーポレート・ガバナンス原則の内容

	統合規範（英）	OECD原則（公国際）	ICGN原則（私国際）
株主の権利	C株主との対話	I株主の権利 II株主の公平な取扱い	1法人の目的 3株主議決権 6経営意思決定 8株主利益
取締役会	A取締役	V取締役会の責任	4取締役会制度
情報開示・透明性	B取締役の報酬 Dアカウンタビリティーおよび会計監査	IV情報開示と透明性	2対話と報告 5経営者の報酬
利害関係者	E機関投資家	III利害関係者の役割	9企業市民活動
その他			7企業のパフォーマンス 10コーポレート・ガバナンスの実現

注）コーポレート・ガバナンス・フォーラム（2001）pp. 411-427, ICGN（1999), OECD（1999), を基に筆者が作成する．

原則，ICGN原則の各項目の内容を分類したものである．いずれの原則とも，大きく分けて，株主の権利，取締役会，情報開示・透明性，利害関係者の4つの記述から構成されている．

まず，企業経営機構に関する記述は，図表9-2に示されるように，取締役会の責務と取締役会と経営陣の報酬とから構成される．取締役会の責務は，概ね①企業の戦略的指揮，②経営陣の効果的監視，③株主への説明責任，である．取締役と経営者の報酬は，①適正な報酬水準の確保，②取締役と経営陣の報酬方針の設計，③報酬方針と報酬明細の情報開示である．

次に，利害関係者に関しては，図表9-3に示されるように，OECD原則およびICGN原則では，取締役が利害関係者間の利害調整を行うことを求めており，統合規範では，利害関係者の中でも，機関投資家と取締役会との関係についての記述となっている．なお，株主に関しては，①株主の基本的権利，②株主の公平な取り扱い，③企業と株主の積極的対話，について記載されている．さらに，情報開示・透明性の内容は，図表9-4に示されるように，①情報開示制度の確立，②広範な財務情報の開示，③内部統制と

図表9-2　取締役会に関するコーポレート・ガバナンス原則の概要

統合規範（英）	OECD（公国際）	ICGN（私国際）
取締役会の責務		
①企業の指導・統制 ②取締役会と経営陣との権力と権限のバランス確保 ③バランスのとれた構成 ④取締役への適時・適切な情報開示 ⑤正式かつ透明な取締役選任過程 ⑥3年未満の取締役任期 ⑦機関株主との積極的な対話 ⑧個人投資家との積極な対話	①企業の戦略的指揮 ②経営陣の効果的監視 ③株主への説明責任	※OECD原則の支持 ①株主による受託者としての立場の明確化 ②独立取締役の含まれた指名・報酬・監査の各委員会の設置
取締役・経営陣の報酬		
①適切な報酬と業績連動報酬の導入 ②正式かつ透明な報酬システムの構築とお手盛りの防止 ③報酬明細の情報開示	①取締役および経営陣の報酬の見直し ②報酬決定過程の透明性	※情報開示・透明性で触れている

注）コーポレート・ガバナンス・フォーラム（2001）pp. 411-427, ICGN（1999），OECD（1999），を基に筆者が作成する．

監査委員会，④独立監査人の役割，である．

このように，原則は，企業経営機構と企業の利害関係者との広範なコーポレート・ガバナンス問題の解決を図っており，また，両者を繋ぐ連結環として情報開示・透明性の規程を置いていることが明らかにされる．

9.4 コーポレート・ガバナンス原則の種類と役割

(1) 国際機関のコーポレート・ガバナンス原則

原則は，その設立機関により種類分けをすることができる．また，各種類の中でも，原則の設立主体等によりさらに分類することができる．図表9-

図表9-3 利害関係者と株主の権利に関するコーポレート・ガバナンス原則の概要

統合規範（英）	OECD（公国際）	ICGN（私国際）
株主の権利		
①株主の基本的権利 ②株主と企業の積極的対話	①株主の基本的権利 ①株主の公平な取り扱いと補償 ②株主の公平な取り扱いと補償	①1株1議決権の堅持 ②すべての株主の公平な取り扱い ③株主と企業の積極的協力
利害関係者の権利		
①機関投資家の議決権 ②機関投資家の積極的対話 ③機関投資家による取締役会評価	①法律によって確定される利害関係者の尊重および協力 ②利害関係者への補償の確立 ③利害関係者参加により業績向上が可能な機構の構築 ④利害関係者への情報開示	※株主の権利で触れている 取締役・経営者等の権利に関する問題には，株主と企業が協力し，事にあたる．

注）コーポレート・ガバナンス・フォーラム（2001）pp.411-427, ICGN（1999），OECD（1999），を基に筆者が作成する．

図表9-4 情報開示・透明性に関するコーポレート・ガバナンス原則の概要

統合規範（英）	OECD（公国際）	ICGN（私国際）
①取締役会の明瞭な企業評価開示 ②内部統制構築 ③上記事項の会計監査人との協力	①全ての企業情報の適時で的確な開示 ②会計監査情報の開示 ③独立会計監査人による監査 ④適切・公平・適時・費用効果的な情報開示システム	①全ての企業情報の適時で的確な開示(OECD原則の支持) ②各取締役に関する情報開示 ③取締役・上級役員の報酬開示 ④監査委員会による独立監査

注）コーポレート・ガバナンス・フォーラム（2001）pp.411-427, ICGN（1999），OECD（1999），を基に筆者が作成する．

5は，原則の種類，主体等に加えて代表的な原則を例示したものである．これによると原則は，国際機関，機関投資家，国内機関等の原則と3つに大分類することができる．以下では，各原則の3つの種類を細かく検討し，さらに原則を策定した主体により小分類する．そして，その各々を例示し，特徴を明らかにしたい．

国際機関の原則は，世界標準となることを多かれ少なかれめざしている．これは，さらに公的国際機関と私的国際機関の原則に小分類できる．まず，公的国際機関は，OECDやOECDと世界銀行グループとが中心となって設立したグローバル・コーポレート・ガバナンス・フォーラム（Global Corporate Governance Forum. 以下「GCGF」という）のように，世界各国の代表や公的機関が中心的参加者となるため，世界中に受け入れることのできる基本的かつ平準化した原則となる．また，私的国際機関は，ICGNのように，あらゆる目的をもつ団体，機関，経営者，研究者等によって構成されるため，より企業に密着した行動指針的性質を持ち合わせたものとなる．

近年では，公的国際機関と私的国際機関との間で盛んに交流が行われている．今後ますます活発になる原則策定の流れの中で，これらの国際機関が主導的役割を発揮することになるであろう．なかでも，私的国際機関は，機動的に活動を行うことが可能であるため，その時々に発生するコーポレート・ガバナンス問題については，より実践的に対応することが可能である．

(2) 機関投資家のコーポレート・ガバナンス原則

機関投資家の原則は，私的国際機関，機関投資家機関，機関投資家独自の3つの原則に小分類することができる．機関投資家は，当初，株主としての立場から議決権行使についての提言や要求を行っていたが，近年では，企業に対してコーポレート・ガバナンス問題を全面に押し出した積極的行動を取っている．これを裏付けるように，1990年代後半，主要な機関投資家および機関投資家機関は，原則を数多く策定している．これらは，企業の中心的利

第9章 コーポレート・ガバナンス原則

図表9-5 コーポレート・ガバナンス原則の種類

種類	主体等	例示	策定原則
国際機関のコーポレート・ガバナンス原則	公的国際機関	OECD（国際） 世界銀行グループ（国際） GCGF（国際）	OECDコーポレート・ガバナンス原則 (1999) コーポレート・ガバナンス：実行のための枠組み (2000) GCGF設立原則 (2000)
	私的国際機関	ICGN（国際） EASD（国際）	グローバル・コーポレート・ガバナンス原則 (2000) 議決権行使原則 (1998) コーポレート・ガバナンス原則と勧告 (2000)
機関投資家のコーポレート・ガバナンス原則	機関投資家	CII（米） CalPERS（米）・Hermes（英）	CIIコーポレート・ガバナンス原則 (2001) CalPERS・Hermesコーポレート・ガバナンス提携の枠組み (1998)
	機関投資家独自	CalPERS（米） Hermes（英） TIAA-CREF（米）	グローバル・コーポレート・ガバナンス原則 (1997・1999) 国別要求 (1997・1998) コーポレート・ガバナンス原則 (2001)
国内機関等のコーポレート・ガバナンス原則	公的国内機関	3委員会（英） 通商産業省（日） ALI（米）	キャドバリー報告書 (1992) グリーンブリー報告書 (1995) ハンペル報告書 (1998) 統合規範 (1998) 創造・革新型コーポレート・システム (1998) 21世紀の企業経営のための会社法制の整備 (2000) コーポレート・ガバナンス原則：分析と勧告 (1992)
	私的国内機関	JCGF（日） 経済同友会（日） CACG（英）	JCGFコーポレート・ガバナンス原則 (1997・1998・2001) 第11回企業白書 (1994) 第12回企業白書 (1996) 第14回企業白書 (1999) コーポレート・ガバナンス原則 (1999)
	国内法令規則等	企業法制度 (2000まで) 企業法制度 (2001) 上場規則	商法改正への提言（経団連・2000）コーポレート・ガバナンスに関する企業法制の将来について（日本監査役協会・2001） 法務省商法改正中間試案 (2001) 会社機関の見直しに関する考え方・コメント（経団連・2001）など SEC規則（米）NYSE規則（米）LSE規則（英）
企業独自	企業独自	GM（米）	GMコーポレート・ガバナンス原則 (1995)

注：筆者作成

害関係者である株主の立場から表明される原則と位置づけられる．

まず，私的国際機関は，国際機関の分類の1つである私的国際機関と重複するものである．機関投資家は，国際機関にも積極的に参加し，原則策定に乗り出している証左である．

次に，機関投資家機関は，国内・国外の機関投資家と幅広く提携関係を有して，情報交換や対話を行うことを目的に設立されている．そして，その過程で原則が策定されている．たとえば，アメリカにおける機関投資家が集まり組織された機関としてCIIをあげることができる．ここでは，対話と情報交換を主としていたが，2001年には『CII コーポレート・ガバナンス原則』[17]を策定した．また，CalPERSとHermesは，国際的な提携を行うため『CalPERS・Hermes コーポレート・ガバナンス提携の枠組み』[18]を策定し，両者が議決権行使等を行う際，企業が置かれている国に所属する機関投資家の原則や行動指針に則って，行動を行うこととした．

また，機関投資家独自の原則は，より企業のコーポレート・ガバナンス構築をめざした包括的な内容となっている．これまで，機関投資家は議決権行使の行動指針や企業評価方針等の個別的な企業へのアプローチの方策を有していた．近年では，機関投資家でさえ，原則を有するようになったことが注目される．たとえば，『CalPERS コーポレート・ガバナンス原則』[19]，『CalPERSの対各国要求』[20]，『TIAA-CREF コーポレート・ガバナンス原則』[21]，『Hermes コーポレート・ガバナンス原則』[22]などが代表的である．これらは，機関投資家が独自に議決権行使，各種要求等を行う際に用いられるため，より企業に接する機会が多い原則である．

(3) 国内機関等のコーポレート・ガバナンス原則

国内機関等の原則は，主として国内の企業経営機構の枠組みを細部まで規定し形作る役割をもつ．これは，公的国内機関，私的国内機関，国内法令・規則，企業独自の4つに小分類できる．

まず，公的国内機関の原則は，各国国内のコーポレート・ガバナンス問題に対処するために策定される．たとえば，イギリスの3委員会を代表的な例としてあげることができる．また，これは，各政府機関および市場監視機関が採用し，上場規則等として定められることもあり，実質的な強制力をもつことが多い．

次に，私的国内機関の原則は，日本コーポレート・ガバナンス・フォーラム（Japan Corporate Governance Forum. 以下「JCGF」という）の1998年に公表された『コーポレート・ガヴァナンス原則―新しい日本型企業統治を考える―（最終報告）（以下「JCGF原則」という）』[23]や，2001年にJCGF原則を改訂する形で策定された『改訂コーポレート・ガバナンス原則』[24]に代表されるように，研究者や経営者，各種団体や機関等が中心となり策定されたため，直接的に企業経営に与える影響も強いであろう[25]．

そして，国内法令・規則は，企業が経営活動を行う際の必要最小限のルールである．今日では，盛んに企業法制度に関する意見や提言が行われ，時代に適合した改正が随時行われている．近年，日本においても，企業法制度への提言等が活発であり，それを受けて商法改正が随時行われている．また，商法大改正が目指されたときにも，コーポレート・ガバナンスの視点からこれに向けた試案が策定され[26]，この試案への各方面からの提言，意見書が数多く公表された．

さらに，企業独自原則は，大分類である国際機関，機関投資家，国内機関等の原則に全面的または個別的に影響を受け，企業が独自に原則を策定し，実施していくものである．たとえば，1995年に改訂された『GMコーポレート・ガバナンス原則』[27]は，機関投資家の強い要求により策定された．また，ソニーは，独自の企業経営機構改革の過程からコーポレート・ガバナンスの理念を導き，執行役員制度導入等の成果をあげている．そして，この企業独自のコーポレート・ガバナンス問題への取り組みは，他の企業はもとより，企業法制度改革や他の原則に影響を与えることになった．

9.5 コーポレート・ガバナンス原則の体系

(1) コーポレート・ガバナンス原則に関する相互協力

　すでに説明したように，原則は，まず3つに大分類され，さらに策定機関等の主体により8つに小分類することができた．そこで，次に，原則策定の近年の流れと各原則間の関係を検討する．

　図表9-6は，世界中の代表的な原則の流れと相関関係を表したものである．まず，原則の流れをみると，1992年のイギリスのキャドバリー委員会報告書が初期の原則といえる．そして，1996年に初めて私的国際機関であるICGNが設置された．また，1998年には，公的国際機関であるOECDが原則策定に乗り出した．このように，原則策定は，国内機関から私的国際機関へ，そして公的国際機関へと広がりをみせたことがわかる．

　近年の原則の策定経緯の大きな特徴は，各々の原則策定機関等が互いに対話や協力，そして補完を行っている点である．また，これらの原則を策定する機関がお互いの原則を支持または補完しあい，さらに発展させる原則を公表している．まず，OECD原則についてのG7合意に基づき，OECDと世界銀行グループは，OECD原則を各国に積極的に提案することになった．そして，両者は，1999年にGCGFを設立した．今後は，OECD原則を基に，先進諸国だけでなく，発展途上国を含む世界各国に提案されるものと考えられる．

　ICGN原則は，この原則策定に先立って公表されたOECD原則と密接な関係をもっている．ICGN原則の中で，OECD原則を世界における最小限の受容できる標準の原則として称賛し，また，原則が拡大するために十分な力を与えることが必要であるとし，独自のICGN原則を策定している[28]．つまり，OECD原則を世界中に広めるために，ICGNも積極的に協力・関与していくことを表明していると考えられる．

　これまでみたように，原則には，1990年代初頭の各国内での原則策定か

第9章　コーポレート・ガバナンス原則　129

図表9-6　コーポレート・ガバナンス原則の系譜

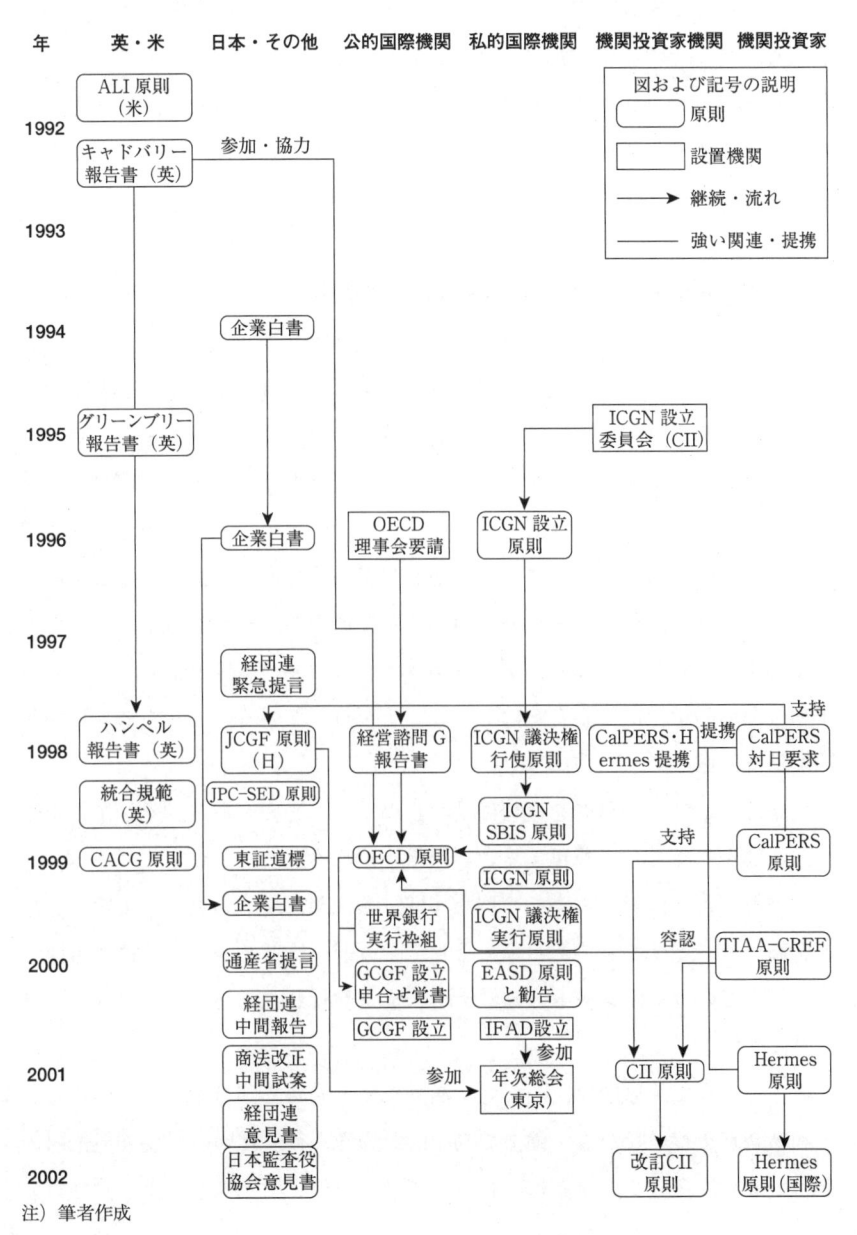

年	英・米	日本・その他	公的国際機関	私的国際機関	機関投資家機関	機関投資家

図および記号の説明
□ 原則
▭ 設置機関
→ 継続・流れ
── 強い関連・提携

1992　ALI原則（米）
　　　キャドバリー報告書（英）　参加・協力

1993

1994　　　　　　　　企業白書

1995　グリーンブリー報告書（英）　　　　　　　　　　ICGN設立委員会（CII）

1996　　　　　　　　企業白書　　OECD理事会要請　　ICGN設立原則

1997　　　　　　　　経団連緊急提言

1998　ハンペル報告書（英）　JCGF原則（日）　経営諮問G報告書　ICGN議決権行使原則　CalPERS・Hermes提携　提携　CalPERS対日要求
　　　統合規範（英）　JPC-SED原則　　　　　　　　ICGN SBIS原則　　支持

1999　CACG原則　東証道標　　　　　　　　OECD原則　ICGN原則　　　　　　　CalPERS原則
　　　　　　　　　企業白書　世界銀行実行枠組　ICGN議決権実行原則　容認　TIAA-CREF原則

2000　　　　　　　通産省提言　GCGF設立申合せ覚書　EASD原則と勧告
　　　　　　　　　経団連中間報告　GCGF設立　IFAD設立　　　　　　　　　Hermes原則
　　　　　　　　　商法改正中間試案　　　参加　年次総会（東京）　　CII原則

2001　　　　　　　経団連意見書
　　　　　　　　　日本監査役協会意見書　　　　　　　　　　　　　改訂CII原則　Hermes原則（国際）

2002

注）筆者作成

ら，1990年代中頃の国境を越えた私的国際機関の設立と原則策定，1990年代後半の公的国際機関の原則策定へ，といった一連の流れがあることがわかる．そして，その中で原則は，より世界標準に近い原則に成長している．また，1990年代後半から今日まで，原則の策定機関等の相互交流が盛んになったことは，より世界標準となる原則策定へ向けた基盤が十分整備されたといえよう．

(2) コーポレート・ガバナンス原則の相関関係

今日の原則は，国際機関，機関投資家，国内機関等に大別することができた．また，これらは相互に対話を続け，影響を与え合いながら，よりよい原則の策定がなされていた．そして，各機関によって企業に対してコーポレート・ガバナンス構築の要求を行うことになる．たとえば，国際機関は，G7などの国際会議の支持と合意にみられるように，事実上の国際標準となる性質のため各国の法令・規則に影響力を有していくであろう．機関投資家は，企業に対する議決権行使や積極的対話を行う過程でコーポレート・ガバナンス構築を求めることになる．国内機関等は，各機関の原則や提言，法令の改正や規則への適用により企業にアプローチを行っていく．これらの原則の相関関係は，図表9-7として示すことができる．

企業は，これらの原則を真摯に受け止めていく必要がある．そして，企業は，原則を規範として尊重することが求められる．また，企業のコーポレート・ガバナンスに対する姿勢や理念等は，各機関に新しい原則を策定する機運を高めることになるであろう．そして，原則が徐々に企業へ浸透するにつれて，企業のコーポレート・ガバナンス構築が行われていくであろうことは容易に想像がつく．

以上のように，原則は，企業経営活動を縛るものではなく，あらゆる企業の利害調整を行いながら，健全で効率的な経営を行うために必要な最低限のものである．そして，企業は，企業の規模・業種・文化等を考慮し，独自の

図表9-7　コーポレート・ガバナンス原則の関係

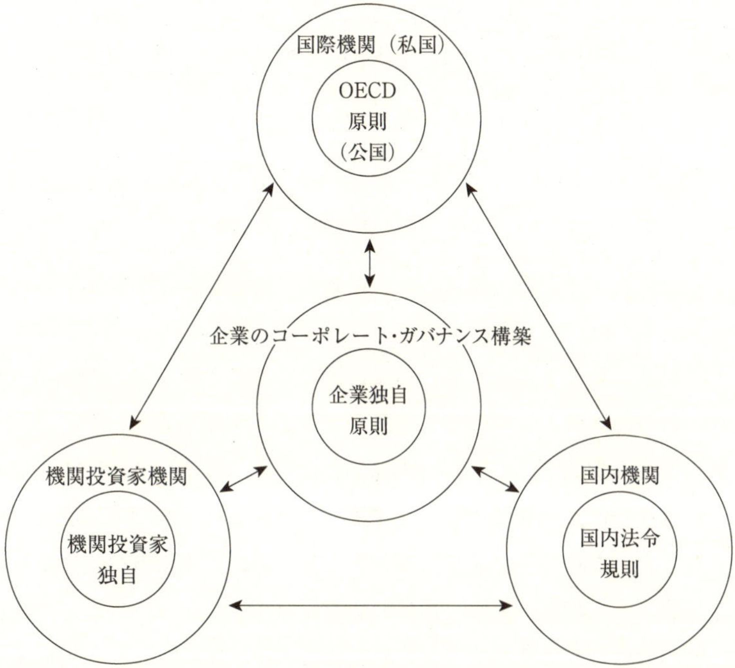

```
                    国際機関（私国）
                    ┌──────────┐
                    │   OECD   │
                    │   原則   │
                    │  （公国） │
                    └──────────┘
                         ↕
              企業のコーポレート・ガバナンス構築
                    ┌──────────┐
                    │  企業独自 │
                    │   原則   │
                    └──────────┘
          ↕                           ↕
    機関投資家機関                   国内機関
    ┌──────────┐              ┌──────────┐
    │ 機関投資家 │              │  国内法令 │
    │   独自   │              │   規則   │
    └──────────┘              └──────────┘
               ←──────────────→
```

注）筆者作成

コーポレート・ガバナンスに関する理念と原則とをもち，実行しなくてはならない．

(3) コーポレート・ガバナンス原則の体系

　原則は，今後も多くの機関等によって策定が行われていくであろう．ここでは，今日まで策定されている原則の共通事項を抽出し，筆者により原則の大枠を提示したい．それを示したものが，図表9-8である．代表的な原則である統合規範やICGN原則，OECD原則は，3部から構成されていたことは既述のとおりである．それを基にしてその全体像を形作ると，企業経営

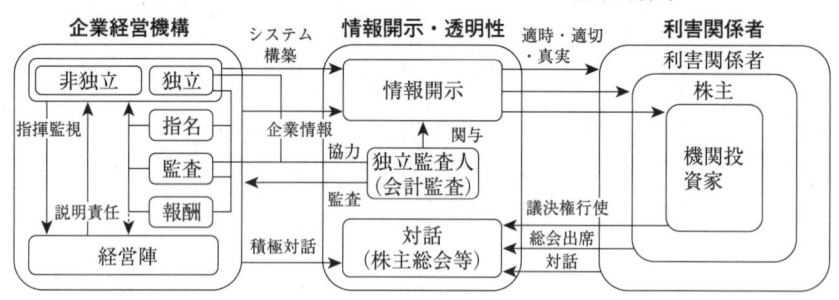

図表 9-8　コーポレート・ガバナンスの基本的体系

注）筆者作成

機構と利害関係者とを主な主体として位置づけることができ，情報開示・透明性が両者の連結環としての役割をもたせることができる．

　まず，企業経営機構についての大部分の記述は，取締役会に関する事項となる．取締役会は，経営陣に対して指揮・監督を行い，経営陣に説明責任を課す．そして，取締役会を適正に機能させるために，独立取締役により構成される少なくとも指名・監査・報酬の各委員会の設置が求められる．それとともに社外取締役が多数導入されることになるが，ICGN原則が指摘するように，取締役会を構成する取締役の半数または3分の1程度を社外取締役にする必要がある[29]．また，独立監査人との協力のもとで，企業に対する適正な監査を行える環境づくりが求められる．

　次に，利害関係者については，機関投資家を中心とした株主に関することである．株主は，議決権行使の権利を保護され，株主総会に出席し意見を表明する権利を有することはもちろんのこと，通常時であっても，企業と対話を行うことができるようにするべきである．なお，OECD原則が指摘するように，企業に対して直接影響力を行使できない利害関係者について，企業が積極的に利害調整を行うための方策を実施することは，当然のことであろう．

　そして，情報開示・透明性は，企業経営機構と利害関係者とを繋ぐ連結環

である．ここでは，情報開示と対話とを重要な鍵要素とすべきである．情報開示・透明性については，統合規範が詳しく，これを概観すると，取締役会は，独立監査人と良好な関係を築きつつ，適時・適切・真実な企業情報の開示ができる情報開示システムを構築し，あらゆる企業情報の開示を行うことが求められる．また，対話に関して企業は，企業の利害関係者と積極的対話を促進することが必要である．

このように，原則は，企業経営機構と利害関係者との双方が単独でコーポレート・ガバナンス構築をめざすのではなく，情報開示・透明性を媒介として双方向対話型のコーポレート・ガバナンス構築をめざすべきである．これからの原則は，企業経営機構，利害関係者，情報開示・透明性の3要素が，大枠を形成する基本的枠組みとなる必要がある．ここでは，大枠を提示することにとどめたが，ICGN原則は企業経営機構，OECD原則は利害関係者，統合規範は情報開示・透明性，に関してと，それぞれ重視している項目がある．

9.6 おわりに

原則は，コーポレート・ガバナンスに関する議論の過程で策定されてきている．その萌芽は，1992年のイギリスにおけるキャドバリー委員会報告書まで遡ることができた．その後，国際機関，機関投資家，国内機関等の3つの大きな枠組みの中で，それぞれの目的に適合した原則を作成し公表していた．しかも，これらの原則の体系は，おおむね，企業経営機構，利害関係者，情報開示・透明性の3部から構成されていた．しかし，今後は，企業経営機構と利害関係者とが単独ではなく，情報開示・透明性を介して連結するような双方向型のコーポレート・ガバナンス構築が求められるであろう．

原則の本質は，企業のコーポレート・ガバナンスの構築によって，企業不祥事の防止を行いつつ企業競争力の強化を果たしていく企業運営を可能にすることにある．しかし，これは，企業経営活動を縛るものではなく，あらゆ

る企業の利害調整を行いながら，健全で効率的な経営を行うために必要な最低限の原則である．そして，企業は，企業の規模・業種・文化等を考慮し，独自のコーポレート・ガバナンスに関する理念と原則とをもち，実行することが理想といえる．

今日もなお，各機関・団体等は，精力的によりよい原則策定に向けて活動を行っている．その過程でこれらの機関・団体等は，相互理解と良好な関係を築いており，近い将来策定が期待される世界標準としての原則の策定に向けた基礎固めが十分に整ったといえる．そして，各国・各企業の文化・慣習等の自主性を尊重した最低限の世界標準が策定されていくことになるであろう．

原則の目的は，各企業がそれを取り入れ，各自のコーポレート・ガバナンスの構築に生かすことである．現状では，原則を意識した企業経営を行う企業は少ないが，一部の企業経営者は，原則策定を行っている機関等への参加を行うなど，この動きが徐々にではあるが企業に浸透しつつあるのである．

注）
1) Cadbury Report, *Report of the Committee on the Financial Aspects of Corporate Governance*, Gee and Co. Ltd., 1992.
2) Greenbury Report, *Report of a Study Group chaired by Sir Richard Greenbury*, Gee and Co. Ltd., 1995.
3) Hampel Report, *Committee on Corporate Governance*, Gee and Co. Ltd., 1997.
4) 日本コーポレート・ガバナンス・フォーラム『コーポレート・ガバナンス―英国の企業改革』商事法務研究会，2001年，411-427ページ
5) ICGN, *ICGN Founding Principles*, International Corporate Governance Network, 1996.
6) ICGN, *ICGN Global Share Voting Principles*, International Corporate Governance Network, 1998.
7) ICGN, *ICGN Statement on Global Corporate Governance Principles*, International Corporate, 1999.
8) ICGN 原則は，国際的な機関投資家を中心として，大きな影響力を与えた．

それは，ICGN原則を基礎とした，CalPERSやHermes等の原則策定により明らかである．
 9) OECD, *OECD Principles of Corporate Governance*, Organisation for Economic Co-operation and Development, 1999.
10) http://www.OECDtokyo.org/inpaku/04corpor/04-01t.html
11) 平田光弘「OECDのコーポレート・ガバナンス原則」『経営研究所論集』第24号，東洋大学経営研究所，2001年，278ページ
12) OECD *Business Sector Advisory Group on Corporate Governance*, 1998.
13) http://www.mofa.go.jp/mofaj/gaiko/apec/99/kyodo_2.html
14) http://www.mofa.go.jp/mofaj/gaiko/apec/99/s_sengen.html
15) 平田光弘, 2001年, 291ページ
16) http://www.OECDtokyo.org/inpaku/04corpor/04-03.html
17) CII, *Corporate Governance Policies*, Council of Institution ALInvestors, 2001.
18) CalPERS, "CalPERS And Hermes Team To Form Corporate Governance Alliance", *Corporate Governance News 1998*, CALIfornia Public Employees' Retirement System, 1998.
19) CalPERS, *Global Corporate Governance Principles*, CALIfornia Public Employees' Retirement System, 1999.
20) CalPERSは，日本 [CalPERS, *Japan Market Principles*, CALIfornia Public Employees' Retirement System, 1998]・アメリカ [CalPERS, *Corporate Governance Core Principles & Guidelines : The United States*, CALIfornia Public Employees' Retirement System, 1998]・イギリス [CalPERS, *United Kingdom Market Principles*, CALIfornia Public Employees' Retirement System, 1997]・フランス [CalPERS, *France Market Principles*, CALIfornia Public Employees' Retirement System, 1997]・ドイツ [CalPERS, 1997] に対して，原則を公表し改善を求めた．
21) TIAA-CREF, *TIAA-CREF Policy Statement on Corporate Governance*, Teachers Insurance and Annuity Association College Retirement Equities Fund, 2000.
22) Hermes, *Statement on UK Corporate Governance & Voting Policy*, Hermes Pensions Management Limited, 2001.
23) コーポレート・ガヴァナンス原則策定委員会『コーポレート・ガヴァナンス原則―新しい日本型統治を考える（最終報告）』日本コーポレート・ガバナンス・フォーラム, 1998年
24) 日本コーポレート・ガバナンス委員会『改訂コーポレート・ガバナンス原則』日本コーポレート・ガバナンス・フォーラム, 2001年

25) 私見では，JCGF原則において，初めて取締役会内委員会制度の導入や監査役会と監査委員会の選択方式が提言された．これとほぼ同趣旨の内容が2001年に公表された法務省の商法改正中間試案にも含まれ，2006年の会社法施行により完全に制度化された．これらから，原則が各方面に影響を与えている一端をみることができるといえる．
26) 2002年の商法大改正に向けた試案については，法務省，「商法等の一部を改正する法律案要綱中間試案」『商事法務』No. 1593，商事法務研究会，2001年，28-51ページを参照のこと．
27) GM, Corporate Governance Guidelines, General Motors, 1995.
28) ICGN, 1999., ibid.
29) たとえば，中国では，2001年の企業法制度改革により社外取締役の設置が義務づけられ，2002年中に，社外取締役を取締役会において3分の1以上にすることが決められた．これに直接的に影響を与えているのが，中国原則であるという．そして，この原則は，OECD原則の強い影響をうけている．このように，世界の代表的な原則のもと，各国は自国のコーポレート・ガバナンスを確立する動きにでていることがわかる．

◆参考文献
菊池敏夫・平田光弘編著『企業統治の国際比較』文眞堂，2000年
小島大徳『世界のコーポレート・ガバナンス―原則の体系化と企業の実践』文眞堂，2004年
ICGN, *ICGN Statement on Global Corporate Governance Principles*, International Corporate Governance Network, 1999.
OECD, *OECD Principles of Corporate Governance*, Organisation for Economic Co-operation and Development, 1999, 2004.

第3部　企業と社会

第10章 企業に求められる21世紀型 CSR

10.1 はじめに

　CSR（Corporate Social Responsibility：企業の社会的責任[1]）とは何か．それは企業の社会的役割を問いかける古くて新しい問題である．日本でも過去，1960年代には公害問題をめぐって，1970年代には第１次石油危機（1973年）に乗じた便乗値上げ，買占め・売り惜しみといった企業の利益至上主義をめぐって議論が高まった．

　その後，1980年代において本格的議論は沈静化していたが[2]，1990年代以降，経済のグローバル化の急速な進展，国内外の企業による不祥事の頻発[3]，地球環境問題，人権問題への世界的関心の高まり，さらには投資家行動としての SRI（Socially Responsible Investment：社会的責任投資[4]）の活発化などを背景に CSR をめぐる議論は新たな展開をみせつつ今日に至っている．いいかえれば，企業と社会の新たな関係が模索されているともいえるであろう．

　そこで本章では，現代社会における企業の位置づけ，社会の企業に対する今日的要請について明らかにした上で，今日の CSR をめぐる議論の基本的な流れについて概観する．

10.2 現代における企業と社会の関係

(1) 現代社会における企業の位置づけ

　現代社会は組織社会といわれる．財やサービスの提供や雇用を含め今日の社会におけるあらゆる機能が組織を通じて遂行されるという現実を捉えたも

のである．その組織社会の中心は大規模企業であり，ドラッカーは大規模企業について，現代社会における決定的，代表的，社会的制度であると述べている．

そのような企業の行動が社会に与える影響は大きい．しかもその影響は，企業活動のグローバル化の進展に伴い国内にとどまらず，地球規模にまで拡大している．それゆえ，企業とりわけ大規模企業がいかなる行動をとるかによって地域社会，地球社会の将来が決まるといっても過言ではないだろう．

このように，今日の企業は社会に対して多大な影響力を有するが，同時に社会によって生かされている存在であることも忘れてはならない．この立場に立てば，企業は自らの経済的効率性を追及する際には社会の発展への貢献を常に意識することが求められる．また，企業の利益は社会（顧客）が与えてくれるもの，企業の信用も社会のさまざまなステークホルダー（利害関係者）によって与えられるものであるといった謙虚な姿勢を保つ必要がある．このような自覚に基づく行動があって初めて，企業はゴーイング・コンサーン（継続企業体）として社会に存在することが許される．すなわち，企業と社会は WIN—WIN（共存共栄），相互依存の関係にあるということである．企業はそのような認識の上に立って CSR を捉えるべきである．

(2) 現代社会の企業に対する要請——持続的発展（サスティナビリティ）

では，社会は CSR として企業に何を求めているのであろうか．今日，人々は精神的豊かさや生活の質の向上を重視するようになり，その実現が可能となるような安定的で平和な社会を求めている．それも自国にとどまらずグローバルな視野に立って世界的な規模で求めている．それは経済的繁栄，社会的公正の維持，環境の質の向上がバランスよく達成されて持続的な発展（サスティナビリティ： sustainability）が可能となる地球社会の実現が望まれているといいかえることができるであろう．

ここでいう経済的繁栄とは，まずは企業に対して社会に有用な財・サービ

スを提供するという経済的機能を果たすことを求めているものと理解される．企業の事業活動があって初めてわれわれは生活を豊かにする財やサービスの提供を受けることができるからである．また雇用の確保もこの中に含まれるであろう．なぜならば，雇用は人びとの生活基盤であり，雇用なしには財・サービスの購入はできず，生活の質の向上はありえないからである．

　社会的公正の維持とは，企業が提供する財・サービスの安全性の確保，労働現場における職場環境改善，職場あるいは地域社会，地球社会全体にかかわる人権擁護，さらには経済格差の是正，食糧不足や貧困問題の解決などがその内容であり，企業には社会との共存共栄の立場から，法令遵守（compliance）はもとより高い倫理観に基づく積極的貢献が要請されている．

　環境の質向上は，資源枯渇，環境汚染，異常気象，地球温暖化といったさまざまな危機に直面する地球環境の保護，回復に他ならず，環境負荷が大きい企業にはこの面についても積極的取り組みが望まれている．

　このように現代社会は，地球規模での持続的発展（サスティナビリティ）に向けて企業に対して実にさまざまな要請を行っている．企業としては企業市民（corporate citizenship），地球市民の自覚をもってこうした多様な社会要請に応えていかない限り，その存続自体が許されない厳しい時代になっている．情報化の進展による企業行動に関する大量の情報発信がその傾向に拍車をかける．このような企業と社会の今日的関係が，現在のCSRをめぐる議論に大きく反映されている．

10.3 重要性が高まるCSR

(1) 過去のCSR概念

　今日のCSRをめぐる議論は，われわれの社会の将来にわたる持続的発展（サスティナビリティ）を問う広範なものとなっているが，過去においてはそこまでの広がりをもつものではなかった．ここではまず，過去のCSR概念についてみておく．

伝統的なCSRの正論として,「企業は本業に専念し,本業を通じてCSRを果たすべき」という考え方があった．よい財やサービスを提供することで生活の向上に寄与する．あるいは雇用機会を増やすことで社会に貢献することがその内容である．このCSR概念は経済的繁栄に特化したものといえるであろう．

　次に,「本業や本業の延長で社会にマイナスの影響を与えないことがCSR」という考え方があった．これはCSRを義務的取り組みとみるもので消極的CSRといえるものである．このような立場に立てば企業として不祥事は防げるかもしれないが,CSRへの取り組みとして法令遵守さえしておけば十分であるという発想になりかねない．

　さらに,企業は社会の一員すなわち企業市民であり,利益追求を超えた社会的使命をもつとの立場から,「本業以外にも社会貢献することがCSR」という積極的CSRの考え方もあった．このCSR観にしたがい,1980年代の日本ではメセナ（文化・学術支援活動）,フィランソロピー（慈善活動・寄付行為）が流行した．しかし,当時のそのような活動は企業のPR活動の一環として行われたという側面は否めず,バブル経済崩壊に伴う企業の業績悪化により一過性に終わった．このCSR概念は,企業が経済的繁栄以外の社会的役割を意識する上で重要であり,現在のCSR概念につながるものであるが,当時としてはまだ企業の認識が十分ではなかったといわざるを得ない[5]．

(2) 今日のCSR概念

　それに対して今日のCSRの概念は,地球規模の持続的発展（サスティナビリティ）を模索する社会の要請の高まりを受けて,広がりと深みをもつものになっている．いわば過去の3つのCSR概念をすべて積極的に新たな解釈で取り込んだものであるといってよい．

　まず,CSRの伝統的正論であった,「企業は本業に専念し,本業を通じて

CSRを果たすべき」という概念は，今日，「利益も上げられない企業がCSRを果たせるはずがない……むしろ利潤動機を様々なステークホルダーの価値創造に活かしていく[6]」べきであるという新しい解釈で正当化されている．

「本業や本業の延長で社会にマイナスの影響を与えないことがCSR」とする消極的CSR概念は今日，社会的公正の維持の観点から，また社会との共存共栄，相互依存関係の観点から，法令遵守のみならず，高い倫理観に基づく当然の義務として現代のCSRの基本に位置づけられている．

また，「本業以外にも社会貢献することがCSR」という積極的CSR概念は，経済のグローバル化，環境問題の深刻化に伴い，世界的な視野に立った企業市民としての貢献へと深みを増している．

この新たなCSRをすべて網羅した概念を提示しているのがキャロル（Carroll, A. B.）である．キャロルはCSRを4つに分類し，経済的責任を土台として，その上に法的責任，倫理的責任，そして最上段に企業市民としての社会貢献（慈善的責任）を置いている（図表10-1）．

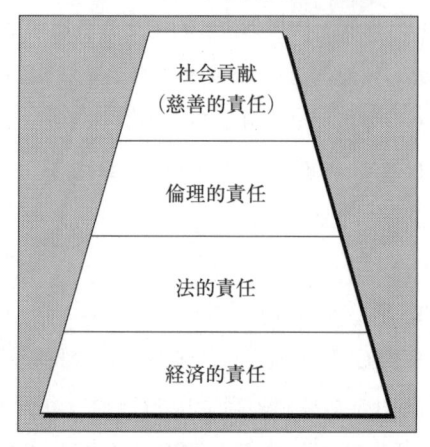

図表10-1　社会的責任の構造

（ピラミッド図：下から上に「経済的責任」「法的責任」「倫理的責任」「社会貢献（慈善的責任）」）

出所）Carroll, A. B. and Buchholtz, A. K., *Business & society : Ethics and Stakeholder Management* 4th ed, South-Western College Publishing, 1999, p. 37.

このようなCSR概念の進化は，社会のCSR活動の評価基準の進化によりもたらされたものといえる．今日のCSR評価基準は，すでに述べた社会の要請を反映して企業の経済的価値，社会的価値，環境的価値の3つの局面から考察し，これらがいかにバランスよく高められているか，トータルとして社会の持続的発展（サスティナビリティ）にどれだけ貢献しているかをみるものとなっている．このような企業評価の考え方はトリプル・ボトムライン（triple bottom line）とよばれている．

(3) 企業を取り巻くステークホルダー

企業はこの広範なCSRをステークホルダー（企業利害関係者）に対して果たしていかねばならない．CSR概念の広がりとともに企業を取り巻くステークホルダーの範囲も広がっている．

現在のCSRの議論においては，「企業と何らかの利害関係を有する主体はすべてステークホルダーであると考える，『マルチ・ステークホルダー・エコノミー』という考え方」[7]が主流になりつつある．図表10-2は，企業のステークホルダーを市場・環境・人間・社会に分類して示したものである．市場関連のステークホルダーとしては，顧客（消費者），株主，取引先，競争相手のほか，金融機関，債権者も含まれるであろう．環境関連では，地球環境そのものが重要なステークホルダーであることはもちろん，さらには将来の世代といった時空間を越えた存在もステークホルダーとみなされるであろう．人間にかかわるステークホルダーには，企業内の従業員，その団体である労働組合が含まれる．最後に社会関連においては，地域社会，国際社会といったものがステークホルダーになりうる．なお，地域社会，国際社会の中でも行政機関，業界団体，マスコミ，NGOやNPOといった非営利組織，その他圧力団体には企業として適切な対応が求められる．

図表10-2　企業の社会的責任（CSR）

```
1．市場（主なステークホルダー：顧客，株主，取引先，競争相手）
    ・持続的な価値創造と新市場創造への取り組み
    ・株主に対する価値の提供
    ・自由・公正・透明な取引・競争
2．環境（主なステークホルダー：今日の世代，将来の世代）
    ・環境経営を推進するマネジメント体制の確立
    ・環境負荷軽減の取り組み
    ・ディスクロージャーとパートナーシップ
3．人間（主なステークホルダー：従業員，人材としての経営者）
    ・優れた人材の登用と活用
    ・従業員の能力（エンプロイアビリティ）の向上
    ・ファミリー・フレンドリーな職場環境の実現
    ・働きやすい職場環境の実現
4．社会（主なステークホルダー：地域社会，市民社会，国際社会）
    ・社会貢献活動の推進
    ・ディスクロージャーとパートナーシップ
    ・政治・行政との適切な関係の確立
    ・国際社会との協調
```

出所）経済同友会『第15回企業白書（「市場の進化」と社会的責任経営――企業の信頼構築と持続的な価値創造に向けて）』2003年，12ページ

(4) CSR としての企業の具体的行動

　企業は，これらステークホルダーに対して具体的に CSR 活動を実践していくことになる．

　まず企業に求められるのは，企業として社会の要請を反映しながら CSR を継続的に推進するコーポレート・ガバナンスシステムの構築である．コーポレート・ガバナンスとは企業統治といわれ，「会社は誰のものか」「会社は誰のために存在するのか」「会社は何のために経営されるのか」という問題提起に応えようとする概念で，狭義には，「会社は株主のもの」であり，株主の意思・権利を適切に反映させるシステムを構築すべきであるとされる．

　一方，広義には，「会社はもはや誰のものでもない，社会的公器である」との立場から，企業は株主を含むすべてのステークホルダーの利害を調整す

る役割を担っており，この視点から経営者行動・経営活動をチェック・監視するシステムを構築すべきであるとされる．今日の CSR の議論においては後者の立場に立つことがより重要であることはいうまでもない．

　CSR 推進の基礎となるコーポレート・ガバナンスシステムとして，社外取締役，監査役の積極的登用，監査役の機能強化，株主総会の活性化などがあげられる．また，情報公開とステークホルダーとの対話やコミュニケーション推進も不可欠である．いずれも企業の CSR 活動に対する外部チェック機能を高めることを目的としたものである．

　また企業は，内部チェック機能も高めて法令遵守，企業倫理の確立を推進しなければならない．これらも CSR の重要な要素であり，経営者は経営理念に基づく行動基準を策定し，従業員に対する教育・研修プログラムを通じて，これを順守するよう全社に周知徹底させていく必要がある．日常の事業活動についてもコンプライアンス委員会を設置して法令遵守，企業倫理の立場からチェックすることも必要である．こうした取り組みは企業自らの誠実性を社会にアピールする機会としても有効である．

　企業の本来業務である社会に有用な財・サービスの提供においても CSR としての配慮が求められる．社会に有用であるか否かは今日，どれだけ顧客の立場を重視しているか，いかに環境へ配慮しているかという基準で評価されている．顧客重視の観点からは，企業は顧客に対して自社の財・サービスの品質を保証し，安全性を高め，万一の場合には迅速にリコールを実施しなければならない．また，購入の際に必要な基本情報の提供，顧客クレームへの誠実な対応，不具合・欠陥などのネガティブ情報の積極的公開といった財・サービスに関する情報公開も徹底しなければならない．財・サービスにおける環境への配慮という観点からは，事業活動にかかわる省資源，省エネ，有害物質の徹底管理，3 R（廃棄物発生の抑制：reduce，製品の再使用：reuse，再利用：recycle）の実施，地球温暖化防止や自然保護につながる環境技術開発への取り組み，環境重視の製品開発および生産システムの考案など

が望まれる．これらはすべて企業の本来業務にかかわる CSR であり，企業は経営戦略の一環として組み込まれるべきものである．[8]

　人間，特に従業員にかかわる CSR 活動としては，雇用差別撤廃，男女雇用機会均等，職場の安全・衛生の確保，健康管理の徹底といった基本的人権にかかわるものから，能力・キャリア開発支援，適正な人事制度の運用，従業員とのコミュニケーション促進といった従業員の自己実現に向けた取り組みまでもが求められる．一部企業で発覚した海外進出国での強制労働，児童労働などは許されざる行為である．

　最後に，よき企業市民としての社会貢献活動も CSR 活動として実践していかねばならない．たとえば，財団設立による学術・文化・芸術・スポーツ活動を支援するメセナ活動，各種寄付，奨学金の提供，物品提供といったフィランソロピー活動を NGO・NPO や各種ボランティア団体と提携しながら実践する．あるいは，従業員に対して環境保護活動などのボランティア活動への参加を促すためにボランティア休暇・休職制度を設けるといったこともっと積極的に提案されていい．いずれにしろ，企業は社会に支えられ，生かされているとの認識に立ち，こうした社会貢献活動をコストではなく長期的投資であるととらえ直す発想の転換が必要である．

10.4 日本における CSR の課題

　経済同友会は，『第15回企業白書』（2003年）において CSR の本質を，① CSR は企業と社会の持続的な相乗発展に資する，② CSR は事業の中核に位置づけるべき「投資」である，③ CSR は法令遵守（コンプライアンス）以上の自主的取り組みであるとし，企業に対して積極的な取り組みを促している．[9] 企業にとって CSR はすでに重要な経営戦略にほかならず，そのような発想に基づく CSR への取り組みは CSR 戦略とよぶにふさわしいものになっている．

　企業は CSR に積極的に取り組むことで，① リスクマネジメントの強化

(CSR活動によりさまざまなリスクを把握し，十分に検討することで事前防止策が講じられ将来リスクが低減する)，②企業ブランド価値の向上，③株式市場をはじめとする市場からの評価の向上，④優秀な人材の確保，⑤従業員の意欲の向上，⑥社会ニーズに適応した財・サービスの開拓促進，⑦省資源，省エネ等による経営全般のコスト削減といったメリットが得られると考えられる[10]．その意義は大きい．

しかしながら，経済同友会が2002年に実施した日本企業を対象としたCSRに関するアンケート調査によれば，CSRの意味として，事業の中核に位置づける重要課題とした企業はようやく過半数を超えているにすぎない．また，将来の利益を生み出す「投資」であるとした企業は17.4%にすぎないのに対して，企業として支払うべきコストであると回答したものが65.3%と高い比率になっている（図表10－3）．

自主的な取り組みについても，法令や社会から求められていないことでも積極的に取り組んでいるとする企業は29%にすぎない．さらに，CSRを企業戦略の中核に位置づけ，利益に結び付ける戦略を立案・実行している企業に至ってはわずか7.7%にすぎない．一方，法令で定められている事項，社

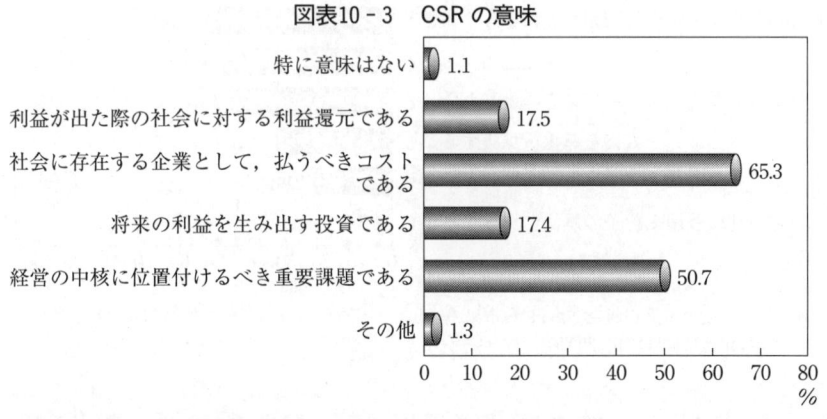

図表10－3　CSRの意味

項目	%
特に意味はない	1.1
利益が出た際の社会に対する利益還元である	17.5
社会に存在する企業として，払うべきコストである	65.3
将来の利益を生み出す投資である	17.4
経営の中核に位置付けるべき重要課題である	50.7
その他	1.3

出所）経済同友会『第15回企業白書（「市場の進化」と社会的責任経営—企業の信頼構築と持続的な価値創造に向けて）』2003年，175ページ

図表10-4　CSR に対する取り組みの段階

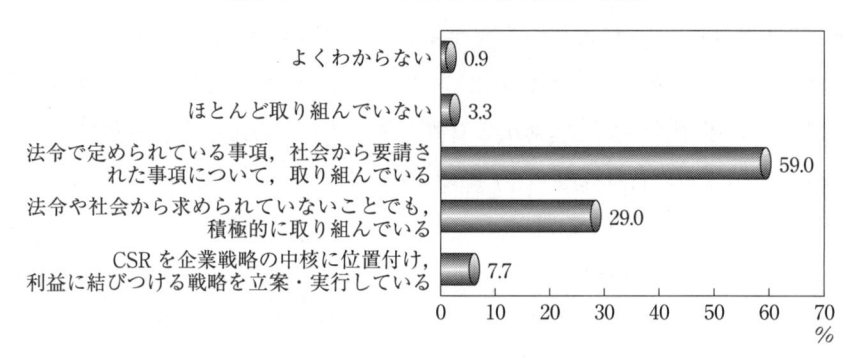

- よくわからない： 0.9
- ほとんど取り組んでいない： 3.3
- 法令で定められている事項，社会から要請された事項について，取り組んでいる： 59.0
- 法令や社会から求められていないことでも，積極的に取り組んでいる： 29.0
- CSR を企業戦略の中核に位置付け，利益に結びつける戦略を立案・実行している： 7.7

出所）経済同友会『第15回企業白書（「市場の進化」と社会的責任経営──企業の信頼構築と持続的な価値創造に向けて）』2003年，176ページ

図表10-5　CSR に含まれる内容

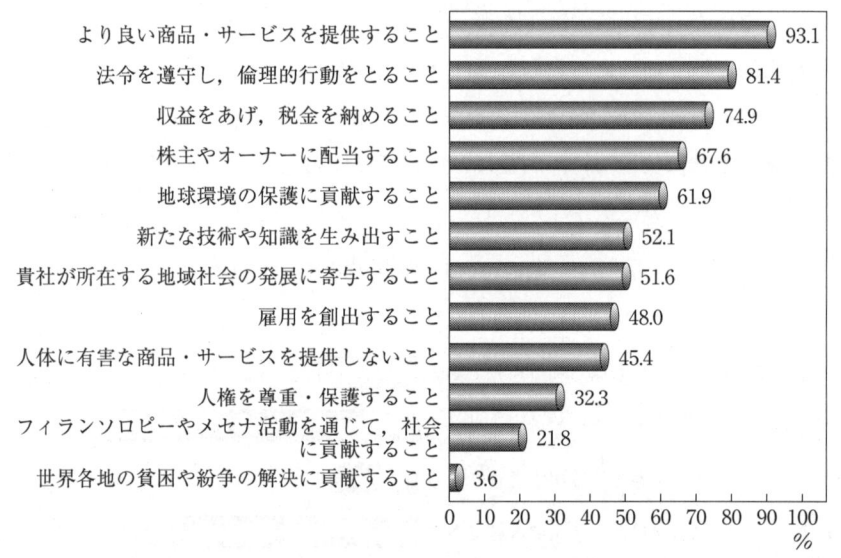

- より良い商品・サービスを提供すること： 93.1
- 法令を遵守し，倫理的行動をとること： 81.4
- 収益をあげ，税金を納めること： 74.9
- 株主やオーナーに配当すること： 67.6
- 地球環境の保護に貢献すること： 61.9
- 新たな技術や知識を生み出すこと： 52.1
- 貴社が所在する地域社会の発展に寄与すること： 51.6
- 雇用を創出すること： 48.0
- 人体に有害な商品・サービスを提供しないこと： 45.4
- 人権を尊重・保護すること： 32.3
- フィランソロピーやメセナ活動を通じて，社会に貢献すること： 21.8
- 世界各地の貧困や紛争の解決に貢献すること： 3.6

出所）経済同友会『第15回企業白書（「市場の進化」と社会的責任経営──企業の信頼構築と持続的な価値創造に向けて）』2003年，172ページ

会から要請された事項に取り組んでいるとする企業が59％を占めているが，この回答をした企業はCSRを未だ義務的に捉えているといえるであろう（図表10-4）．また，図表10-5にみられるように，CSRに含まれる内容も本来業務中心，あるいは本来業務に支障をきたさないレベルの活動が上位を占めている（図表10-5）．

　これらの調査結果から，日本企業におけるCSRの位置づけは未だ不十分で，多くはCSRを義務的・受身的に捉えていることがわかる．

　しかし，これまでみてきたように，今日広がりをみせるCSRへの積極的対応は，中長期的には企業価値を高めるものとなることは明白である．企業はこのことを十分理解して，CSRにさらに積極的に取り組むべく発想を転換すべきである．

注
1)　以下の記述においてはCSRで統一する．
2)　1980年代においてはバブル経済による金余り現象を背景にメセナ（文化・学術支援活動），フィランソロピー（慈善活動・寄付行為）といった社会貢献活動が企業の社会的責任実践として注目された．もちろんこれらもCSRの一要素ではある．
3)　国内においては雪印，三菱ふそう，そごう，海外においてはエンロン，ワールドコムといった事例が記憶に新しい．
4)　SRIについては，第13章において詳しく取り上げているので参照されたい．
5)　上記，CSR概念については，井原久光『テキスト経営学［増補版］─基礎から最新の理論まで』ミネルヴァ書房，2000年，318ページ，ならびに，経済同友会『第15回企業白書（「市場進化」と社会的責任経営─企業の信頼構築と持続的な価値創造に向けて）』2003年，7ページ，参照．
6)　川村雅彦「日本の『企業の社会的責任』の系譜（その1）」『ニッセイ基礎研究所レポート』2004年，3ページ
7)　三井物産戦略研究所「CSRとは」『The World Compass』2003年5月号，6ページ
8)　なお，これに関するCSRへの取り組みとして，財・サービスの品質管理に関する国際規格であるISO9001規格の認証取得，企業活動全般にわたる環境への負荷低減を持続的に実施する環境マネジメントシステムの国際規格で

ある ISO14001 規格の認証取得も有効である．
9) 経済同友会，前掲書，7 ページ
10) 三井物産戦略研究所「CSR に取り組む意義」『The World Compass』2003 年 5 月号，11 ページ，および，経済産業省『「企業の社会的責任（CSR）に関する懇談会」中間報告書』31 ページ参照．

◆参考文献

Carroll, A. B. and Buchholtz, A. K., *Business & society: Ethics and Stakeholder Management, 4th ed.*, South-Western College Publishing, 1999.

井原久光『テキスト経営学［増補版］－基礎から最新の理論まで』ミネルヴァ書房，1999年

高巌・辻義信・Scott T. Davis・瀬尾隆史・久保田政一『企業の社会的責任－求められる新たな経営観』日本規格協会，2003年

日本規格協会編著『CSR　企業の社会的責任－事例による企業活動最前線』日本規格協会，2004年

田中宏司『CSR の基礎知識』日本規格協会，2005年

第11章

企業とステークホルダー

11.1 企業の社会的責任とステークホルダー

　企業は事業活動を行うために，さまざまなステークホルダー（利害関係者）との良好な関係づくりとそれらとの共生が求められている．そのような企業が社会的関係を良好に保つことにおいて，そこに存在する環境が社会的環境とよばれるものである．

　この社会的環境は，ステークホルダーによって①企業の内部環境構成員（a. 経営者，b. 管理者，c. 一般従業員，d. 専門家）と②企業の外部環境構成員（a. 株主，b. 労働組合，c. 地域社会，d. 消費者，e. 金融機関，f. 取引企業，g. 債権者，h. 政府〔行政組織も含む〕）に類型化される．これらのステークホルダーとの良好な関係の構築としては，これからの企業活動，特に情報公開・情報開示という視点における取り組みとしてコーポレート・コミュニケーション活動が必要とされる．

　また，コーポレート・コミュニケーション活動として，「社会的責任報告書（CSRレポート）」を発行し，関係するステークホルダーそれぞれに対応した年度毎の事業活動を広く告知する企業行動も多く見受けられるようになってきた．すなわち，このような行動は，企業が関係するステークホルダーとのコミュニケーションを親密に取り，それらとの信用と信頼の関係性を構築・保持することを重視したものとして理解される．そして，そのような企業が発行する「社会的責任報告書（CSRレポート）」において登場する主なステークホルダーとしては，株主（投資家），従業員，消費者，取引先，行

図表 11 - 1 　企業の社会的責任（CSR）におけるデータベースの領域・項目

領域名	項目名
１．CSR 基本対応	①基本方針，②年度の課題，③CSR 担当部署，④CSR 担当役員（担当職域のうち CSR 関連業務の占める割合），⑤方針の文書化，⑥NPO・NGO 連携，⑦SRI，エコファンド等，⑧国際基準への参加
２．ガバナンス	（1）取締役・監査役データ （2）株主データ：①株式数，②株主総数，③特定株比率，④浮動株比率，⑤所有者状況 （3）企業倫理：①方針の文書化，②社員の行動規定， （4）法令遵守：①専任部署 （5）IR：①専任部署，②国内での活動，③海外での活動
３．雇用・人材活用	（1）基礎データ：①従業員，②年齢別，③離職者数，④新卒入社者の定着状況 （2）女子待遇・雇用の多様化：①役員登用，②産児・育児・介護休暇，③高齢者・障害者・外国人，④労働組合 （3）賃金・休暇・諸制度：①30歳平均賃金，②退職金，③企業年金，④能力評価，⑤給与等への反映，⑥教育・研修，⑦残業時間，⑧残業手当，⑨有給休暇，⑩ボランティア休暇，⑪ボランティア休職，⑫勤務柔軟化への諸制度，⑬インセンティブ向上への諸制度 （4）安全・衛生・健康対応：①ガイドライン，②体制，③病気による特別休暇，④リフレッシュ休暇，⑤メンタルケア，⑥セクハラ対策
４．消費者・取引先対応	①特化した理念，②専任部署，③CS 方針，④リサーチ，⑤クレーム対応，⑥ISO9000ｓ，⑦事故・欠陥に関する情報開示指針，⑧顧客の個人情報管理，⑨調達先選定方針・基準
５．社会・地域・国際貢献	①担当部署，②地域社会参加，③教育・学術支援，④文化・芸術・スポーツ，⑤国際交流参画
６．環境	①担当部署，②担当役員（担当職域のうち CSR 関連業務の占める割合），③方針の文書化，④英文の報告書，⑤URL，⑥環境会計，⑦費用と公開／金額把握，⑧公開の有無，⑨会計ベース，⑩環境監査，⑪EMS（環境マネジメントシステム）構築，⑫ISO14001，⑬環境ラベリング，⑭グリーン購入，⑮グリーン調達，⑯表彰歴，⑰省エネ・リサイクル

出所）東洋経済新報社編集『週刊東洋経済臨時増刊・2005年12月7日　環境・CSR2006：最強 CSR 経営』東洋経済新報社，2005年において，企業の社会的責任に関する領域・項目を参考にして作成

図表11-2　ステークホルダーが有する企業に対する利害関係の関心事項

ステークホルダー	利害関係の関心事項
株主・投資家	利益の継続的な創出，資産の保全，資産の投資効率
従業員	働きやすい職場環境の諸制度整備，雇用の安定確保
消費者	良質の製品・サービスの提供とその安全保証
取引先	取引業務の継続・安定と拡張
政府・行政組織	法令の遵守，経済活動の安定と適正化，法人税の徴収
地域社会	地域における環境保護・保全，地域社会との交流・連携
地球・自然環境	地球・自然環境における環境の保護と保全

出所）経済企画庁経済研究所編『日本のコーポレート・ガバナンス―構造分析の観点から』大蔵省印刷局，1998年，7ページより引用および一部加工筆修正して作成

政，地域社会，そして広く地球・自然環境などが取りあげられている．

　また，このような情報公開・情報開示という視点から，東洋経済新報社による企業の社会的責任に関するデータベース化のプロジェクトが進められ，2005年に『2006・CSR企業総覧』が刊行された．この情報データベースにおいて，企業が取り組む社会的責任に関する領域と具体的な項目が，他の企業情報データベースの利用およびアンケート調査により明確化されている．なお，このデータベース構築のために実施されたアンケート調査の内容は，企業の社会的責任（CSR）におけるステークホルダー別の領域と項目が設定されており，大きな領域としては，①CSR基本対応，②ガバナンス，③雇用・人材活用，④消費者・取引先対応，⑤社会・地域・国際貢献，⑥環境，が設定され，さらにそれぞれの領域に関する具体的な質問項目が明確化されている．この企業の社会的責任（CSR）のデータベース構築において，企業が関係するステークホルダー別にみたデータベースの領域・項目を示したものが図表11-1である[1]．

　そこで，これよりそれぞれのステークホルダー別に検討されてきた企業の社会的責任について，その概要を具体的に検討することにしよう．そして，

これらのステークホルダーが有する企業に対する利害関係の関心事項を整理したものが図表11-2である[2]．企業は，これらのステークホルダーが有する利害関係の関心事項をいかに配慮しながら，企業利益との調和を保ち，健全な経営を実現させていくかが大きな課題としてあげられよう．

11.2 企業と株主（投資家）

企業は，株主および投資家の存在なくして，事業活動の出発，および継続的な発展はありえない．株主および投資家の利害関係の関心事項として，利益の継続的な創出，資産の保全，資産の投資効率などがあげられよう．なお，本節においては，株主と投資家の詳しい区分とその相違についての議論は紙面の都合もあるため，別の機会に譲ることにしたい．

それでは，企業は株主に対して，どのような対応が望まれるのかという視点から検討していくことにしよう．まず，企業の株主や投資家に対する社会的責任行動は，企業の業績および財務についての情報開示としての，「アニュアル・レポート（企業年報）」の発行，特に投資家に向けた「IR報告書（IRレポート）」の発行において確認される．この「IR報告書（IRレポート）」は，株主や投資家に向けたコーポレート・コミュニケーションの一種であり，広報活動の一環として発行されるものとして理解される．なお，鶴野史朗らは，1989年に著わした『実践インベスター・リレーションズ』において，このような株主や投資家を次のように分類している．すなわち，彼らは，株主や投資家について，①既存の株主と潜在的な株主，②個人投資家と機関投資家，そして③国内投資家と外国人投資家，というようにIR活動の視点から区分を行っている[3]．なお，彼らは，これらの区分に従って，それぞれの対象に対する企業のコミュニケーション方法も異なってくる点を指摘している．

次に，このようなインベスター・リレーションズとも関連して，近年「社会的責任投資（SRI：Social Responsible Investment）」に高い関心が寄せられ

ている.この「社会的責任投資(SRI)」は,「従来からの株式投資の尺度である企業の収益力,成長性等の判断に加え,各企業の人的資源への配慮,環境への配慮,利害関係者への配慮などの取り組みを評価し,投資選択を行う投資行動[4]」また「投資対象の短期的な財務パフォーマンスだけでなく,社会,環境,倫理側面からの価値判断も加えて意思決定を行う投資行動.その形態は投資対象の選択の他,株主行動などにも及ぶ[5]」と定義される.このように,企業は株主や投資家というステークホルダーに対して,これまでの経済的・財務的な指標だけでなく社会的・倫理的な指標をも整備して情報提供する時代となっていることに留意すべきである.すなわち,企業は投資する評価の指標として,株主や投資家にもこのような社会的・倫理的な指標が浸透してきている点を認識して社会的責任に関する企業行動を取ることが要求されるのである.この点について,谷本寛治は,2003年に著わした『SRI 社会的責任投資入門―市場が企業に迫る新たな規律』において,「機関投資家は資産を運用する際,受託者責任として社会的・環境的基準をも考慮すべきであるという論調が増えてきている.現在,財務的に良好であっても,社会面・環境面を踏まえた持続可能な経営を行っている企業でなければ,将来,投資リスクを負うことになる[6]」というような指摘をしている.こうした新たなルール,すなわち社会的責任投資(SRI)が投資市場に浸透してきたことは,企業を評価するに当たって社会的責任(CSR)が重視されるようになってきたことを意味している.

11.3 企業と従業員

ところで,従業員との関係で「企業の社会的責任論」を検討する際に,わが国におけるコーポレート・ガバナンスの特徴は,アメリカ型のコーポレート・ガバナンスとの比較で取り上げられることが多い.わが国のそれは従業員というステークホルダーを比較的重要視するのに対して,アメリカのそれは株主というステークホルダーを最重視するというものである[7].そして,わ

が国のコーポレート・ガバナンスのタイプとしては，従業員を重視することとともに，他のステークホルダーとの良好な関係づくりにも重点を置く傾向を示してきている点に特徴づけられる．

そのような観点から，企業の従業員に対する社会的責任の対応は，どのようなものが望まれるのであろうか．ここでは，特に従業員が働きやすい職場環境の整備，また雇用の安定確保などの視点において，そのための人的資源に関する諸制度との関連で検討を加えていくことにしよう．

まず，企業は，女性従業員の働きやすい職場環境の整備に関して，1986年4月施行，1994年4月に改正された「雇用の分野における男女の均等な機会および待遇の確保等に関する法律」(いわゆる男女雇用機会均等法) を遵守することが要求される．また，従業員雇用の多様化対応としては，高齢者，障害者，外国人従業員などの適正な雇用と処遇が要求される．高齢者雇用については，65歳定年制の法制化に対応した雇用制度として，定年後の再雇用制度やワークシェアリングの整備・導入，などがあげられる．つぎに，障害者雇用については，「障害者の雇用の促進等に関する法律」により定められた法定雇用率，すなわち民間企業，国家，地方公共団体等において，それぞれに定められた雇用率以上の身体障害者または知的障害者を雇用しなければならない，というような制度の整備・導入があげられる．さらに，外国人の雇用については，在留資格をもたない外国人を雇用することは入管難民法に違反することになるため，企業はこのような不法就労行為を行ってはならず，遵守することが求められる．

そして，少子化問題への対策として，企業は，2003年7月に施行された「次世代育成支援対策推進法」の認定を受け，それについての対外的な広報活動を行うことにより，人材育成への積極的な取り組みを通して企業イメージの向上につながることが期待される．また，2004年12月改正の「育児休業，介護休業等育児又は家族介護を行う労働者の福祉に関する法律 (いわゆる育児介護休業法)」への積極的な取り組みも，企業には欠かせない制度で

ある．このような企業の取り組みは，従業員のワーク・ライフ・バランスとして調和の取れた企業として，一定の基準を満たしていれば厚生労働省による「ファミリー・フレンドリー企業」の表彰対象となる．さらに，企業は，企業内従業員福祉制度として，法定福利制度は当然のことながら，任意で取り組む法定外福利制度の積極的な改善と充実化が求められる．なお，先にも確認した，企業の社会貢献活動を推進する，またそれを支える従業員に対するボランティア活動支援として，ボランティア休暇制度やボランティア休業制度などの整備・導入も積極的に取り組むことが要求される．

その他にも，従業員の勤務体制の柔軟化対策として，フレックスタイム制度（裁量労働制度）などの整備・導入を行うことにより，従業員の職務への裁量的な取り組みを促し，プライベートな生活時間の充実化と無駄な残業時間の除去を可能にするものとしても期待される．また，従業員のインセンティブの向上をもたらす諸制度としては，従業員持株制度，ストック・オプションなどがある．さらに，職場の従業員に対する安全・衛生・健康対応策としては，病気による特別休暇，リフレッシュ休暇，メンタルケア，セクシャルハラスメント対策，などが望まれる．そして，企業は人的資源の長期的な育成に関して，従業員に対するキャリア形成支援制度などの整備・導入なども，今後継続的に検討すべき課題である[8]．

11.4 企業と消費者

企業にとって，消費者との良好な関係づくりは，継続的な事業活動を展開する上において欠かせないものであると考えられる．まず企業活動のプロセスのひとつとして，製品製造の場面において高品質のものをつくり，特に欠陥製品の発生に対しては細心の注意を払うことが要求される．すなわち，企業が品質管理を怠った結果，欠陥製品や不良品を消費者に販売した場合，消費者が企業に対して抱く不信感は決定的なものとなることはいうまでもない．そこで，企業は，そのような欠陥製品や不良品を発生させないように，

適切な生産管理を行い，品質管理を徹底することが要求されることになる．

このような観点から，企業は，適切な生産管理を行わなければならない．たとえば，品質管理と品質保証を評価するための基準としての国際規格ISO9000シリーズを認証取得することにより，自社製品の品質保証を消費者や取引先（仕入先や供給業者）に対してアピールすることができる．このような努力によって，企業価値を高め，国際的な信用度も向上させることが可能となる．

ところで，企業は，製造した製品について，製造物責任（Product Liability：PL）が問われることになる．企業が製造した製品に欠陥があり，それが原因で消費者である購入者に被害が及んだ場合，製造者が消費者に対して損害賠償責任を負うことになるというものである．わが国では製造物責任法（PL法）は，1994年7月に公布され，1995年7月に施行された．

日本の製造物責任法のモデルになったのは，1960年代のアメリカの製造物責任に関する判例である．その判例においては，企業の製造した製品に欠陥が認められ，顧客にその製品の使用によって被害が発生した場合，企業側が被害者に対して損害賠償責任を負うというようなルールであり，被害者は企業側の過失を立証しなくてもいいことになった．いわゆるこれまでの過失責任主義に基づく判例が通用しなくなったため，企業はより一層製品についての責任を強く求められることになったといえるのである．

このような製造物責任については，アメリカにおいて1965年にアメリカ法律協会（American Law Institute：ALI）が，この賠償責任を製品の欠陥という観点から問うことができる「厳格責任」の考え方を，不法行為法リステイトメント第2版第402条Aとして採択し，その後の製造物責任に関する判例法として定着している．その後，このアメリカの製造物責任の判例法が世界各国に影響を与え，1980年代以降，海外にも製造物責任に関する法律を制定する動きが盛んになってきた．特に，ヨーロッパ（EU加盟国，北欧・東欧の諸国），ブラジル，ロシア，オーストラリア，ハンガリー，アジア諸国

（フィリピン，中国，台湾）などにおいて，わが国よりも早く製造物責任に関する法律が制定，施行されてきた．[9]

さて，企業は，消費者との関係において，次の企業活動プロセスのひとつとして，製品の販売面における良好な関係づくりを積極的に行っていくことが要求される．そして，企業は自社製品の販売促進のために，消費者とのコミュニケーション活動として，広告や広報などの活動を推進していくことになる．なお，企業の販売促進活動を推進するための広告活動は，マーケティング管理の問題であり，詳しくはそのような領域での議論に譲ることにしたい．また，消費者，特に顧客（自社製品やサービスの購入者）に対して，顧客満足（Customer Satisfaction：CS）を高めるための方針とその実現を目指したCS経営が求められよう．

さらに，広報活動については，消費者や顧客というステークホルダーだけには限らないが，後に取り上げるコーポレート・コミュニケーション活動との関連において検討される．

11.5 企業と政府および地域社会

企業は，政府や行政による法的な制約に影響を受ける．すなわち，企業は政府の法律制定による規制強化や規制緩和により，自社組織の経営方針の変更，売上や利益の拡大・縮小，そして投資の拡大や人員増強あるいはコスト削減やリストラに至るまで，さまざまな影響を受けることになる．そして，企業は，このような法令により行動を規制・統制することに対して，十分に政府の役割を認識しておくことが必要とされる．

この点について，藤井敏彦は，2005年に著わした『ヨーロッパのCSRと日本のCSR─何が違い，何を学ぶのか』において，政府の役割として市民活動団体や労働組合と同様に，企業に社会的責任（CSR）の活動に働きかけ，影響力を与えることが可能である点に焦点を合わせ説明している．すなわち，彼は，ヨーロッパのCSRの特質として，政府がCSR政策への積極

的な関与を行っている点をあげている．たとえば，2002年6月にEU（European Union：欧州連合）の行政執行機関である欧州委員会は，「ヨーロピアン・マルチステークホルダー・フォーラム（European Multistakeholder Forum on CSR）」を設置して，産業界，労働組合，環境NGO，社会関係NGOなどが出席しての議論の場を提供し，2004年6月にそのフォーラムの最終報告書をまとめ，持続可能な社会の発展のために，産業界に対するCSR政策に影響力を及ぼしていることなどである．そして，彼は，このようなフォーラムを踏まえて，特にイギリス，フランス，ドイツの政府がCSR政策に取り組んでいる点を紹介している．さらに，彼は，わが国の政府の役割として，先に示した「ヨーロピアン・マルチステークホルダー・フォーラム」を例にあげ，産業界のCSR（企業の社会的責任）への取り組みが促進されるような環境を整備していくことを提言している[10]．

　また，清水克彦は，2004年に著わした『社会的責任マネジメント―企業の持続可能な発展と安全確保』において，「①個々人あるいは組織体の行動を強制力をもって外面から規制する"法"と，②本来は個々人の行動を道徳に基づいて内面から調制する"倫理"（組織体の場合には行動基準あるいはガイドラインの諸規定）の双方に関係するので，法と倫理の中間項（掛け橋）としての機能を果たすということができる[11]．」として，法律と企業倫理の中間項（掛け橋）として企業の社会的責任の概念を位置づけている．なお，彼は，EUの欧州委員会が2001年7月に提示した「企業の社会的責任の促進に関するEU委員会グリーン・ペーパー（Promoting a European framework for corporate social responsibility：Green Paper）」を紹介し，政府のCSR政策の必要性と企業のCSR活動への自主的な取り組みの必要性を合わせて，そのあるべき姿として提言するのである．

　このような観点から，企業は，政府や行政組織のこうした環境整備の行動に対して，実際にCSR（企業の社会的責任）に取り組む立場として積極的に議論の場に参加し，政府や行政が取り組むCSR政策に産業界の目線からあ

るべきCSR政策の提言を行っていくことが重要な視点としてあげられよう．さらに，企業は，このような政府や行政のCSR政策に対して，同じ持続可能な社会の構築という共通の目的を実現すべく，相互に協力を行うとともに，関係するステークホルダーのニーズに十分に配慮した経営行動が求められることになる．そして，このようなCSR（企業の社会的責任）を踏まえた企業による経営行動を通じて，経済活動の安定化と適正化を実現し，政府や行政に対する安定した法人税の提供に貢献することも責任行動のひとつに考えられよう．

さて，企業の周辺における環境，特に地球・自然的環境に対して負の影響を与えた問題として，1970年代の「公害問題」があげられる．これは，日本の高度経済成長期において，企業のなりふり構わない利益至上主義によってもたらされた「外部不経済（外部効果として他の経済主体：利害関係者としての地域住民等に悪い影響を与えた事態）」として捉えることができる．そして，企業によって引き起こされた「公害問題」に対して，企業は社会的費用（被害者への慰謝料・治療費，汚染された地域環境の復元等）への自らの負担を要求されることになる．このように企業を取り巻く環境主体の欲求・権利のすべてを満足させる責任行動が，企業の社会的責任として議論された時代もあったのである．

この点について，成毛収一は，企業の社会性への配慮が疎かになりがちになり，公害問題などへの対処も後手に回ってしまうことを反省すべきであると指摘している．さらに，彼は，企業が負うべき責任について，従来論じられてきた株主，消費者，従業員に加えて，広く社会一般，国際社会を対象に検討をすべき点も指摘している．そして，彼は，人類の経済発展という歴史的流れの中において，企業の社会的責任のひとつとして公害問題を経済的に位置づけることが社会科学に要請されている点を重要視し，公害問題を解決するための科学的アプローチとして，①企業の生産組織による公害防止策を戦略的な未来予測のテーマに位置づけ取り組むこと，②国民経済学的な位置

づけとして,「社会的費用」の計算およびその負担者の検討と産官協働による外部不経済（公害）への対処方法の検討，さらに，③精神面からのアプローチとして，企業に働く経営者を含め従業員の社会に対する無責任な事業活動への取り組みを改める精神的な自覚の必要性，などを提唱している[12]．

このように，地域社会というステークホルダーに対して，公害問題等に事後的に対処するような企業の受身的な社会・地域との関係がこれまでの議論の中心となってきた点において，企業はその行動に対して改めていくことが必要とされる．

ところで，1970年代から1980年代にかけて，企業の社会や地域に対する姿勢を積極的に示す企業の社会貢献活動に注目が集まり，現在においてもこの活動自体はそれを推進する方向性において議論が重ねられてきている．すなわち，先に確認した企業も一市民であるという「企業市民」としての企業フィランソロピーや企業メセナ活動への取り組みがそれである．

注)

1) 東洋経済新報社編集『週刊東洋経済臨時増刊・Data Bank Series ⑩ 2006年版 CSR企業総覧』東洋経済新報社，2005年，谷本寛治著，巻頭論文「日本企業の社会的責任と新しいデータベース―CSRの新次元へ」，22-27ページより引用および企業の社会的責任に関する領域・項目を参考にして図表11-1を作成．なお，詳しくは本書を参照されたい．

2) 経済企画庁経済研究所編『日本のコーポレート・ガバナンス―構造分析の観点から』大蔵省印刷局，1998年，7ページより引用および一部加筆修正して図表11-2を作成．

3) 鶴野史朗編著『実践インベスター・リレーションズ』日本経済新聞社，1989年，56-58ページを，詳しくは参照されたい．

4) 環境省編『平成17年版 環境白書―脱温暖化―"人"と"しくみ"づくりで築く新時代』ぎょうせい，2005年，269ページより引用．

5) 環境省『社会的責任投資に関する日米英3か国比較調査報告書―わが国における社会的責任投資の発展に向けて』環境省，2003年，3ページより引用．

6) 谷本寛治『SRI・社会的責任投資入門―市場が企業に迫る新たな規律』，日本経済新聞社，2003年，4-5ページより引用．なお，詳しくは本書を参照さ

れたい．
7) 伊丹敬之『日本型コーポレートガバナンス―従業員主権企業の論理と改革』日本経済新聞社，2000年，を詳しくは参照されたい．なお，伊丹は日本型の従業員主権型コーポレート・ガバナンスのあり方について，アメリカ型のコーポレート・ガバナンス一色ではない，多様性のあるタイプとしてその必要性を唱えている．
8) 稲上毅・森淳二朗編著『コーポレート・ガバナンスと従業員』東洋経済新報社，2004年，および寺崎文勝『わかりやすいCSR経営入門―労働CSR対応』同文舘，2005年，などを詳しくは参照されたい．
9) 加藤一郎・中村雅人『わかりやすい製造物責任法』有斐閣（有斐閣リブレ），1995年，および林田学『PL法新時代―製造物責任の日米比較』中央公論社（中公新書），1995年，などを詳しくは参照されたい．
10) 藤井敏彦『ヨーロッパのCSRと日本のCSR―何が違い，何を学ぶのか』日科技連出版社，2005年，を詳しくは参照されたい．
11) 清水克彦『社会的責任マネジメント―企業の持続可能な発展と安全確保』共立出版，2004年，177-178ページより引用．なお，詳しくは本書を参照されたい．
12) 成毛収一『企業の社会責任』日本経済新聞社（日経新書），1970年，を詳しくは参照されたい．

◆参考文献

谷本寛治『企業社会のリコンストラクション』千倉書房，2002年
東洋経済新報社編集『週刊東洋経済臨時増刊・Data Bank Series ⑮ 2006年版 CSR企業総覧』東洋経済新報社，2005年
東洋経済新報社編集『週刊東洋経済臨時増刊・2005年12月7日 環境・CSR2006：最強CSR経営』東洋経済新報社，2005年
藤井敏彦『ヨーロッパのCSRと日本のCSR―何が違い，何を学ぶのか』日科技連出版社，2005年
水尾順一・田中宏司編著『CSRマネジメント―ステークホルダーとの共生と企業の社会的責任』生産性出版，2004年

第12章 企業の環境経営

12.1 企業を取り巻く環境問題と法体系

(1) 地球・自然環境に対する問題意識

近年において，企業のみならず，社会や地域さらには地球規模の問題として環境についての議論が盛んに行われている．環境問題に取り組む大きな理由は，単に1企業が取り組む環境保全やその保護といった事業活動レベルに留まらず，国家としての取り組む問題，さらに地球規模としての世界で取り組む問題として，グローバルに検討を要するレベルの問題として考えられる．すなわち，われわれが住んでいる地球は，1企業，1地域，1国家に限らず，世界規模で考えるべき運命共同体として捉えられ，環境問題もそのような地球規模のレベルの問題として認識すべきといえる．

それは，いうまでもなくここ数十年間において地球環境を破壊・汚染するような事態が継続していくならば，地球上の人類や生物・植物の生存に対して危機的な状況を招くことに他ならないからである．そして，世界規模で検討すべき地球環境の問題への対処は，世界中の国家として取り組むことのみならず，われわれ企業や市民レベルの問題としても重要な位置づけとして取り組むことへの意識が求められている．このように，世界・地球規模のレベル，国家レベル，企業や市民団体（NPO・NGOなどの組織を含む）レベル，そして市民個々人のレベルとして取り組む環境問題は，階層化構造を成していると考えられる．

そこで，企業や市民団体のレベルにかかわる環境問題を検討する前に，世

界・地球規模レベルまた国家レベルで検討されるものとしては，どのような問題が存在するかを最初に明確化しておくことにしよう．

(2) **世界・地球規模レベルとして取り組む環境問題**

まず，世界・地球規模レベルとして取り組む環境問題としては，いかに地球・自然環境を汚染しないようにその保護・保全に取り組んでいくかという問題意識をもち，国際環境政策としてその理念・ビジョンの形成から国際法や条例およびそれらに関する諸制度の整備が要求される．

そこで，国際的な環境保護・保全のための取り組みの経緯を簡単に振り返り，その基本的な考え方を概観することにしよう．

このような国際的な環境保護・保全のための取り組みは，その意識の高まりからオゾン層保護のために，1985年に「ウィーン条約」が採択されたことに始まる．そして，科学的なオゾン層の破壊のメカニズムが解明され，このオゾン層保護の国際的な規制への動きとして，「モントリオール議定書」が1987年に採択され，その発効をみることになったのである．

また，「気候変動に関する政府間パネル（IPCC）」が，「国連環境計画（UNEP）」と「世界気象機関（WMO）」によって，定期的に気候変動にかかわる科学的な知見の現状をレビューする機関として1988年に設立された．この「気候変動に関する政府間パネル（IPCC）」は，「モントリオール議定書」では規制されていない，主な温室効果ガス（CO_2, CH_4, N_2O, HFCS, PFCS, SF_6）が人為的に与える気候変動への影響を科学的な知見として1992年以降継続的にレビューしてきたことにより，地球温暖化に影響を与えるガスを規制する国際的な動きをつくる契機になった．

そのような国際的な環境保護の動向において，1997年に京都で開催された気候変動枠組条約第3回締約国会議では，「京都議定書」が全会一致で採択された．この「京都議定書」は，「温室効果ガスの排出量を削減し，大気中の温室ガス効果濃度を一定水準以上に上昇させず，安定化させる」[1]ことを目

指す，気候変動に関する国際連合枠組条約である．そして，「京都議定書」は，幾多の科学的知見の検証レビューを重ね，2005年2月に発効するにいたったのである．この発効により，先進国（未締結国のアメリカ，オーストラリア等を除く西側先進国の大半，EU，ロシア，カナダ，日本等）および市場経済移行国（旧ソ連・東欧諸国の一部）は，2008年から2012年までの第一約束期間において，温室効果ガス排出量の削減に向けた具体的な数値約束を

図表12-1 「京都議定書の概要」

対象ガス	二酸化炭素，メタン，一酸化二窒素，代替フロン等3ガス（HFC，PFC，SF_6）
吸収源	森林等の吸収源による二酸化炭素吸収量を算入
基準年	1990年（代替フロン等3ガスは1995年としてもよい）
約束期間	2008年〜2012年の5年間
数値約束	先進国全体で少なくとも5％削減を目指す（日本△6％，米国△7％，EU△8％等）
京都メカニズム	国際的に協調して費用効果的に目標を達成するための仕組み ・クリーン開発メカニズム（CDM） 　先進国が，開発途上国内で排出削減等のプロジェクトを実施し，その結果の削減量・吸収量を排出枠として先進国が取得できる ・共同実施（JI） 　先進国同士が，先進国内で排出削減等のプロジェクトを共同で実施し，その結果の削減量・吸収量を排出枠として，当事者国の間で分配できる ・排出量取引 　先進国同士が，排出枠の移転（取引）を行う
締約国の義務	全締約国の義務 ○排出・吸収目録の作成・報告・更新 ○緩和・適応措置を含む計画の策定・実施・公表等 付属書Ⅰ国の義務 ○数値約束の達成 ○2007年までに，排出・吸収量推計のための国内制度を整備 ○開発途上国の対策強化等を支援する適応基金への任意的資金拠出等

出所）環境省編『平成17年版 環境白書』ぎょうせい，2005年，2ページより引用

定めて取り組むこととなった（図表12 - 1参照）．

　さらに，持続可能な社会の発展に向けた政策の進展として，2004年6月に米国で開催されたG8シーアイランドサミット（先進国首脳会議）において，わが国の小泉純一郎総理大臣によって「3Rイニシアティブ」が提唱されたことも，その大きな要因にあげられる．この「3Rイニシアティブ」の概念は，「循環型社会の構築」に向けた政策であり，「3R」は廃棄物発生抑制（Reduce），再使用（Reuse），再生利用（Recycle）の頭文字を取ってつけられた名称である．前述のように，わが国が提唱してきたこの政策提言の流れを受けて2005年4月にも日本の東京で「3Rイニシアティブ」の閣僚会合が開催され，「3R」の国際的な推進のための取り組みを充実・強化していくことが確認された．このような動きは，G8がこの政策を主導し国際的な取り組みとして推進していくことを狙いとしている．

　なお，この「3Rイニシアティブ」概念の実現方法は，産業における企業などが資源の投入から生産（製造・流通），消費・使用，廃棄，処理（リサイクル，焼却等）そして埋立処分といった各段階の参加者の活動において，上記で示した「3R」を組み込んでいこうとするものである（図表12 - 2を参照）．このような「資源循環型社会」の構築は，単なる政策提言のレベルに留まることなく，その実現に向けてそれぞれの国家レベルの環境問題として認識し，継続的に取り組んでいくことが要求される．そのためにも，世界各国が自国の取り組むべき重要問題として，これらの課題解決に関連する法律や制度の整備があげられる．そして，それぞれの国家が取り組む環境問題として，早急にこれらの課題を解決すべく推進していくことが急務と考えられる．

(3) 国家レベルとして取り組む環境問題と関連する法律

　上記の世界・地球規模レベルとして取り組むべき環境問題は，国家レベルとしての取り組み事項に反映され，地球・自然環境保護・保全，そして資源

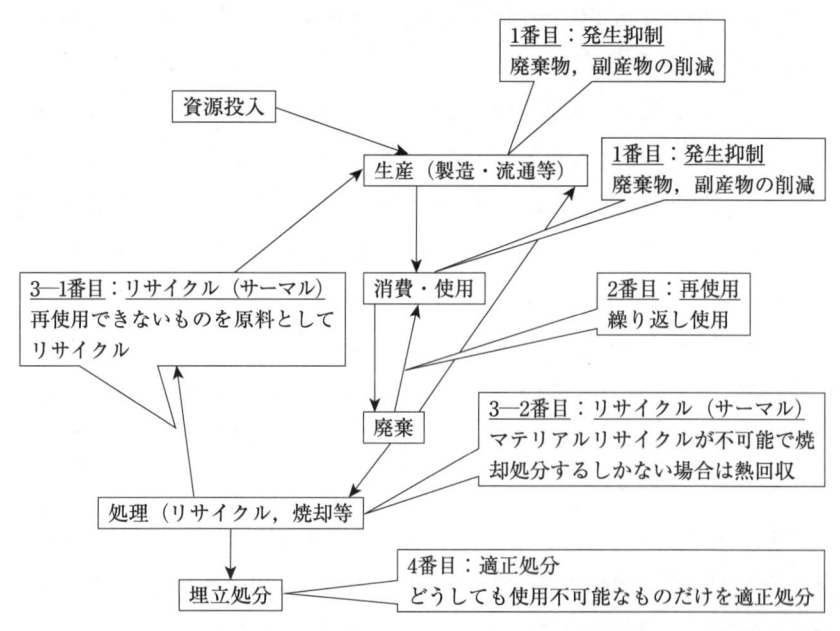

図表12-2 「循環型社会における3Rの考え方」

```
資源投入 ──→ 生産（製造・流通等） ←── 1番目：発生抑制
                ↑↓                  廃棄物，副産物の削減
                消費・使用  ←── 1番目：発生抑制
                ↑↓              廃棄物，副産物の削減
3—1番目：リサイクル（サーマル）
再使用できないものを原料として      2番目：再使用
リサイクル                         繰り返し使用
                廃棄
                ↓         3—2番目：リサイクル（サーマル）
処理（リサイクル，焼却等）  マテリアルリサイクルが不可能で焼
                ↓         却処分するしかない場合は熱回収
              埋立処分  ←── 4番目：適正処分
                            どうしても使用不可能なものだけを適正処分
```

出所）　金井務編集『季刊環境研究―特集：3Rイニシアチブの国際的展開に向けて』No. 136, 財団法人日立環境財団, 2005年, 5ページより引用

　循環型社会構築に関する法律制定を踏まえて，その推進をめざすことに全力が注がれている．世界各国において，このような動きがみられるが，ここではわが国の動向を中心として，それらを検討していくことにしよう．
　まず，前述のとおり世界的な環境保護・保全の動きを受けて，環境基本法がわが国において1993（平成5）年に制定された．これは，「環境の保全について，基本理念を定め，並びに国，地方公共団体，事業者及び国民の責務を明らかにするとともに，環境の保全に関する施策の基本となる事項を定めることにより，環境の保全に関する施策を総合的かつ計画的に推進し，もって現在及び将来の国民の健康で文化的な生活の確保に寄与するとともに人類の福祉に貢献することを目的としている[2]」というように，環境保全に関する

基本理念を明確化して，具体的なアクションに結びつけることを狙いとしたものである．

また，この環境基本法を受けて，1994（平成6）年に環境基本計画が策定，その後2000（平成12）年に改正され，わが国における環境保全に関する施策の基本的な方向性を示し，各参加主体（地方自治体，企業，国民等）の自主的・積極的な取り組みを促進することを狙いとしている．

さらに，循環型社会の構築をめざした，循環型社会形成推進基本法が，社会の物質循環の確保，天然資源の消費抑制，環境負荷の低減などを目指して，2000（平成12）年に制定され，循環型社会の基本原則，関係する参加主体の責務が定められ，その推進基本計画の策定，その他の施策の基本となる事項などが規定された．なお，循環型社会形成推進基本計画は，この基本法を踏まえて循環型社会のイメージを明確化するとともに，経済社会におけるものの流れ全体を把握する「物質フロー指標」等についての数値目標，国の取り組み，各参加主体の役割等を定めている点が特徴にあげられる．

ところで，このような循環型社会の構築を目指した取り組みを促進するために，すでに1991（平成3）年に制定されていた「再生資源の利用の促進に関する法律」が改正され，資源のリサイクルを目指した「資源の有効な利用の促進に関する法律（以下資源有効利用促進法）」が，2000（平成12）年に制定された．この改正法は，前述の「3R」の概念を推進するために，「① 事業者による製品の回収・リサイクル対策の強化，② 製品の省資源化・長寿命化等による廃棄物の発生抑制（リデュース），③ 回収した製品からの部品等の再使用（リユース）のための対策を行うことにより，循環型経済システムの構築を目的とする[3]」ことをその狙いとするものである．そして，現在産業界において，このような循環型経済システム構築のためのビジネス・モデルの模索が盛んに行われていることは，今後のビジネス・チャンスとして認識を新たにすべきといえる．

また，すでに1970（昭和45）年に制定されていた「廃棄物の処理および清

掃に関する法律（以下廃棄物処理法）」は，一定の廃棄物の再生利用に向けて，環境大臣の認定を受けた者が事業および施設設置の許可を不要とする規制緩和措置が1997（平成9）年の改正法によって講じられた．この措置により，自動車用廃タイヤのセメントの原材料利用，自動車用廃タイヤ等の鉄鋼製造用転炉における鉄鋼製品の原材料利用，シールド工法に伴う建設汚泥の高規格堤防の築造材としての利用，シリコンウエハ製造過程で生じるシリコン含有汚泥の転炉等において溶鋼を脱酸するための利用，廃プラスチック類の高炉還元剤としての利用，廃プラスチック類のコークスおよび炭素水素油としての利用および廃肉骨粉のセメント原材料利用が，この再生利用認定制度の対象となった．

そして，この廃棄物処理法は，これまでにみてきた地球・自然環境保護・保全および資源循環型社会構築の政策推進を踏まえ，廃棄物の適正処理，すなわち廃棄物排出の抑制，適正な分別，保管，収集，運搬，再生，処分等の処理を目的として，2003（平成15）年に不法投棄の未然防止のための規制の厳格化とリサイクル促進のための制度の合理化をその内容として改正された．さらに，2004（平成16）年においては，国の役割強化による不適正処理事業の解決，廃棄物処理施設を巡る問題の解決，指定有害廃棄物（硫酸ピッチ）の不適正処理の罰則や不法投棄等の罪を犯す目的で廃棄物の収集または運搬をした者の罰則の創設等をその内容として一部改正法が成立した．このような廃棄物処理法により，産業界は廃棄物の適正処理が求められるとともに，その対応に結びつけたビジネス・モデルの開発やその展開にも期待が寄せられるところである．

12.2 企業行動レベルにおける環境経営への視点

(1) 企業における環境経営の体系

まず，企業における環境経営の考え方を理解するために，その体系を検討

しておくことにしよう．すなわち，企業が取り組む環境経営にもさまざまな視点や領域が存在し，容易に把握することは困難である．このような視点や領域としては，先に検討を加えてきた環境保護・保全に関する法体系とも密接に関連する点に注意を要するといえよう．

わが国の例をあげると，その基盤となるのが「環境基本法」であり，その推進として位置づけられるのが「循環型社会形成推進基本法」である．これらの環境保護・保全を目的とする基本法をもとに，企業が事業活動を行う上での環境保護・保全をめざした行動が環境経営として理解できよう．

そして，そのような企業行動を適正に行うための指針となるのが，「資源有効利用促進法」や「廃棄物処理法」である．前者の「資源有効利用促進法」は，リサイクルの推進をめざすために，個別物品の特性に応じた規制として，業界・業種に適合した法律を定めていることは先に確認した．また，後者の「廃棄物処理法」は，廃棄物の適正処理をめざすために，国家レベルとして適正な環境保護・保全の基準数値を定め，「廃棄物処理施設整備計画」を策定した上で，具体的な5ヵ年計画に落とし込み，事業量（事業費）として達成される成果（アウトカム目標）を明確化している．

このように，企業が環境保護・保全を目指した事業行動を推進するためには，これらの環境に関連する法律を無視することはできない．すなわち，企業はこれらの法体系を遵守して，環境保護・保全のための事業活動を行うことが要求されることになる．

そこで，企業がこれらの法体系にしたがった環境保護・保全のための事業活動は，先に検討してきた「循環型社会における3Rの考え方」において確認された「3R」，すなわち①廃棄物発生抑制（Reduce），②再使用（Reuse），③再生利用（Recycle）という視点において見出すことができる．そして，企業はこれらの視点から環境保護・保全に関する事業領域を開拓し，新たなビジネス・モデルの開発を試みることになるのである．

(2) 企業の廃棄物発生抑制（Reduce）の視点からの環境経営と
「ゼロ・エミッション」概念

　企業が製品などを製造する際に，上記で確認してきたように環境保護・保全の立場から廃棄物や廃液を抑制することが要求されてくる．このような点について，パウリ（Pauli, G.）は，「われわれはビジネスと経済を根本的に再構築し，自然のなかで観察される循環パターンを真似る必要があるということである．生態系のなかでは，ひとつの種が出す廃棄物が別の種にとっては食糧であるように，持続可能なビジネス社会においては，ある産業の廃棄物は別の産業にとっての資源とならなくてはならない」[4]と指摘している．そして，彼は，企業がそのための対応として，製造工程を再設計し，廃棄物を全く出さないという「ゼロ・エミッション」の概念[5]を踏まえて，新たな産業システムの構築の提案を主張するのである．

　また，彼は続けて，企業が廃棄物発生抑制を推進する「ゼロ・エミッション」という概念を導入する場合，地球・自然環境の保護・保全を目指しての廃棄物を無くす製造プロセスにおいて，コストを一貫して削減していく努力が求められるとともに，資源循環型の生産体制のための新たな設備投資のためのコストも必要となる点を提示している．しかし，このような企業の生産体制を目指すためのコストは，廃棄物を排出した後でかかるコストを考えれば，むしろ企業の工場などの発生源において前向きに捉えて導入していくことが得策であることを認識すべきといえよう．すなわち，世の中の環境保護・保全への意識が高まる中において，必然的に社会における一般市民との意識の調和がとれた企業行動の方が社会倫理の観点からも望ましいからである．

　そして，この概念は，これまで支配的であった産業の垂直的な統合を改め，ある産業や企業の廃棄物が他の産業や企業の資源となるように，水平的な産業界の連携が求められることにもなる．したがって，「ゼロ・エミッション」という概念を実行するには，ある産業・企業の廃棄物が他の産業・企

業の資源となるような循環型の産業システムを構築すべく，異なる産業同士の連携や企業間の連携，ひいては企業内の部門間の密接な連携の形態を計画化していくことが要求されることになる．

　これらの諸点を踏まえると，単に1企業が単独で「ゼロ・エミッション」という概念を推進していくだけではなく，他の産業や企業との連携が形成されて初めてその効果が出てくるといえよう．すなわち，この概念を地球規模的に，また日本全国において全産業，全企業が共有化することにより，有効的なものになっていくのではなかろうか．

　もちろん1企業がこのような「ゼロ・エミッション」工場を実現させていくことからのスタートが重要な位置づけとなるが，さらに複数企業の協働によりそれを実現化することで相乗効果が現れてくることになる．このような動きは，単独企業の「ゼロ・エミッション」工場から複数企業による「ゼロ・エミッション」工業団地への実現となり，その進化を遂げていくことになる．わが国におけるこのような動向は，単独企業としてはいち早く，「アサヒビール」が茨城工場において1996年11月に「ゼロ・エミッション」工場（当時は「ごみゼロ工場」というような名称）を実現させ，1998年11月には全9工場にそれを実現化している．このような動きは，他の企業，産業においても大企業を中心としてその概念が浸透し，その実現化が促進されている．また，わが国における「ゼロ・エミッション」工業団地の先駆的な動きは，山梨県にある「国母工業団地」において1995年11月にスタートした紙類の回収，リサイクル活動にそのきっかけがみられ，その後の1996年11月からの廃プラスチックなどを一元的に回収し，それを固形燃料化してセメント会社に納入するというリサイクル活動にまで結びつけて行ったことにその実現化が認識される．

　以上のように，資源の循環型社会構築のための最初のステップは，企業が廃棄物発生を抑制するためのアクション，すなわち「ゼロ・エミッション」という概念が重要な位置づけとなることを確認してきた．また，企業はこの

ようなアクションを踏まえて，その次のステップとしての廃棄物再使用（Reuse），さらに廃棄物再生利用（Recycle）という場面に結びつけていくことが求められる．そして，企業は「ゼロ・エミッション」という概念を推進していくことが新たな技術目標として求められ，その概念が産業界に共有化され今後の生産体制の「標準」となっていくものとして認識される．

(3) 企業の廃棄物再使用（Reuse）の視点からの環境経営

次に，廃棄物発生抑制（Reduce）という「ゼロ・エミッション」の概念を踏まえて，企業はその次のステップとして廃棄物再使用（Reuse：リユース）という環境経営の視点からの取り組みが求められる．すなわち，企業が一度製造した使用済みの製品本体やその部品や部材，および製品を入れる容器などをクリーニング・修理したりして，次のユーザーが再使用できるように商品化・サービス化することに他ならない．

このような取り組みは，すでに住宅，自動車，自転車，家具，洋服，パソコン，書籍などの商品において中古市場が確立されており，企業の製品リユース活動を可能としている．また，製品を入れる容器においては，牛乳びんやビールびんなどを回収して，その洗浄によって繰り返し再使用（リターナブル）するリユース・システムもすでに確立されているものである．さらに，住宅などの廃材としての部材を新築住宅に再利用したり，製品の組み立てに使用されている本体や部品などを新製品に再利用するなどのリユース活動の取り組みもすでに住宅産業などで確認されるところである．

こうした廃棄物の再使用というリユース活動によって新たに市場に送られた製品は，使用済み中古の製品でも十分にニーズを満たす顧客に受け入れられており，企業による中古製品市場の拡大が今後もますます期待されている．

(4) 企業の廃棄物再生利用（Recycle）の視点からの環境経営

　さらに，廃棄物再生利用（Recycle：リサイクル）という視点からの環境経営については，企業の製品製造や商品販売の過程において廃棄物を排出せざるを得ない場合，また消費者やユーザーがその製品を使用・消費後に廃棄物を排出してしまう場合，それら廃棄物の抑止のための活動として把握されるのがリサイクル活動である．すなわち，リサイクル活動は，企業が製造し販売した製品の製造や販売の過程から排出される廃棄物において，新たな製品製造のための原材料やエネルギーとして再資源化することであり，商品を販売するための容器や包装などの材料や部材として再資源化することに他ならない．

　このような廃棄物のリサイクル活動は，すでに検討してきた個別物品におけるリサイクル法により実施に移されている．そして，このリサイクル活動は，企業や産業界だけでなく，自治体を巻き込んだかたちでその取り組みは進められており，一般の家庭や消費者の協力なくして成しえないものである．すなわち，企業が製造した製品が流通市場を通じて代理店や販売店に渡り，最終的には消費者の手元に広く届けられ使用・消費されることになり，一般の家庭や消費者によって製品を使用・消費された後に出るのが廃棄物だからである．

　そこで，その使用・消費後の廃棄物において，資源として再生利用できるものを選別し，再生利用可能な資源を回収するリサイクル施設が重要な位置づけとして認識される．このような点において，企業は「ゼロ・エミッション」工場への実現を前提としながら，製造や販売の過程において排出された廃棄物や消費者やユーザーの使用・消費後の廃棄物を，新たな原材料やエネルギーに変換するために，リサイクル施設を設置して対応していくことが必要とされる．このリサイクル施設は，企業が製造過程で排出した廃棄物をリサイクルセンターやリサイクル工場において，環境にやさしい，また環境を配慮した新たな製品やサービスに活用される原材料やエネルギーなど再生可

能な資源を選別し，その資源を活用して新たな製品やサービスに変換することがその主な役割として理解される．

以上のように，企業は「ゼロ・エミッション」工場の実現とともに，「循環型社会における3Rの考え方」，すなわち，①廃棄物発生抑制（Reduce），②再使用（Reuse），③再生利用（Recycle）という視点を踏まえた環境経営を推進していくことが，地球環境の保護・保全を目指した持続可能な社会実現のキーポイントとなる．

12.3 企業の環境マネジメント・システムと環境規格 ISO14001

(1) 企業の環境マネジメント・システム（Environmental Management System：EMS）

前述のとおり，企業は環境経営の視点を踏まえて，地球環境の保護・保全による持続可能な社会の実現をめざして，自社の環境対策に関する方針やそのための具体的な目標や計画を設定し，その達成に向けてさまざまな方策に取り組んでいる．こうした企業の組織的・計画的な取り組みは，企業の環境マネジメントとして理解されるが，それは単に絵に描いた餅に終わらないように，継続的な取り組みに定着化させるための仕組みとして構築していくことが要求される．それが，環境マネジメント・システム（Environmental Management System：EMS）であり，企業が自社の環境にかかわる経営方針を設定し，その具体的な目標・計画を体系的に実現するための仕組みや手続を整備することにより，環境に配慮した事業活動を推進していくことを目指すものである．

この環境マネジメント・システムは，現在企業に限らず行政や大学など他のセクターにおいても重要な位置づけとして認識され，その活動への取り組みが少なからず浸透してきている．このように，企業だけでなくあらゆる組織が環境マネジメント・システムを取り入れることにより，地球・自然環境

に配慮した事業活動が，企業だけの部分的な取り組みに終らず，あらゆる組織によって全面的に推進されていくことが重要な意義を有するといえよう．すなわち，地球・自然環境の問題は，一部の人や機関の関心事ではなく，あらゆる人や機関の重要な認識事項として理解されることが必要なのである．

(2) 環境規格 ISO14001の概要

これまでに企業は生産活動を行うために，地球・自然環境からの諸資源を活用するとともに，その生産活動結果として環境を破壊し汚染してきたという経緯があることを忘れてはならない．この点については，「企業の社会的責任（CSR）」の章において検討してきた公害問題に代表される現象として理解される．そして，企業がこの地球・自然環境からの諸資源の活用とともに生産活動結果によるその環境の破壊と汚染を続けていくならば，私たち人類を含む生態系に危険を与えることになることは周知のとおりである．

このような地球・自然環境の破壊や汚染の動向を鑑み，1996年に国際標準化機構 ISO（International Organization for Standardization）は，国際的な環境規格 ISO14000シリーズとして環境の保護・保全と経済的発展の両立をめざし，製品の生産活動から市場への提供，そして製品の廃棄物におけるリデュース，リユース，リサイクル活動までの全段階で環境に配慮した企業経営の方法・基準などを審査登録制度として定めた．この環境規格 ISO は，1987年に国際標準化機構により構築された品質規格 ISO9000シリーズに基づく品質管理システム審査登録制度に準じて運営されるべく整備されてきた．

この環境規格 ISO14000シリーズの発足は，深刻化する地球・自然環境問題の解決を図るべく，1992年6月にブラジルのリオデジャネイロで開催された「地球サミット（環境と開発に関する国連会議）」において「持続可能な開発のための経済人会議（BCSD）」が設置され，そこで産業界が果たすべき役割が検討されたことが契機となっている．すなわち，「持続可能な開発のた

めの経済人会議（BCSD）」は，産業界による環境破壊を最小限に抑止するため，国際規格の制定を有効な手段として結論づけるに至り，国際標準化機構に対して環境に関する国際規格化に取り組むことを要請するということになったのである．

そして，国際標準化機構は，環境規格ISO14001として国際標準規格で環境を管理するためのシステムの要求事項を，1996年に第1版で，また2004年に第2版で発行した．この環境規格ISO14001は，企業などのあらゆる組織が適切に環境マネジメントを実施しているかを証明することを狙いとする審査登録制度である．なお，ISO14001において，環境マネジメント・システムとして要求される事項は，組織が適切に環境をマネジメントするために，企業などの組織が定めた環境方針およびそれを実現するための仕組みや手続がきちんと手順通りに行われているかを，計画（Plan）―実行（Do）―点検（Check）―改善・見直し（Action）というマネジメント・サイクルに沿って文書審査および現場審査により確認することである．

また，企業などの組織は上記の環境マネジメント・システムを構築した段階において，審査登録に向けて審査登録機関の審査を受けて，日本の場合は認定機関である（財）日本適合性認定協会（JAB）に推薦することにより，認定機関から登録証の発行許可を得て，審査登録機関より登録証が交付されることになる．その際に，審査登録機関から当該組織に対して，審査結果が報告書にまとめられ事業の代表者に伝達されるが，環境マネジメント・システムが規格の基準をすべて満たしているという審査結果が前提条件となり，（財）日本適合性認定協会（JAB）に推薦され登録証発行の許可が得られることになる．

そして，重要な点として，企業などの組織が，この環境規格ISO14001の認証を受けた後の環境マネジメント・システムについての適正かつ継続的な取り組みがより強調されることはいうまでもない．

12.4 企業の環境会計と環境パフォーマンス指標

(1) 企業の環境会計への視点

上記にみてきた環境規格ISO14001を通じた環境マネジメント・システムへの取り組みは，企業などの組織が取り組む環境会計においても重要な視点を投げかけるものとなる．すなわち，環境会計は，環境保護・保全活動と経済活動を結びつけることを第一の使命としており，その手段として環境会計が位置づけられることになるからである．そして，環境会計が機能して，初めて環境保護・保全活動の経済活動への影響度合いを測ることが可能となることも見逃すことができないといえる[6]．

このように，環境会計は，社会性としての地球環境の保護・保全を目指し，収益性を目指す経済活動との両立を図ることを目的とした会計である．

そして，日本では環境省が「環境会計ガイドライン」を公表し，この環境会計の推進に努めている．なお，環境省の「環境会計ガイドライン2005年版」では，「環境会計は，企業等が，持続可能な発展をめざして，社会との良好な関係を保ちつつ，環境保全への取り組みを効率的かつ効果的に推進していくことを目的として，事業活動における環境保全のためのコストとその活動により得られた効果を認識し，可能な限り定量的（貨幣単位または物量単位）に測定し伝達する仕組み」であるとしてその定義が紹介されている[7]．このガイドラインにおける特徴は，外部機能としての環境に関する会計情報の開示が強調されている点があげられるが，当然のこととして内部機能としての環境管理会計機能の重要性も認識すべきであると考えられる．それでは，以下に企業の環境会計についてその概要をみていくことにしよう．

(2) 企業の環境会計の概要

企業における環境会計は，大きくは2つの機能を有しており，1つが外部機能としての環境会計の情報を外部に開示する側面であり，もう1つが環境

に関する企業内部のコスト情報を管理する側面である．それら企業の環境会計の両機能について，以下にその要点を概説していくことにしよう．

　まず，前者の外部機能としての環境会計は，企業などを取り巻くステークホルダー（利害関係集団）に対して，その情報開示を主な目的として行うものである．このような環境会計の情報開示をステークホルダーに対して行うことは，企業などの組織の社会的な信頼性を築き上げることも重要な視点として把握される．

　企業の環境会計における情報開示の意義については，関係するステークホルダーに対する環境保護・保全への取り組み活動の説明責任を果たすという点と，ステークホルダーが意思決定する際の有効な情報提供を行うという点に求められる．前者の環境会計情報の提供は，主に環境保全コストとその効果についての情報提供となり，特に環境保全コストの負担について，その最終的な負担者となる消費者や株主などのステークホルダーに対して説明責任を果たすことを大きな目的としている．後者の環境会計情報の提供は，特に環境保護・保全への取り組みに理解を示している消費者や株主などのステークホルダーに対して，彼らの意思決定に有効な情報となることを狙いとしている．たとえば，環境保護・保全に理解の深い消費者は，当該企業の潜在的な購買顧客となる可能性をもっており，また同様に環境保全に興味を示している株主は，当該企業への潜在的な投資家となる可能性ももち合わせているからである．

　他方において，後者の内部機能としての環境会計は，企業等内部の環境コストをコントロールすることにより，環境保護・保全をめざした意思決定に役立てることを目的として行うものである．すなわち，この環境管理会計は，環境保全情報とともに，それに関連する経済情報を提供することにより，企業などの組織が環境保全活動のためにより合理的な意思決定を可能とするための管理会計手法である．

　この環境管理会計は，企業などにとって環境保護・保全活動のためのコス

トを内部化して対応せざるを得なくなってきている点に注意を要する．すなわち，企業は生産や販売活動に伴う環境対策のためのコスト負担を考慮して，その経営成果の発揮に努力することが今や常識として考えられているからである．しかしながら，この環境保護・保全のためのコスト負担についての議論は，企業ばかりでなく私たち市民にとっても要求される概念として理解しておくことも重要なことである．たとえば，「環境税」の導入などにより，広範に環境保全にかかわる多くの人たちに，公平にそのコスト負担を求めるというような政策もにわかに高まっており，そのような議論が近年注目を集めていることに対して私たち市民は率直に受け止めていくことが必要であろう．[8]

　なお，企業の管理会計の考え方は，いかにして資金調達をして利益を創出するか，またコストを削減するかに焦点を合わせ，組織内部の意思決定に役立つ会計の仕組みを課題として検討してきた．そのような管理会計の取り組み方としては，企業の部門別管理があり，その主な狙いは各部門（商品別・支店別・取引先別など）への諸資源を配分し利益を創出してコストを削減するために，各部門において予実績管理を踏まえて利益やコストの統制・管理を行うことにより，企業の事業活動の方向付けをより良く行うための意思決定に役立てることができる点に求められる．

　同様に，企業の環境管理会計の考え方も，周辺のステークホルダーに対して，いかにして自社が地球・自然環境や地域の環境について保護・保全することができるかを検討することを目的として，その使命は，企業が環境対策にかかわるコストとその効果を定量的に評価し，取り組むべき環境保護・保全対策に対する意思決定およびその活動に役立てることであると考えられる．

　以上のように，企業の環境会計は，外部機能と内部機能両面のバランスを取りながら推進していくことが重要であり，そして環境コストに対する環境パフォーマンス，すなわち企業が環境保全活動に要した費用に対して得られ

た効果の定量的な測定と分析を可能とする点において，企業のみならず他のあらゆるセクターにおいてもその活用が望まれる．

なお，環境省は，企業等の事業者が参考にする環境パフォーマンス指標のガイドラインを提示しており，「環境パフォーマンス指標は，事業者が内部の評価・意思決定の際に自ら活用すること，また事業者が環境報告書などを通して公表する際に，関連する定性的な情報とともに活用することにより，事業者の環境への取り組みを促進するものであり，また社会全体で環境への取り組みを進めるための重要な情報基盤となるもの」であると位置づけている[9]．以下にこの環境パフォーマンス指標の概要を示すことにしよう．

(3) 企業の環境パフォーマンス指標

まず，環境パフォーマンス指標の目的として，企業等の事業者が環境に配慮した事業活動を推進していく際に，環境負荷の状況や取り組むべき課題，そして取り組みの成果に対する包括的な把握と評価を通じて，その事業活動に関する意思決定に役立てる点があげられる．また，この指標の活用と情報開示を通じて，企業を取り巻く外部のステークホルダーとして，消費者，取引先，地域住民，株主，金融機関等に対する環境パフォーマンスの理解促進のための情報基盤を提供することも目的の1つにあげられる．さらに，こうした企業等の事業者の取り組みが積極的に行われることにより，国や地方公共団体における環境政策と共通の価値観や情報基盤を提供することができる点などもその目的として理解される．

次に，この環境パフォーマンス指標は，大きく「コア指標」と「サブ指標」に分類される．前者の「コア指標」は，持続可能な社会の構築に向けた事業活動と環境負荷との関係から，すべての企業等の事業者にとって理解することが要求される指標として位置づけられる．また，その体系は，企業等の事業活動を中心に置き，製品を生産する際のインプットとしての，① 総エネルギー投入量，② 総物質投入量，③ 水資源投入量，という指標数値と，

アウトプットとして製品の生産後に発生する，④温室効果ガス排出量，⑤化学物質排出量・移動量，⑥総製品生産量又は総製品販売量，⑦廃棄物等総排出量，⑧廃棄物最終処分量，⑨総排水量，という指標数値を足し合わせたものとして理解される．このように，企業等の事業活動にかかわる物質・エネルギーのインプットの側面とアウトプットの側面を把握するマテリアルバランスの概念に基づき，事業活動の全体像が理解できる点が特徴にあげられる．

そして，後者の「サブ指標」は，上記のコア指標以外の指標で，企業等の事業の特性に応じた環境負荷の状況や環境への取り組みおよびその効果を把握・管理するための指標として位置づけられる．したがって，企業等の事業者が必要に応じてそのサブ指標を選択・活用するものとして理解される．なお，サブ指標は，①コア指標を質的に補完する指標，②すべての事業者には適合するものではないが，環境上重要な指標，③持続可能な社会の構築に向けて今後重要になる指標，④環境マネジメント指標，⑤経営関連指標，というような項目別の指標に分類される．

さらに，環境パフォーマンス指標の枠組みは，①企業等の事業活動の実施に伴う環境負荷を把握する指標としての「オペレーション指標」，②事業活動にかかわる資源を管理・運用する手法・組織，事業者が実施する環境に関する社会貢献活動等に関する指標としての「環境マネジメント指標」，そして③事業活動の結果としての経済活動や事業活動を行うための資源に関する指標としての「経営関連指標」とに，大きく3つに分類される[10]．

なお，これらの環境パフォーマンス指標は，前述の環境会計において確認された，企業等の事業活動における環境保全のためのコストとその活動により得られた効果を認識するために，定量的測定として主に物量単位でその指標を検討しようとするものである．そして，これらの環境パフォーマンス指標の応用は，企業等が生産した製品の環境負荷を測定する技術として，「ライフサイクルアセスメント（Life Cycle Assessment：LCA）」が開発されてお

り，ISOにおいて14020番台で規格化されている．

この「ライフサイクルアセスメント（LCA）」は，「原材料採取から製造，流通，使用，廃棄にいたるまでの製品の一生涯（ライフサイクル）で，環境に与える影響を分析し，総合評価する手法．製品の環境分析を定量的・総合的に行う点に特徴がある」[11]とされる．そして，「ライフサイクルアセスメント（LCA）」は，環境配慮型の製品設計のための手法である「環境適合設計（Design for Environment：DFE）」を前提としての検討が進められており，両者の相乗効果による発展が期待されている．

「環境適合設計（DFE）」は，いわゆる「エコデザイン」とよばれているもので，「製品のライフサイクル全体における環境効率を高める設計や生産技術・システム管理を行う手法．これにより資源の効率的利用，製造工程の効率改善，製品の長寿命化のほか，製品の差別化，コスト削減等の効果がある」[12]とされる．この「環境適合設計（DFE）」もISOにおいて14000シリーズに組み込まれており，今後の環境経営のビジネスとしてその発展が期待されている．

12.5 企業のコーポレート・コミュニケーションと環境報告書

(1) 企業の環境経営とコーポレート・コミュニケーション

企業における広報活動は，企業が接するステークホルダー（利害関係集団）との良好な関係を築き上げるためのコーポレート・コミュニケーション活動として理解され，パブリック・リレーションズ（Public Relations：PR）とも称される．この主要活動としては，パブリシティ（Publicity），コーポレート・コミュニケーション誌発行（「企業の環境報告書（Corporate Environmental Report：環境行動レポート）」，「社会的責任報告書（Corporate Social Responsibility Report：CSRレポート）」，「IR報告書（Investor Relations Report：IRレポート）」などの発行），そしてロビー活動などがあげられる．

このようなコーポレート・コミュニケーション活動は，上記のステークホルダーとの良好な関係を構築することを狙いとしているが，そのために企業などの組織が行うコミュニケーション活動にも多様な領域が検討される．特に，企業への投資を行う株主へのコミュニケーション活動としては，財務情報の提供として「アニュアルレポート」や「IR報告書（IRレポート）」の発行において確認される．また，企業の社会貢献活動においては，他の章で検討した「社会的責任報告書（CSRレポート）」の発行がそのコミュニケーション活動として確認される．さらに，本章でのテーマとなっている環境保護・保全活動についてのコミュニケーション活動としては，企業の「環境報告書」の発行においてその内容が確認される．なお，これらのコミュニケーション活動を統括して，「サスティナビリティレポート」と称して取り上げようとする動きも現在ではみられるようになってきた．そこで，以下に，本章の主題となっている企業の「環境報告書（環境行動レポート）」について概観していくことにしよう．

(2) 企業の環境報告書（環境行動レポート）の概要

企業の環境報告書（環境行動レポート）は，コーポレート・コミュニケーションの一環として発行されてきた経緯がある．そして，企業の環境報告書は，任意での発行となっているにもかかわらず，多くの大企業を中心に普及してきている．特に，企業の会計・財務情報の開示として，「財務報告書（アニュアルレポート）」，「有価証券報告書」や「営業報告書」そして「IR報告書」の発行はいうまでもないことであるが，先に確認した企業などの組織による環境会計の外部機能の情報開示として，この「環境報告書」や「社会的責任（CSR）報告書」などにおいてコミュニケーション活動を行うことで，より広範囲にわたるステークホルダーに対して企業などの組織の環境保護・保全活動の積極的な展開が伝達され，社会的な信用と信頼を築き上げてきていることは実に注目に値することといえよう．

特に，コーポレート・コミュニケーション誌として企業などの発行する「環境報告書」は，現在さまざまな形態をとって自主的に発行されてきているが，いずれも企業が行ってきた環境保護・保全の活動の成果・結果や環境会計情報を，周辺のステークホルダーに広報活動として伝達し，それらとの良好な関係づくりをめざすものとして理解される．

それでは，企業が環境報告書において記載する主な項目や内容には，現実的にどのようなものが多くみられるのであろうか．それらについて検討を加えていくことにしよう．

まず，環境省および経済産業省において，環境報告書に関するガイドラインが提示されており，企業はそれらを参考にして発行することはできるが，その情報開示の記載項目やその内容と記載方法などについては任意となっている．たとえば，環境省は『環境報告書ガイドライン（2003年版）』において25の項目を提示しており，それらを参考にして企業が環境報告書において記載する項目などを検討することになる（図表12－3参照）．

この『環境報告書ガイドライン（2003年度版）』による25の記載項目は，環境報告書の全体構成について解説を加えているものであり，大きくは5つの分野に分類して提示している．すなわち，大きくは，1）基本的項目，2）事業活動における環境配慮の方針・目標・実績等の総括，3）環境マネジメントに関する状況，4）事業活動に伴う環境負荷およびその低減に向けた取り組みの状況，5）社会的取り組みの状況，という5つの分野である．[13]

このように，環境報告書の発行は，企業などが内外に向けてパブリック・リレーションズ（Public Relations：PR）活動としてその情報発信を行う広報刊行冊子である，コーポレート・コミュニケーションとよばれる活動の一種として理解される．この活動を推進する目的は，先に確認した企業の広報活動として，その周辺の利害関係集団との良好な関係づくりが第一義であるが，企業活動の透明性を内外に示すことで，企業の信頼性と良いイメージを与え関係者に理解してもらうことも考えられる．しかしながら，この環境報

図表12-3 「環境報告書ガイドライン（2003年度版）による25の記載項目」

1．基本的項目
① 経営責任者の緒言（総括及び誓約を含む）
② 報告に当たっての基本的要件（対象組織・期間・分野）
③ 事業の概況
2．事業活動における環境配慮の方針・目標・実績等の総括
④ 事業活動における環境配慮の方針
⑤ 事業活動における環境配慮の取り組みに関する目標，計画及び実績等の総括
⑥ 事業活動のマテリアルバランス
⑦ 環境会計情報の総括
3．環境マネジメントに関する状況
⑧ 環境マネジメントシステムの状況
⑨ 環境に配慮したサプライチェーンマネジメント等の状況
⑩ 環境に配慮した新技術等の等の研究開発の状況
⑪ 環境情報開示，環境コミュニケーションの状況
⑫ 環境に関する規制遵守の状況
⑬ 環境に関する社会貢献活動の状況
4．事業活動に伴う環境負荷及びその低減に向けた取り組みの状況
⑭ 総エネルギー投入量及びその低減対策
⑮ 総物質投入量及びその低減対策
⑯ 水資源投入量及びその低減対策
⑰ 温室効果ガス等の大気への排出量及びその低減対策
⑱ 化学物質排出量・移動量及びその低減対策
⑲ 総製品生産量又は販売量
⑳ 廃棄物等総排出量，廃棄物最終処分量及びその低減対策
㉑ 総排水量及びその低減対策
㉒ 輸送に係る環境負荷の状況及びその低減対策
㉓ グリーン購入の状況及びその推進方策
㉔ 環境負荷の低減に資する商品，サービスの状況
5．社会的取り組みの状況
㉕ 社会的取り組みの状況

出所） 環境省編『環境報告書ガイドライン（2003年度版）』環境省，2004年，14-17ページより引用および参考にして作表

告書は，企業等により任意に発行されている実情もあり，このような視点から，現在発行されている報告書の中には社会的な要求に応えていないものも存在する点がその批判として指摘され，今後のさらなる情報開示内容の充実と発展が期待されるところである．[14)]

12.6 市民団体・活動レベルからの環境経営への視点

(1) 環境 NGO (Non Governmental Organization：非政府組織) の台頭とその役割

さて，企業や行政ばかりでなく他のセクター，特に市民活動として発展してきた NGO の台頭には目をみはるものがある．なかでも，本章の主要な議論となっている地球環境の保護・保全の問題について，市民活動として取り組む環境 NGO の存在は，国際連合におけるその地位にも反映されている．すなわち，国際連合憲章第71条において民間団体（NGO）との協議が規定されており，NGO は国際連合の経済社会理事会における NGO 委員会で協議や提案，発言，文書提出等の関係を有するのである．それは，経済社会理事会およびその下部機関は，NGO が有している専門分野の知識や能力に基づく情報と助言を得ることを協議取り決めの目的としているからである．[15)]

このような地球環境を保護することを主な活動領域としている環境 NGO の存在は，地球環境に影響を与える企業等に対して，その行動を監視するという重要な役割を果たすことが期待されている．また，環境 NGO における活動の一環として環境保護活動に対する政策提言を広く行うことで，行政や世論，ひいては企業にも影響を与えていくことが可能となる．しかし，時としてこの NGO と企業とは対立的な関係を生み出してしまうこともあり得る．すなわち，企業が経済的な効率経営を追及するあまり，その結果として環境破壊や汚染という社会問題現象を発生させ，そのような企業行動に対して批判を浴びせるというような構図である．

しかしながら，これからはこのような企業と NGO との対立的な関係だけ

ではなく，お互いの役割・機能とそれらが生かされるべき点を理解し合い，その相乗効果として連携や協働が望まれるところである．特に，本章の題材である地球環境を保護・保全するという共通の目的に向けて，企業とNGOが手を携えての協働への取り組みが重要な位置づけとして今後期待されている．

12.7 企業の環境経営の現状・動向とその課題

(1) 企業の環境経営の現状と動向

わが国の企業の環境経営に関するその現状と動向を把握するための調査は，環境省において『環境にやさしい企業行動調査』が毎年実施されており，また日本経済新聞社が実施しているものとしては『環境経営度調査』があり，それぞれ毎年報告書にまとめられている．そこで，これらの調査から，わが国企業における現在の環境経営の現状と動向をこれより探っていくことにしよう．

最初に，環境省が実施している「環境にやさしい企業行動調査」は，1991（平成3）年度より開始され，2004（平成16）年度の実施において第14回を数えており，「わが国の企業において環境に配慮した行動が定着し，環境保全に向けた取り組みが効果的に進められるよう，その実態を的確かつ継続的に把握し，これを評価し，その成果を普及させていくことを目的として実施」[16] としてその調査目的が示されている．なお，2004年度の調査は，調査手法として質問紙郵送法およびウェブ上での回答方法が併用され，調査時期は2005年4月～5月に実施された．また，調査対象は，上場企業および非上場企業等となっており，回収結果は，標本数が東京，大阪，名古屋の各証券取引所の1部，2部上場企業2,630社および500人以上の非上場企業等3,753社，合計6,383社に対して，有効回答数が上場企業1,127社（回収率：42.9％），非上場企業等1,397社（回収率：37.2％），合計2,524社（回収率：39.5％）となっている．

この環境省が実施している「環境にやさしい企業行動調査（2004年度）」は，その主な調査項目として，①環境に関する考え方，取り組み内容および環境マネジメントへの取り組み状況，②子会社，取引先との関係における環境に関する考え方および取り組み状況，③環境に関する情報の公開，環境報告書の作成・公表等の取り組み状況，④環境会計への取り組み状況，⑤CSR（Corporate Social Responsibility：企業の社会的責任）への取り組み状況，⑥環境ビジネスへの取り組み状況，⑦地球温暖化防止対策に関する取り組み状況，といった7項目を設定し，それらの各質問に対する回答の調査結果が「詳細版」と「概要版」の報告書にそれぞれまとめられている．この環境省による「環境にやさしい企業行動調査」の結果概要であるが，全般的には環境に配慮した企業行動がさまざまな質問に対する回答結果から確認することができる．しかしながら，環境会計についての取り組みについては，まだこの時点においては浸透が図られていない実情が確認され，今後の企業への知識や情報の一層の浸透化とその導入へのきっかけづくりや指導が要求されるところである．

　次いで，日本経済新聞社が実施している「環境経営度調査」は，2004年の実施において第8回を数えており，「企業の環境対策を総合的に評価する事を目的として実施．企業が温暖化ガスや廃棄物の低減など環境対策と経営効率の向上をいかに両立しているかを評価する調査」[17]としてその調査目的が示されている．なお，第8回調査は，調査手法として質問紙郵送法が用いられ，調査時期は2004年9月6日～10月31日に実施された．また，調査対象は，上場・ジャスダック上場企業，新興市場上場および非上場有力企業（2004年9月1日時点）となっており，調査構成としては業種別に調査票が4種類で構成され，製造業，建設業，エネルギー業，非製造業があげられている．回収結果は，標本数が製造業1,778社，非製造業2,240社（うち建設業238社とエネルギー業25社を含む）に対して，有効回答数が製造業590社（回収率：33.2%），非製造業470社（回収率：21.0%）〔うち建設業57社（回収率：

23.9%）とエネルギー業17社（回収率：68.0%）を含む〕となっている．

　この日本経済新聞社が実施している「環境経営度調査」は，その年に実施した調査結果から，各質問の配点を集計して，評価項目毎に最高得点を100，最低得点を10となるように，項目の合計を総合スコア化して，企業の環境経営度をランキング化している点が特徴にあげられる．また，環境経営の主な評価指標として，①ISOなどの管理・運営体制，②長期目標をもった対策，③自主的な汚染対策，④資源循環に対応した廃棄物対策，⑤製品対策の環境負荷把握，⑥地球温暖化対策，⑦オフィス対策，といった7項目を設定し，その総合評価において企業の環境経営度をランキング化している．なお，この環境経営度調査の結果は，日本経済新聞，日経産業新聞においてその概要が発表され，その調査年度の企業の環境経営に対する取り組み状況などの特徴を踏まえて，業種別での企業のランキングを公表している．

　このような企業の環境経営度のランキング化により，これから企業が環境対策を整備していくことにおいて，また企業が温暖化ガスや廃棄物の低減など具体的な環境対策と経営効率の向上をいかに両立していくかについて，その積極的な取り組みの姿勢を啓蒙することが可能となる．そして，このような情報を参考にして，将来的に企業が環境経営度を高めていくことが望まれる．

(2) 企業の環境経営における今後の課題

　以上において，わが国における企業の環境経営の現状・動向が大雑把ではあるが提示された．そこで，最後に先に確認された企業の環境経営の現状と動向から，そこに存在する課題を整理して，その検討を加えて締めくくることにしよう．

　まず，本章における「企業の環境経営」という問題は，地球・自然環境の保護・保全に関する活動を，世界・地球規模レベルで考え，国家レベルとして取り組むための環境問題と関連する法律体系をよく理解し遵守すること

が，まず大きな課題としてあげられる．この点については，他の章において検討してきた企業コンプライアンス（法令等遵守）や企業倫理とも関連して検討することが要求される．

また，「企業の環境経営」の問題は，広義に解釈すると，他の章においてやはり確認してきた企業の社会的責任（CSR）との関連において，検討されるべきものでもある．そのような意味において，企業は周辺のステークホルダーを広く理解して，それぞれのステークホルダー，特に本章においては地球・自然環境を保護・保全するために関係する人々との良好な関係づくりを目指す対応策が要求される．

さらに，上記の大きな課題を達成するためには，先の節において検討を加えてきた，企業の環境経営への視点として，循環型社会の構築を目指した「3R」に関する事業推進，環境マネジメント・システムの構築，さらには環境会計と環境報告書の整備，そして企業と環境NGOとのパートナーシップなど，これらの具体的な活動に積極的に取り組んでいくことが要求される．

そして，これらの企業による環境経営への取り組み課題が積極的に検討され，それを絵に描いた餅にならないように，企業等において適切にかつ確実に実施に移されることが，私たちの運命共同体である地球における自然環境の保護・保全を促進することにつながることを願いたい．

注）
1) 環境省編『平成17年版環境白書』ぎょうせい，2005年，2ページより引用．
2) 環境省編『平成17年版環境白書』ぎょうせい，2005年，263ページより引用．
3) 環境省編『平成17年版環境白書』ぎょうせい，2005年，268ページより引用．
4) Capra, F. and Pauli, G., *This volume is a translation of Steering Business Toward Sustainability*, The United Nations University Press, Tokyo, New York, Paris, 1995．（フリッチョフ・カプラ＆グンター・パウリ著，赤池学監

訳『ゼロ・エミッション―持続可能な産業システムへの挑戦』ダイヤモンド社，1996年），183ページより引用．カプラとパウリらは，循環型の生態系プロセスをエコロジー原則のなかでも最も卓越した原則の1つとして提案している．その原則の1つとして「ゼロ・エミッション」という概念を提示する．

5) 「ゼロ・エミッション」は，1994年にパウリ（Pauli, G.）が国連大学において提唱した概念である．その目指すものは資源循環型社会の実現のために，新たな産業システムを構想する概念である．この概念のベースには，「3 R」，すなわち廃棄物発生抑制（Reduce），廃棄物再使用（Reuse），そして廃棄物再生利用（Recycle）という資源循環のそれぞれのフェーズを踏まえてその実現を目指すものと考えられる．

6) 國部克彦・梨岡英理子監修，財団法人地球環境戦略研究機関（IGES）関西研究センター編『環境会計最前線―企業と社会のための実践的なツールをめざして』財団法人省エネルギーセンター，2003年，11‐12ページを参照のこと．

7) 環境省編『環境会計ガイドライン2005年版』環境省，2005年，2ページより引用．

8) 環境省製作・発行のパンフレット『環境税について考えよう』環境省，2005年，また足立治郎『環境税―税財政改革と持続可能な福祉社会』築地書館，2004年および石弘光『環境税とは何か』岩波書店（岩波新書），1999年などの資料を参照されたい．

9) 環境省編『事業者の環境パフォーマンス指標ガイドライン（2002年度版）』環境省，2003年，1ページより引用．

10) 環境省編『事業者の環境パフォーマンス指標ガイドライン（2002年度版）』環境省，2003年，4‐21ページを参照．

11) 環境省編『平成17年版環境白書』ぎょうせい，2005年，276ページより引用．

12) 環境省編『平成17年版環境白書』ぎょうせい，2005年，264ページより引用．

13) 環境省編『環境報告書ガイドライン（2003年度版）』環境省，2004年，17‐44ページを参照．

14) 國部克彦・平山健次郎編，財団法人地球環境戦略研究機関（IGES）関西研究センター『日本企業の環境報告書―問い直される情報開示の意義』財団法人省エネルギーセンター，2004年，9‐10ページにおいて國部克彦氏により，任意発行の点でまだ企業の環境報告書が社会的な要求を満たすまでにいたっていない点が指摘されている．また，今後の環境報告書の法制化問題や包括的なサスティナビリティレポートへの包含など，その方向性も示唆されている．

15) 山村恒年編著『環境NGO―その活動・理念と課題』信山社，1998年を詳しくは参照されたい．
16) 環境省（総合環境政策局環境経済課）編『平成16年度「環境にやさしい企業行動調査」調査結果』【概要版】環境省，2005年，より引用．
17) 日本経済新聞社・日経リサーチ編集『第8回「環境経営度調査」調査報告書』日本経済新聞社，2005年，7ページより引用．

◆参考文献

Capra, F. and Pauli, G., *This volume is a translation of Steering Business Toward Sustainability*, The United Nations University Press, Tokyo, New York, Paris, 1995.（フリッチョフ・カプラ＆グンター・パウリ著，赤池学監訳『ゼロ・エミッション―持続可能な産業システムへの挑戦』ダイヤモンド社，1996年）

國部克彦・梨岡英理子監修，財団法人地球環境戦略研究機関（IGES）関西研究センター編『環境会計最前線―企業と社会のための実践的なツールをめざして』省エネルギーセンター，2003年

國部克彦・平山健次郎編，財団法人地球環境戦略研究機関（IGES）関西研究センター著『日本企業の環境報告書―問い直される情報開示の意義』省エネルギーセンター，2004年

高橋由明・鈴木幸毅編著『環境問題の経営学』ミネルヴァ書房，2005年

真船洋之助監修・編著，石崎忠司編集代表『環境マネジメントハンドブック』日本工業新聞社，2005年

第13章

SRI の広がりとその課題

13.1 はじめに―― SRI と CSR

　1990年代後半より投資家行動としての SRI (Socially Responsible Investment：社会的責任投資) が世界的に活発化し，今日の CSR (企業の社会的責任) のあり方に大きなインパクトを与えている．

　社会は今，経済的繁栄，社会的公正の維持，環境の質の向上が同時に達成されて持続的な発展が可能となる地球社会の実現を望んでいる．それを反映し，今日の企業評価基準は，企業の経済的価値，社会的価値，環境的価値の3つの局面から考察し，これらが企業においていかにバランスよく高められているか，また地球社会の持続的な発展(サスティナビリティ)に企業がどれだけ貢献しているかという，いわゆるトリプル・ボトムライン (Triple Bottom Line) をベースとしたものとなっている．この観点に立って，投資の世界から企業の CSR 活動を評価しようとする動きが SRI にほかならない．[1]

　本章ではまず，SRI の概念ならびに SRI としての投資行動について触れ，SRI の全体像を理解するところからはじめる．そしてその上で，アメリカ，イギリス，日本における SRI の動向を紹介しながら，各国の SRI の違いにも触れることにする．

13.2 SRIの概念

(1) SRIとは

　SRIとは基本的にはCSRを重視した投資という概念で，企業に投資する際に収益性や成長性といった財務面だけでなく，企業の法令遵守（コンプライアンス），倫理観，ガバナンスシステムのあり方と機能，社会的配慮，環境配慮といった広範にわたるCSRも考慮しながら社会貢献度の高い企業を選別し投資することをいう[2]．SRIの投資手法としては，年金基金，保険会社といった機関投資家が独自にSRI運用を行うものや，投資信託会社が一般投資家向けに設定したSRI投資信託（ミューチュアル・ファンド：Mutual Fund）[3]を通じて行うのが一般的である．

　今日，SRIは新たなタイプの株主として企業にとって重要なステークホルダーになりつつあるが，SRIの全般的なメリットとしてはまず，SRI投資を通じて，①企業に対するガバナンス機能が強化される，②それにより企業のCSRへの取り組みが促進され，社会に貢献する優良企業が育成されることがあげられるであろう．

　投資家の立場からみると，SRIは，①持続的な発展を可能にする地球社会の構築に向けて社会参加できる絶好の機会と捉えることができ，かつ，②長期的視点に立った安定的な資産運用を可能にするといったメリットが考えられる．

　また企業にとっても，CSRに真摯に取り組むことでSRI投資を呼び込むことができれば，自社の将来のCSR戦略投資に必要な資金調達手段として利用できる可能性がある．このようにSRIは社会，投資家，企業にとってそれぞれメリットがある魅力的な投資手法である．

(2) SRI投資行動分類

　SRIの投資行動は，①スクリーニング（screening），②株主行動（shareholder advocacy)，③コミュニティ投資（community investment）の3つに分類される．

　スクリーニングとは，企業のCSRへの対応を分析・評価して投資先を選定するもので，これはさらにネガティブ・スクリーンとポジティブ・スクリーンに分けられる．

　ネガティブ・スクリーンは，アルコール，タバコ，ギャンブル，武器，原子力，動物実験など社会にとって好ましくない事業活動を行っていると判断される企業を投資対象から排除するものである．このネガティブ・スクリーンは，1920年代のアメリカにおいてキリスト教徒が資産運用を行う際に，カジノ経営，酒店経営，タバコ製造・販売，武器製造，奴隷的労働，高利貸業などを忌避して独自のファンドを組んだのが最初とされ，SRIの起源もそこにみることができる．

　一方，ポジティブ・スクリーンは，CSRを積極的に果たすような社会にとって好ましいと判断される企業を選択し投資するもので，昨今のCSR議論の高まりとともに注目されてきた手法である．

　株主行動は，株主としてCSRの観点から企業行動を改善するよう働きかける行為で，株主提案，議決権行使，株主代表訴訟に加え，経営者との対話といった直接的な権利行使以外の働きかけ（エンゲージメント：engagement）がその内容である．SRI投資行動としての株主行動は，1960年代から70年代のアメリカにおいて，公民権運動，反アパルトヘイト，ベトナム戦争反対運動や消費者運動といった社会運動の高まりに呼応する形で活発化した．[4]

　コミュニティ投資は，上記2つとは趣が異なり，通常の金融機関から融資を受けることが困難な低所得者や中小企業へ低利で投融資を行うもので，マイノリティへの支援，低所得者居住地域（スラム）の発展といった地域福祉・経済振興を目的とする投資行動である．

図表13-1　アメリカにおける SRI 運用資産の推移

(単位：10億ドル)

	1995年	1997年	1999年	2001年	2003年
スクリーニング ①	162	529	1,497	2,010	2,143
（SRI ファンド）	12	96	154	136	151
（ファンド本数）	55本	139本	168本	181本	200本
（独立管理運用資産）	150	433	1,343	1,870	1,990
株主行動 ②	529	736	922	897	448
スクリーニングと株主行動併用 ③	n.a.	84	265	592	441
コミュニティ投資 ④	4	4	5	7.6	14
合計（①+②+④-③）	695	1,185	2,159	2,320	2,164
専門投資機関の総運用資産に占めるSRIの割合	n.a.	9%	13%	12%	11.30%

出所）Social Investment Forum, *Report on Socially Responsible Investing Trends in the United States*, 各年版より作成

13.3 アメリカ，イギリスにおける SRI の動向

(1) アメリカ・イギリスにおける SRI

　SRI の広がりはアメリカ，イギリスにおいていちじるしい．図表13-1は1995年から2003年までのアメリカ SRI の動向を示したものである．アメリカにおける SRI 投資残高は，95年以降急速に増大し，99年には95年の約3倍にまで拡大している．また，SRI 投資行動の内訳をみると，95年時点では株主行動がスクリーニングを大きく上回っていたが，その後8年間でスクリーニングが急増し逆転している．しかも2003年時点では株主行動残高4,480億ドルのうちの9割以上がスクリーニングとの併用となった．さらに，投資機関の運用資産全体に占める SRI の割合をみると，1999年で最大の13％，以後2001年，2003年においても SRI が1割以上を占めている．以上よりアメリカにおける SRI は，1995年以降の8年間において，株主行動からスクリーニングにその重点を移行させながら急速に発展し，社会に認知された

図表13-2　ヨーロッパにおけるSRIファンド件数（1980～2004年）

（単位：百万ユーロ）

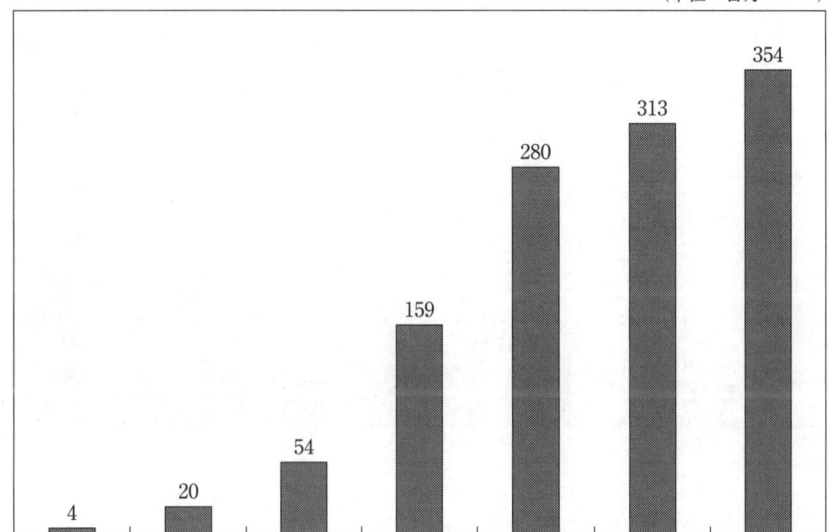

期間	件数
1980～1984	4
1985～1989	20
1990～1994	54
1995～1999	159
2000～2001	280
2002～2003	313
2003～2004	354

（2004年については，6月末日現在）

出所）Avanzi SRI Research/SiRi Company, *Green, social and ethical funds in Europe 2004*, p. 7.

存在になりつつあるといえるであろう．

　ヨーロッパにおけるSRIの先進国はイギリスである．図表13-2はヨーロッパにおけるSRIファンド件数の推移を示したものである．これをみればヨーロッパのSRIは，アメリカと歩調を合わせるように1995年から急速に発展し，2004年までの10年間でSRIファンドの数が約7倍に増えていることがわかる．このヨーロッパにおけるSRIの発展の中で，SRIファンド件数全体に占めるイギリスのファンドの数は安定的に2割以上を占めているとされる．[5]

　イギリスのSRI先進性はSRIファンド残高をみるとさらに明確になる．図表13-3はヨーロッパにおける国別のSRIファンドの資産残高を示したものであるが，イギリスの残高は他のヨーロッパ諸国に比較して突出してい

図表13-3　ヨーロッパにおける国別 SRI ファンド資産残高（2001〜2004年）

(単位：百万ユーロ)

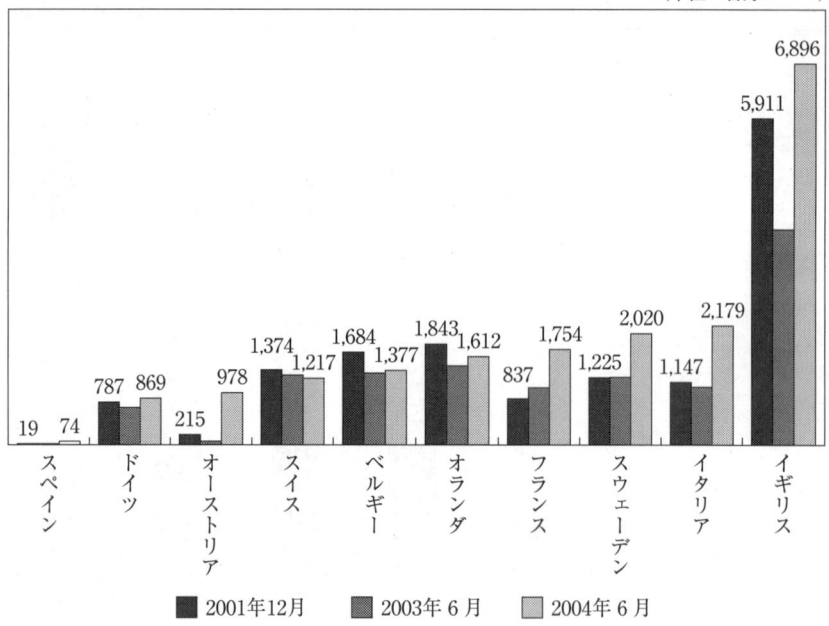

国	2001年12月	2003年6月	2004年6月
スペイン	19		74
ドイツ	787	869	
オーストリア		215	978
スイス	1,374	1,217	
ベルギー	1,684	1,377	
オランダ	1,843	1,612	
フランス	837		1,754
スウェーデン	1,225		2,020
イタリア	1,147		2,179
イギリス	5,911		6,896

出所）Avanzi SRI Research/SiRi Company, *Green, social and ethical funds in Europe 2004*, p. 9.

る．2004年の68億9,600万ユーロというイギリスの SRI ファンドの資産残高は，ヨーロッパ全体の約36.2%を占めるものである[6]．

(2) アメリカ，イギリスにおける SRI 拡大の背景

このようなアメリカ，イギリスにおける1990年代後半以降の SRI の急速な発展の背景には，CSR への社会の関心の急速な高まりによる投資家意識の変化と，それに伴う SRI を取り巻く環境の大きな変化がある．

今日の投資家は，社会の一員として地球社会の持続的な発展（サスティナビリティ）を希求しており，それを可能にする CSR への関心が高まっている．その中で投資家は，SRI 投資を CSR 促進活動に直接参加できる機会と捉えるようになり，SRI に注目するようになった．このような投資家の

CSR志向が今日のSRI発展の土台となっている．

　加えて，SRIの投資パフォーマンスが比較的良好であるという検証結果が明らかになるにつれて，投資家の間でSRIは長期投資に適しているとの認識が広がりつつあり，この投資家の認識変化もSRIへの投資を促進する要因となっている．

　特に，掛金の運用先を自ら選択できる401Kプラン（確定拠出型年金制度）が普及しているアメリカでは，制度に参加する個人投資家がSRIでの運用を選択する傾向が高まっており[7]，これがアメリカのSRI投資増大に大きな役割を果たしている．それゆえ，アメリカについては「投資家の意識の変化がSRI拡大の最大の要因[8]」とされている．

　SRIを取り巻く環境の大きな変化については，SRIにかかわる法的整備，投資先企業に対するガイドラインの提示，SRIインデックスの開発があげられる．

　イギリスでは2000年7月改正年金法が施行され，企業年金運用受託者（機関投資家）に対して，投資銘柄選定における環境面，社会面，倫理面への考慮と議決権行使の基本的方針についての情報開示が義務づけられた．この法改正によりイギリスでは年金運用がSRIへシフトし，「1997年にはゼロだった年金基金によるSRI運用残高は，2001年には800億ポンドに急成長し，SRI資産運用残高の3分の1強を占める[9]」にいたっている．改正年金法自体は，年金の運用について年金基金自体のCSRに言及したものでSRI投資を強制するものではないが，間接的にSRIの発展を後押しするものとなった．この流れを受けて，2001年10月にイギリス保険協会（ABI）は，企業に対して「SRIに関する情報開示ガイドライン」を公表し[10]，保険会社自らが積極的にSRI投資に参入する意思を明確にしている．

　ここまでSRIに関する法的整備とそれに対応したSRIガイドラインについてイギリスの事例をみたが，イギリスを含めヨーロッパのSRIは，法令による政府のCSR介入施策に触発されて発展したという側面が強いとされ

図表13-4　アメリカのSRI発展の経緯

年	主な動き	主な時代状況による投資基準変遷
1920年代～	・キリスト教会の資産運用に当たり、アルコールやたばこ、ギャンブルを主たる活動とする企業への投資を排除	・キリスト教の宗教的教義
1960年代～	・株主行動の活発化	・ベトナム戦争反戦運動から軍需産業株の売却等
1971	・SRI専業の運用機関Pax World Funds設立（広範囲の社会問題を扱う初のミューチャル・ファンド設定） ・株主行動を実践する宗教団体Interfaith Center For Corporate Responsibility (ICCR) 設立	・消費者運動の高まり
1972	・SRIの調査会社Investor Responsibility Research Center (IRRC) 設立	
1973	・米国初のコミュニティ・ディベロップメント銀行業務開始	・反アパルトヘイト政策から南アで操業する企業株の排除（1970年代後半～80年代）
1974	・エリサ法の制定、確定拠出型年金制度（401K）施行	
1985	・Social Investment Forum (SIF) が法人化	
1988	・SRIの調査会社Kinder, Lydenberg, Domini (KLD) 設立	
1990年代～	・SRIマーケットの急成長（SRIインデックスの作成：Domini400 Social Index, Dow Jones Sustainability Indexes）	・投資対象の選別基準の広がり（労働条件や雇用問題、環境問題等）

出所）貞清栄子「社会的責任投資（SRI）の動向について」『三井トラスト・ホールディングス調査レポート』No.39, 2003年7月, 11ページ

ている[11]．投資家意識の変化がSRI発展の主要因であったアメリカと比べると対照的である．

　アメリカ，ヨーロッパにおいては1990年代後半からSRIインデックスの開発が活発化しており，これもSRIの発展に寄与している．SRIインデックスは，SRIの投資対象候補となる企業をさまざまなCSR評価基準（クライテリア）によりスクリーニングしてSRI投資にふさわしい企業群を抽出し，その全銘柄の株式時価総額の変化を指数化して表したものである[12]．

図表13-5　ヨーロッパのSRI発展経緯

年	主な動き
1920年代～	・教会の資産運用に当たり，たばこ，アルコール，武器，ギャンブルなどを主たる活動とする企業への投資を排除
1974	・イギリスやドイツで社会的，環境的側面に配慮したプロジェクト融資を目的とする銀行が設立
1983	・イギリスでSRI調査機関 Ethical Investment Research Service (EIRIS) が設立
1984	・イギリス初のSRIファンドが発売
1990	・スイスでSRI調査機関設立
1991	・イギリスでUK Socially Investment Forum (SIF) 設立
1994	・スイスで環境面に配慮するSRIファンドの発売
2000	・ベルギーのEthibel社によるSRIインデックスの作成 (Ethibel Sustainabillity Index)
2001	・イギリスで世界で初めてCSR担当大臣任命 ・フランス，ドイツ，イタリア，オランダ，イギリスのSRIフォーラム主導で The Europian Sustainable Investment Forum (Eurosif) 設立 ・欧州委員会が「企業の会社的責任に関する欧州フレームワーク」を公表 ・イギリスのFTSE社によるSRIインデックスの作成 (FTSE4 Good)
2002	・フランスで初めてCSR大臣が誕生
年	主な動き
2000年7月	【イギリス】年金法改正．年金基金運用会社に対し，運用時に投資先企業の社会的評価を行なっているかどうかを公表する義務が課せられる
2001年5月	【フランス】会社法が改正され，上場企業に対して財務・環境社会的側面の情報開示が義務付けられる 【ドイツ】イギリス同様の年金制度改正案成立

出所）貞清栄子「社会的責任投資（SRI）の動向について」『三井トラスト・ホールディングス調査レポート』No.39, 2003年7月, 13ページ

このインデックスがあれば，年金基金，保険会社といった機関投資家はインデックスに含まれる企業群の中から投資対象を選定すれば自ら SRI を実践することができる．また，投資信託会社はインデックスに連動させた投資家向けの SRI ファンドを容易に組むこともできる．さらに，運用開始後も SRI インデックスを運用の目標基準あるいはパフォーマンスの評価基準（ベンチマーク）として利用でき，管理を効率的に行うことができることとなる．そうした役割を果たす SRI インデックスが次つぎと開発されることで，多くの機関投資家が自ら SRI 運用を行う，あるいはまた SRI ファンドを設定するなど SRI に積極的に取り組むようになったのである．

アメリカ，イギリス両国における SRI 拡大の背景として最後に，両国の SRI の伝統をあげておきたい．図表13-4，図表13-5 はそれぞれアメリカ，ヨーロッパの SRI 発展の経緯をまとめたものである．これをみれば両国とも1920年代から SRI の長い伝統があることがわかる．こうした伝統に培われた SRI の社会的基盤も今日のアメリカ，イギリス両国の SRI 発展を支えているのである．

13.4 日本における SRI の現状

日本の SRI は，1999年に日興エコファンドをはじめとする 4 本のエコファンド（環境に特化したファンドで SRI ファンドの一種）が発売されたところから始まる．図表13-6 は，日本における SRI ファンド資産残高の推移を示したものである．これによれば2000年 3 月時点で2,200億円超まで増大したが，その後の国内株式市場の低迷もあり，2003年 3 月時点では652億円まで漸減している．2003年 4 月以降については，新規 SRI ファンドが11本発売され，2005年 7 月末現在で日本の SRI ファンドは20本（22種類）となり，資産残高で1,325億4,000万円まで回復している（図表13-7）．

しかしながら，国内株式投信全体（2005年 7 月末現在，32兆6,592億円，2,351本）に占める SRI ファンドの比率は低く，本数にして0.8％，資産残高で

図表13-6　日本におけるSRIファンドの資産残高推移（1999〜2003年）

年月	純資産合計（億円）
'99 9月	673
'99 12月	1,897
'00 3月	2,207
'00 6月	1,866
'00 9月	1,566
'00 12月	1,496
'01 3月	1,394
'01 6月	1,561
'01 9月	1,309
'01 12月	1,306
'02 3月	1,223
'02 6月	1,075
'02 9月	896
'02 12月	755
'03 3月	652

出所）関正雄『社会的責任投資（SRI）とエコファンド』2003年11月
http://www.env.go.jp/council/02policy/Y024-02/mat_06.pdf/

0.4％に過ぎない．日本のSRI市場規模は，アメリカ，イギリスに比べると非常に小さいといわざるを得ない．

　また，日本の主要企業を対象に2002年に実施された経済同友会による調査によれば，日本国内では「SRIを知らない」，「詳しくは知らない」とする企業が50％超でSRIの認知度は低い（図表13-8）．さらに，日本では76％の企業が企業年金を実施しているが，そのうち運用基準にSRIを導入している企業はわずか2％，今後導入する予定であるとする企業を加えても4％にすぎない（図表13-9）．この調査結果から，日本のSRIは国内で自発的に取り組みを始めたものというよりも，経済のグローバル化に伴ってアメリカ，イギリス中心の新たなCSR概念とSRIが日本にもたらされ，その影響を受けてようやく動き出した側面が大きいといえるだろう．

しかし，日本においても SRI を積極的に推進しようとする動きが出ているのも事実である．2000年１月には，日本の上場公開企業3,600社を対象としたCSR調査・評価機関として特定非営利活動法人パブリックリソースセ

図表13－7　日本の SRI ファンド一覧

（2005年７月末現在）

名　　称	運用会社	ファンド分類	設定日	CSR 調査機関	純資産額（百万円）
日興エコファンド	日興アセットマネジメント	国内株式型	1999年８月	グッドバンカー	35,551
安田火災グリーン・オープン（ぶなの森）	損保ジャパン・アセットマネジメント	国内株式型	1999年９月	損保ジャパン総研他	12,049
興銀第一ライフエコファンド	興銀第一ライフ・アセットマネジメント	国内株式型	1999年10月	グッドバンカー	4,864
UBS 日本株式エコ・ファンド（エコ博士）	USB グローバル・アセット・マネジメント	国内株式型	1999年10月	日本総研	3,822
エコ・パートナーズ（みどりの翼）	UFJ パートナーズ投信	国内株式型	2000年１月	UFJ 総研	2,478
朝日ライフ SRI 社会貢献ファンド（あすのはね）	朝日ライフアセットマネジメント	国内株式型	2000年９月	パブリックリソースセンター	4,222
エコ・バランス（海と空）	三井住友アセットマネジメント	国内ハイブリッド型	2000年10月	インターリスク総研	1,117
グローバル・サステナビリティ（globe）A・B	日興アセットマネジメント	国際株式型	2000年11月	SAM	1,768
グローバル・エコ・グロース・ファンド（Mrs. グリーン）A・B	大和住銀投信投資顧問	国際株式型	2001年６月	イノベスト・ストラテジック・バリュー・アドバイザーズ社	4,235
UBS グローバル株式40	UBS グローバル・アセット・マネジメント	国際株式型	2003年10月	UBS AG	4,563
住信 SRI・ジャパン・オープン（グッドカンパニー）	住信アセットマネジメント	国内株式型	2003年12月	日本総研他	22,220
フコク SRI（社会的責任投資）ファンド	しんきんアセットマネジメント投信	国内株式型	2004年４月	モーニングスター　パブリックリソースセンター	3,067
ダイワ SRI ファンド	大和証券投資信託委託	国内株式型	2004年５月	インテグレックス	19,779
野村グローバル SRI100	野村アセットマネジメント	国際株式型	2004年５月	EIRIS	2,474
モーニングスター SRI インデックスオープン（つながり）	野村アセットマネジメント	国内株式型	2004年７月	パブリックリソースセンター	3,125
三菱 SRI ファンド（ファミリー・フレンドリー）	三菱投信	国内株式型	2004年12月	グッドバンカー	2,105
AIG－SAIKYO　日本の株式 CSR ファンド（すいれん）	AIG 投信投資顧問	国内株式型	2005年３月	IRRC 社	2,911
AIG／りそな　ジャパン CSR ファンド（誠実の杜）	AIG 投信投資顧問	国内株式型	2005年３月	IRRC 社	672
損保ジャパン　SRI オープン（未来のちから）	損保ジャパン・アセットマネジメント	国内株式型	2005年３月	損保ジャパン総研	1,352
AIG／ひろぎん　日本株式 CSR ファンド（クラス G）	AIG 投信投資顧問	国内株式型	2005年４月	IRRC 社	166
				2005年７月末資産合計	132,540

出所）各種資料より筆者作成

図表13-8　SRIについての認知度

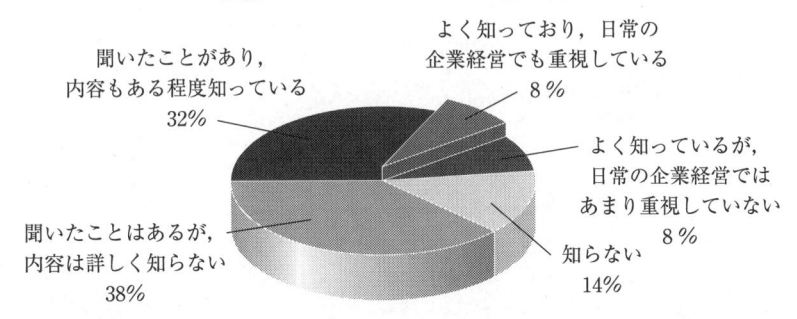

- よく知っており，日常の企業経営でも重視している　8%
- よく知っているが，日常の企業経営ではあまり重視していない　8%
- 知らない　14%
- 聞いたことはあるが，内容は詳しく知らない　38%
- 聞いたことがあり，内容もある程度知っている　32%

出所）経済同友会『第15回企業白書（「市場の進化」と社会的責任経営—企業の信頼構築と持続的な価値創造に向けて）』2003年，183ページ

ンターが活動を開始した．同センターでは，ガバナンス/アカウンタビリティ（説明責任），マーケット，雇用，社会貢献，環境の5つの分野から評価を行っているが，①多様なステークホルダーに配慮して，これら5分野を同じウェイトで評価する，②ネガティブ・スクリーンは行わない，③社会とのコミュニケーションや新たな価値創造に向けた企業努力の独自性を評価するなど，既存のCSR評価機関とは一線を画した日本型CSR評価をめざしている（図表13-10）.[13]

2003年7月には日本初のSRIインデックスとして，モーニングスター社会的責任投資株価指数（MS-SRI）の公表がはじまった．同インデックスは，パブリックリソースセンターのCSR評価で選定された企業（約200社）を組入対象候補企業群とし，さらに独自の社会性，市場流動性の観点からポジティブ・スクリーニングを実施して国内上場公開企業150社（2005年9月1日現在）を選択して構成銘柄としている．こちらもスクリーニングをするにあたって企業の自主性・創造的な側面を重視するとしており，日本型SRIインデックスの確立をめざしているといえる．CSR評価機関，SRIインデックスの存在はSRI発展を促すものである．こうした日本独自のCSR評価機関，SRIインデックスの登場は今後の日本のSRI発展にとって大きな意義

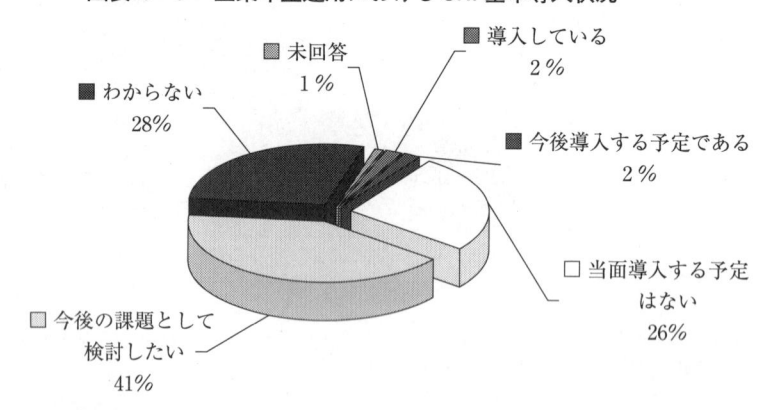

図表13-9　企業年金運用におけるSRI基準導入状況

- 導入している　2％
- 未回答　1％
- わからない　28％
- 今後導入する予定である　2％
- 当面導入する予定はない　26％
- 今後の課題として検討したい　41％

出所）済同友会『第15回企業白書（「市場の進化」と社会的責任経営──企業の信頼構築と持続的な価値創造に向けて）』2003年，187ページ

をもつであろう[14]．

　また，日本の機関投資家の資産運用にも変化が出ている．東京都教職員互助会（年金積立残高840億円）は，2000年12月から自主運営のエコファンド（10億円）の運用を開始した．さらに2003年にはSRI調査・評価機関であるグッドバンカーの助言を受けて，20億円を自主運用の独自SRIファンドとして設定した．国内における年金資産の本格的SRI運用はこれが初めてとされている[15]．

　厚生基金年金連合会は，「議決権行使に関する実務ガイドライン」「株主議決権行使基準」（2003年）を策定し，受託者責任として運用機関に積極的な議決権行使を求めている．また，地方公務員共済組合連合会も基金運用指針において議決権を行使すると明記している[16]．こうした動きはSRI投資行動の1つである株主行動につながる可能性をもつものとして注目される．

　日本の年金資産が国内投資運用資産全体に占める割合は大きい．これが本格的にSRIへシフトすれば，日本のSRIも急速に発展するものと思われる．

図表13-10 パブリックリソースセンターにおける SRI 主要評価項目一覧

分　野		主　要　評　価　項　目
ガバナンス／アカウンタビリティ		【経営理念】【ガバナンス】【企業倫理】【情報開示】【コミュニケーション】
マーケット	消費者／顧客対応	【理念・体制・方針】 【商品（製品・サービス）に関する取り組み】 【消費者／顧客へのアカウンタビリティ・コミュニケーション】 【関連法令遵守】 【被害者対応】【プライバシーの尊重・保護】 【取り組みの改善】
	調達先対応	【体制・方針】【選択基準・支援】【取り組みの改善】
雇　用	雇用責任	【雇用の維持・確保】【多様な雇用機会の提供】 【人権の保護】
	働きやすい職場	【仕事とプライベートライフの両立】 【労働環境・健康管理】
	人材パフォーマンス	【評価制度・インセンティブ】【人材育成・キャリア支援】
	雇用・人材マネジメント	【マネジメントシステム】 【経営参画・コミュニケーション】【取り組みの改善】
社会貢献	社会貢献活動	【取り組み体制】【社員のボランティア活動や市民活動への参加促進】【現物寄付】 【サービスの提供を通じた支援】 【本来業務の仕組みを活かした社会貢献活動】 【NPOとの協働】【社会貢献支出】【企業財団や公益信託】 【その他の自主プログラム】 【海外における社会貢献活動】
	地域との共生	【取り組み体制】【地域との共生に関する具体策】 【海外の事業所などにおける地域貢献】
	改善の努力など	【活動の評価・改善】【何らかのトラブル】
環　境	環境マネジメントコミュニケーション	【マネジメント・システム】【環境会計】【規制遵守】 【環境報告書】【環境ラベル】 【地域社会などとのコミュニケーション】
	環境パフォーマンス	【環境負荷の実態把握】【グリーン購入・グリーン調達】 【製品・サービスへの環境配慮】【輸送に伴う環境負荷】 【リサイクルへの対応】
	その他	【環境ビジネス】【環境リスク対応】【表彰暦】 【取り組みの改善】

出所）谷本寛治編著『SRI 社会的責任投資入門』日本経済新聞社，2003年，173ページ

13.5 日本のSRIの課題

日本でSRIが今後さらに発展するには，まずはSRIの基礎となるCSR評価機関，SRIインデックス提供機関さらにはSRIファンド設定機関が，CSR評価基準や評価手法に関する情報開示を積極的に行い，さらに評価結果についても適切に説明責任（アカウンタビリティ）を果たして透明性を確保していかねばならないであろう．それはSRI受託者としての彼ら自身のCSRでもある．そのような認識をもって各SRI関連機関が透明性を確保していけば，CSR評価基準，評価手法，評価結果の精度が高まり，ひいては社会全体が納得し，支持できるSRIに発展していくことが期待される．

日本の個人金融資産残高は1,400兆円を超えたともいわれている．この資産の動向は日本経済を動かす力を十分にもっているといえる．もしこの資産が本格的にSRI投資に向かうようになれば，日本のSRI投資もアメリカ，ヨーロッパ並みに拡大する可能性がある．そうなれば日本企業にとってもSRIは無視できない存在となるであろう．

注）
1) 今日のCSR概念については，第10章において詳しく取り上げているので参照されたい．
2) たとえば，財・サービスの品質管理に関する国際規格であるISO9001規格の認証を取得した企業，企業活動全般にわたる環境への負荷低減を持続的に実施する環境マネジメントシステムの国際規格であるISO14001規格の認証を取得した企業はSRIにおける企業評価においてプラスに評価されるであろう．
3) 以下では，「SRIファンド」で統一する．
4) 1969年，ベトナム戦争で使用されたナパーム弾を製造しているダウケミカル社に対して，ナパーム弾製造中止を求める株主提案がなされた．また，1970年，消費者運動家のラルフ・ネーダーが，「キャンペーンGM」の一環として，1970年のGM株主総会で取締役会の多様性と株主委員会の創設に関する株主提案を行い，さらに翌年，アパルトヘイト政策を実施する南アフリカ

共和国からの撤退を求める株主提案も行った（日本規格協会編著『CSR 企業の社会的責任―事例による企業活動最前線』日本規格協会，2004年，238ページ）．

5) Avanzi SRI Research/SiRi Company, *Green, social and ethical funds in Europe 2004*, p.7.
6) Ibid., p.9.
7) 日本規格協会編著，前掲書，248-249ページ
8) 同上書，248ページ
9) 同上書，247ページ
10) このガイドラインでは，社会・倫理・環境の問題が企業価値に与える影響，関連するリスク管理の社内体制，取締役の指導的役割について情報開示するよう求めている（川村雅彦「迫られる日本型CSR（企業の社会的責任）の確立」『ニッセイ基礎研REPORT』2002年11月，20ページ）．
11) 貞清栄子「社会的責任投資（SRI）の動向について」『三井トラスト・ホールディングス調査レポート』No.39, 2003年7月，14ページ
12) 現在の主要なSRIインデックスとしては，Domini 400 Social Index（1990年開始），Dow Jones Sustainability Index（1999年開始），FTSE 4 Good（2001年開始），Ethibel Sustainability Index（2002年開始）などがあげられる．Domini 400 Social Indexは米国企業を対象としたものであるが，それ以外のSRIインデックスには日本企業も含まれている．また，日本でもモーニングスター社会的責任投資株価指数（MS-SRI）が2003年7月からスタートしている．これは国内初のSRIインデックスで日本国内企業を対象としたものである．
13) 谷本寛治編著『SRI社会的責任投資入門』日本経済新聞社，2003年，170-171ページ
14) すでにその兆しはみえており，日本SRIファンドの「朝日ライフSRI社会貢献ファンド（あすのはね）」（2000年9月），「フコクSRIファンド」（2004年4月），「モーニングスターSRIインデックスオープン（つながり）」（2004年7月）は，これら機関との協力の下に誕生している．
15) 川村雅彦「社会的責任投資（SRI）のすすめ―21世紀型の優良企業像をさぐる」『ニッセイ基礎研REPORT』2002年1月，16ページ，および川村雅彦「2003年は日本のCSR経営元年―CSR（企業の社会的責任）は認識から実践へ」『ニッセイ基礎研REPORT』2003年7月，2ページ参照．
16) 川村雅彦（2002）同上論文，16ページ，および，川村雅彦（2003）同上論文，3ページ参照．

◆**参考文献**

エイミー・ドミニ著，山本利明訳『社会的責任投資』木鐸社，2002年
秋山をね『社会責任投資とは何か』生産性出版，2003年
谷本寛治編著『SRI 社会的責任投資入門』日本経済新聞社，2003年
足達英一郎・金井司『CSR 経営と SRI－企業の社会的責任とその評価軸』金融財政事情研究会，2004年
日本規格協会編著『CSR 企業の社会的責任──事例による企業活動最前線』日本規格協会，2004年

第14章

企業とNPOの連携

14.1 企業とNPO・NGOとの関係

　企業がNPOと連携して社会貢献活動をする場合，従来企業からNPOへの寄附や製品提供などが主流であった．しかし，近年これまでの企業サイドからの一方的な関わりから，企業活動にNPOのノウハウを活かすような双方向の関わりをもった事例もみられるようにもなってきた．たとえば，企業とNPOとの連携による社会貢献活動イベントの共同開催，従業員向けのボランティア啓発パンフレットの作成支援，環境に配慮した商品開発やCSR（社会・環境）報告書作成への提言，そしてNPOに対する金融商品の開発など，NPOが企画の段階から企業とかかわり，その成果をあげてきている例も多くみられる．一方，NPOやNGOが企業に対して提言したり，第三者的な立場で評価したり，批判的なコメントをしていくことも，社会的には重要な意味がある．

　また，企業とNPOとの協働に際して，企業の従業員自らがボランティア休暇・休職制度を利用して，NPOの事業活動にボランタリーな立場で参加するケースもみられる（従業員が全く個人的な立場で参加する場合は企業との協働とよばない方がよいこともある）．そして，近年においては，企業が率先して従業員のボランティア活動への参加の機会を促進する動きが多くみられるようになってきた．そして，企業によっては，従業員の社会参加の機会をできるだけ増やしたいとの思いから，彼らが参加できる機会をもつことができるプログラムを提案するNPOとの協働を積極的に進めるところも多

く見受けられる．

　その他，NPOと企業の助成財団との関係は，一般的にNPOの応募に対して財団が適切な団体を選考して助成するという形式をとる．しかし，それは，単にNPOの事業活動に対する資金的支援をするといった関係だけではない．企業サイドの助成財団もテーマを掲げ，それと合致した事業に対して資金的助成をする一方で，財団独自のテーマ（実験的テーマ）に取り組むために，NPOとの協働とともに事業活動を企画して実施する団体もみられる．その場合には，NPOとの協働といってよい．具体的には助成財団とNPOとの協働により，新たなNPOの人材育成事業を実施したり，同じテーマで取り組む複数のNPOに対して，財団が仲介して新たなネットワークを誕生・構築させて新規の事業を立ち上げ，それに対して助成するなど，さまざまな方法による協働事例も考えられてきている．

　このように，企業とNPO・NGOとの関係性はそれらの交流や連携・協働事業によりますます深まっていくものと期待される．

14.2　NPOの定義と活動領域

　今日，企業がNPO・NGOとの交流や連携により社会的・公益的な活動に取り組むことが多くなってきたが，今日注目を集めているNPO（Nonprofit Organizations：非営利組織）やNGO（Nongovernmental Organizations：非政府組織）の役割・機能を認識しておくことも重要であろう．そこで，このNPO・NGOの意味とそれらが取り組む社会的・公益的活動の意義について若干の考察を加えていくことにしよう．

　まず，NPOについて，山内直人は，2004年に著わされた『NPO入門（第2版）』において，「NPO（nonprofit organization）とは，非営利組織，すなわち，収入から費用を差し引いた利益を関係者に分配することが制度上また事実上できないような民間組織のことを意味する」[1]とNPOを定義づけている．

また，早瀬昇と松原明は，2004年に著わされた『NPOがわかるQ＆A』において，「利益拡大のためではなく，社会的使命・社会をよくしようとする志を実現するために活動する組織」，それがNPOであると定義づけている。

このように，NPOについては，制度上利益分配を行わず，社会的使命を特に重視して事業活動に取り組む点などがその特徴にあげられる．また，NPO（非営利組織）は，営利組織すなわち企業との対比において，その概念上の違いを明確化することができる．そして，企業と同様に民間組織であり，継続事業体である点では共通点を有している．

「非営利」という意味は，日本NPOセンターの2004年に著わされた『知っておきたいNPOのこと』によると，「利益拡大のためではなく，社会的使命・社会をよくしようとする志を実現するために活動する組織」であり，「利益があがっても構成員で分配しないで，団体の活動目的を達成するための費用に充てること」という点が強調される．

次に，NPOと同様に，「NGO」という用語がよく聞かれるが，その違いをここで明確にしておくことにする．「NGO」は，「非政府組織」と訳され，国連憲章に起源をもつ言葉として理解され，国家間では解決できないような難民問題などの国際協力や，地球的な規模で取り組む環境保護の活動団体を指して使われている．

しかし，NGOは，やはりNPOと同様に営利を目的とする企業は含んでおらず，事実上NPOと同じ意味として理解される．そこで本章ではNPOという用語に統一して用いることにする．なお，企業との比較で強調される場合はNPO，政府（行政）との比較を強調する場合はNGOが使われる場合が多い．

なお，2002年12月改正の特定非営利活動促進法（NPO法）では，NPO法人の具体的な活動領域として，① 保健，医療又は福祉の増進，② 社会教育の推進，③ まちづくりの推進，④ 文化，芸術又はスポーツの振興，⑤

環境保全，⑥ 災害救援，⑦ 地域安全，⑧ 人権の擁護又は平和の推進，⑨ 国際協力，⑩ 男女共同参画社会の形成促進，⑪ 子どもの健全育成，⑫ 情報化社会の発展，⑬ 科学技術の振興，⑭ 経済活動の活性化，⑮ 職業能力の開発又は雇用機会の拡充支援，⑯ 消費者の保護，⑰ 以上の活動を行う団体の運営などに関する連絡・助言・援助，というような17分野が指定されている．このように，NPO法によってNPOの社会的・公益的活動の具体的活動領域が明確化されたわけであるが，企業の社会貢献活動と同様に，社会的・公益的活動の増進に寄与するものとして今後一層の発展が期待されている．

14.3 企業とNPOとの連携・協働

　わが国では，1995年の阪神・淡路大震災の災害救援時に，多くのボランティアが活躍したことを契機に，NPOの存在が広く知られることとなった．また，このような非常時のみならず，高齢化社会や価値観の多様化した社会において，行政の一元的かつ画一的なサービス提供だけでは，公共的なニーズのすべてを満たすことはできなくなってきているのが実情である．さらに，政府・公共部門（行政）の規制緩和，民営化，地方分権等の問題への対処に当たり，NPOへの期待やその役割の重要性はますます増大してくるといえる．また，このようなNPOと行政との関係のみならず，NPOと企業との関係についても注目を集めている．その点について焦点を合わせ，本節では特に組織間関係論の視点から，それらの関係を考察していくことにしよう．

　まず，行政とNPOの協働方策の検討が活発化してきた背景には，NPOは行政が苦手な多彩な公共サービスの創造が得意であること，またNPOには多くのボランティアが参画し，民間団体として効率的な組織運営を目指しているため，その結果として行政よりもサービスを安く提供できる，という期待が存在するからである．そして，NPOと行政との協働において，市民

の社会参加の機会が広がるという意義も存在する．かつては，市民の社会活動には禁欲的・自己犠牲的なイメージが強く根づいていたが，現在では生きがいづくり，仲間づくり等の機会として参加する人が増えてきた．そのような市民活動への参加欲求に対応すべく，情報提供などの支援策を講ずることも行政の果たすべき役割のひとつと考えられる．

　また，NPOと行政との協働は，市民が行政の「お客さん」であるという関係を崩し，市民が社会づくりの主体となる「自治」の仕組みを活性化する可能性も備えている．すなわち，公共サービスを市民自らが創造するNPOの登場により，NPOと行政の協働は，「行政＝与え手」，「市民＝受け手」という関係を崩すきっかけとなる可能性をもっているといえる．このような協働にみられるのは，行政が市民の公共サービスに対して，かゆいところに手が届かないようなところにまで，その手が届くようにNPOに参加する市民が自らニーズを捉えて，自ら公共的な市民サービスを提供していくことができる点に大きな特徴があるといえる．

　さて，それではNPOと企業といった異なる組織間の協働関係については，どのような特徴を有するのであろうか．この問題を検討するに当たって，主に企業を研究の対象としてきた「組織論」の研究実績を参考としながら，NPOと企業との関係を問うことが有効的であると考える．

　そこで，まず「組織論」の視点から企業における「組織間関係」の研究において，山倉健嗣は，1993年に著わした『組織間関係──企業間ネットワークの変革に向けて』において，「組織としての企業は，自らをとりまく他の組織とのかかわりなくして存続・成長することができない．そこで，組織と組織との関係を問うことは，経営学の本来問われるべき課題であるとともに，転換期の経営学にとっての新たなフロンティアでもある[4]」と組織間関係を位置づけている．また，山倉は，コーポレート・アライアンスについて，2つ以上の企業が結合して個別企業ではできないことを行うことである点を指摘し，企業の戦略的提携を組織間調整のメカニズムのひとつにあげ注目してい

る．このような企業間の戦略的提携はさまざまな場面で有効性を発揮しているわけであるが，NPOにおいても，このような組織間関係の概念を適用することは有意義であると考える．

次に，田尾雅夫は，1999年に著わした『ボランタリー組織の経営管理』において，「競争よりも協調戦略による方が得る利得も大きいこともあり得る．そのためにはまず連合（alliance）を形成することである．同業のボランタリー組織同士だけでなく，企業と連合することもあれば，行政と連合することもある」として，NPOと異なるセクターとの提携を示唆している．この点については，人的資源などの経営資源に大幅な制約を受けるNPOにとって，外部組織（企業等）との交流やネットワークを通じて事業活動の円滑な推進に役立つことが期待されるために，たいへん重要な概念として位置づけられよう．

さらに，オースティン（Austin, J. E.）は，2000年に著わされたその著書『コラボレーション・チャレンジ—いかにして非営利組織と企業は戦略的な連携を通じて成功するか』において，異なるセクターを組み合わせた"協働（コラボレーション）の挑戦"は，NPO（非営利組織）と企業との戦略的な提携を前提として，相互利益を創出するものであるという重要な位置づけを行っている点で注目される．すなわち，ここでの議論は主としてNPOと企業との協働関係を対象としているが，それらの協働がもたらす双方組織における相乗効果が期待できるからである．

14.4 インターミディアリー（中間支援組織）の役割

このように，異なる組織間，すなわちNPOと行政，企業，等との協働関係の構築において，「インターミディアリー（intermediary：中間支援組織）」を介在させることにより，それらの協働が促進されると考えられる．特に，NPOと行政，企業との協働というテーマを検討する場合，その橋渡しを行うことを主要な活動とするインターミディアリーという組織が重要な

位置づけとなる．それは，一般的に「中間支援組織」という日本語訳で紹介されており，その意味は「中間支援組織の現状と課題に関する調査委員会（座長：伊藤裕夫静岡文化芸術大学教授）」によると，「多元的社会における共生と協働という目標に向かって，地域社会とNPOの変化やニーズを把握し，人材，資金，情報などの資源提供者とNPOの仲立ちをしたり，また広義の意味では各種のサービスの需要と供給をコーディネートする組織」[7]として定義づけられている．また，その機能・役割は，①資源（人，モノ，カネ，情報）の仲介，②NPO間のネットワーク促進，③価値創出（政策提言・調査研究），④NPOと企業などの他組織との連携機会の創出，などのような項目があげられる．

このインターミディアリーの存在とその果たす役割は，今後ますますその重要性が高まっていくものと考えられる．なぜならば，NPOは，必要としている経営資源（ヒト，モノ，カネ，情報等）の獲得に際して，さまざまな活動の努力を重ねているが，なかなか思うようにその資源獲得にはいたっていない組織が多いように思われるからである．そして，インターミディアリーは，NPOへの資源提供者（行政組織，企業，学校，市民等）と資源需要者としてのNPOの橋渡しを行うことを，その主な役割として捉えることができる．特に，NPOサイドとしては，ヒト，モノ，カネ，情報という経営資源をいかに調達するかは，大きな課題のひとつとしてあげられる．また，NPOへの資源提供者は，自ら保有している資源を提供することにより公益的な社会貢献活動についてのニーズを満たすことができる．

また，企業サイドとしては，いかにしてNPOのニーズを把握して，それらの経営諸資源を提供することができるかが，重要なポイントとしてあげられる．そこに企業とNPOのパートナーシップ構築の課題が浮き彫りとなり，双方の組織のニーズが歩み寄ることで両組織の連携が可能となる．すなわち，NPOは公益性の高い社会活動の推進のために，他組織（行政組織，企業，学校等）を含む外部環境からいかに経営諸資源を調達して活用するか

が組織運営に求められ，企業はいかに NPO との連携を実現して社会性の高い活動として取り組んでいくかを把握することができよう．

なお，企業と NPO とが直接の交渉をもってその諸資源の交換関係を達成することもあろうが，インターミディアリーの介在によってそれらの協働や諸資源の交換が促進されるという利点は，まさに組織間関係調整のコンサルティング機能といえる．そして，NPO と企業等の組織とを結びつける役割を担うインターミディアリーの機能を示したものが以下に提示する図表14-1 である．

このように，インターミディアリーの機能は，NPO と企業等の異なる組織との橋渡しをひとつの役割とし，それに付随する活動もその範疇に入るものとして位置づけられる．なお，NPO がサービス受益者に対してその提供を行うのが通常のルートである．しかし，インターミディアリーは，その専

図表14-1　NPO の 2 つの関係者と中間支援組織

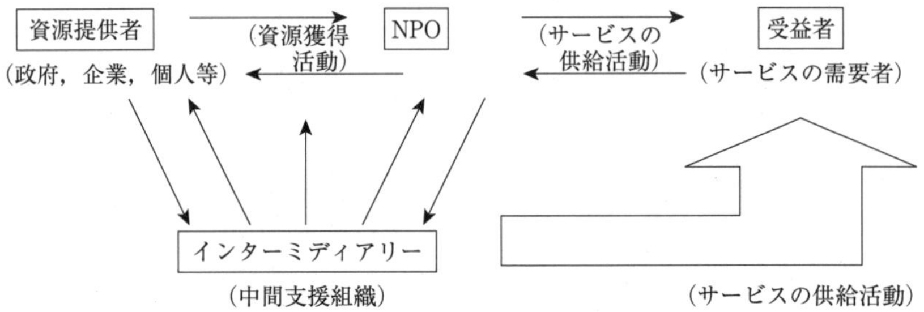

```
資源提供者 ←(資源獲得  NPO  ←(サービスの  受益者
(政府，企業，個人等)  活動)       供給活動)  (サービスの需要者)
                ↑  ↑  ↑                    ↑
                └──┼──┘                    │
              インターミディアリー           │
                (中間支援組織)         (サービスの供給活動)
```

・資源仲介
・人材育成
・ネットワーク／コーディネート
・社会基盤の整備
・評価

出所：内閣府国民生活局編『NPO 支援組織レポート2002—中間支援組織の現状と課題に関する調査報告書』財務省印刷局発行，2002年，15ページより引用および一部加筆修正

門的な知識やスキルを保有する立場を利用して，当該組織としてのNPOが提供するサービスとは差別化したものを受益者に向けて直接的にサービス提供することもあり得る．すなわち，インターミディアリーは，いわゆる当該組織のNPOが提供するサービス以外の差別化したものを，専門的なスタッフの視点から提供するという役割を担うことにもなる．

以上のように，インターミディアリーは，組織間関係におけるNPO活動支援のために，専門的な知識やノウハウを情報提供および指導するとともに，資源提供者としての他組織（企業，行政，学校，市民等）との橋渡し役を演ずることにおいて，企業とNPO・NGOとの交流や連携・協働を推進していく機関として今後も期待されるところである．

14.5 企業とNPOの関係の展望

わが国の企業の社会的責任に関するその現状と動向を把握するための調査は，民間調査機関の株式会社日本総合研究所が2005年に実施した『わが国企業のCSR経営の動向 2005』がある．そこで，この調査結果から，わが国企業とNPOとの関係を探っていくことにしよう．

株式会社日本総合研究所の『わが国企業のCSR経営の動向 2005』は，2005年7月5日～9月9日までの期間において，東京証券取引所第一部上場企業1,647社，およびその他の市場に上場している時価総額上位企業353社，計2,000社に対して行われた，アンケート調査の結果である．このアンケート調査の内容は，「環境編」と「社会編」より構成されており，広く社会的責任（CSR）を捉えている．そして，本節における企業の社会的責任の現状・動向の把握として，後者の「社会編」についての回答内容をもって捉えることにしたい．

NPO・NGOの支援・協働の取り組みについての質問（複数回答）は，「資金の助成」という回答企業が37.4％，「プロジェクトやイベントの共催」という回答企業が28.0％，「機材等の現物支給」が18.2％，「意見・情報交換を

目的とした会合の定期的な開催」が17.3%,「従業員の派遣」が16.1%,そして「教育支援(ラーニング制度,スタッフ研修等)」が9.1%,「その他」が15.2%と続いている.

教育機関との協働の取り組みについての質問(複数回答)は,「工場等において見学会や学習会等の開催」という回答企業が64.7%,「インターンシップ制度による学生の受け入れ」という回答企業が60.5%,「大学や市民講座等への従業員を講師として派遣」という回答企業が59.0%,そして「教員の社会体験研修の受け入れ」が28.6%,「経費を負担する寄付講座の実施」が25.2%,「その他」が18.8%と続いている.

NPO・NGOの支援・協働の取り組み,そして教育機関との協働の取り組みなど,それらの事項について課題として残る部分も認識されるが,それぞれの事項について積極的に取り組む姿勢を垣間見ることができる[8].

なお,このような企業の社会的責任についての現状やその動向を把握するとともに,そのような実情からの課題の明確化とその解決を目指した取り組み活動を通じて,今後もそのあるべき姿を追求していくことが望まれる.

「社会的責任(CSR)」概念の下に,企業が社会的な活動を担うNPO(非営利組織)との関係性をも重視し,それらとの連携・協働関係を構築する場面も多く見受けられるようになってきた.そして,企業においても社会や地域におけるニーズを掘り起こし,それを事業活動として展開を試みるものも現れてきた.つまり,NPOだけが社会的・公益的な事業活動に取り組むのではなく,このような考え方を企業自体が実行に移すべく,「社会的企業(social enterprise:ソーシャル・エンタープライズ)」や「社会起業家(social venture:ソーシャル・ベンチャー)」とよばれる,社会的・公益的な事業活動に取り組む企業の出現が相次いでいる.これらの特徴は,企業も社会的・公益的な事業活動に取り組むことについてそれをビジネス・チャンスとして認識するが,その社会的・公益的な使命(ミッション)を重視し,地域社会貢献や国際貢献の事業活動を推進していくことを第一義として取り組むことに

求められる。[9]

　こうした「社会的企業（ソーシャル・エンタープライズ）」や「社会起業家（ソーシャル・ベンチャー）」とよばれる企業は，地域社会への貢献や国際貢献に寄与するという点において，NPOやNGOの事業活動と共通の目的として認識される．そのため，先に確認した通り企業とNPO・NGOとの連携・協働事業として取り組むことも，サービス受益者にとってもまた双方組織にとっても相乗効果を発揮する事業として大いに期待されるところである．また，それらのパートナーシップを推進するインターミディアリー（中間支援組織）が演じる役割・機能においても大いに期待が寄せられるものである．

注）
1) 山内直人『NPO入門（第2版）』日本経済新聞社（日経文庫），2004年，22ページより引用．なお，詳しくは本書を参照されたい．
2) 早瀬昇・松原明『NPOがわかるQ&A』岩波書店（岩波ブックレットNo.618），2004年，4ページより引用．なお，詳しくは本書を参照されたい．
3) 日本NPOセンター編『知っておきたいNPOのこと』日本NPOセンター，2004年，14ページより引用．なお，詳しくは本書を参照されたい．
4) 山倉健嗣『組織間関係—企業間ネットワークの変革に向けて』有斐閣，1993年，1ページより引用．なお，詳しくは本書を参照されたい．
5) 田尾雅夫『ボランタリー組織の経営管理』，有斐閣，1999年，172-173ページより引用．なお，詳しくは本書を参照されたい．
6) James E. Austin, *The Collaboration Challenge : How Nonprofit and Business Succeed Through Strategic Alliances*, Jossey-Bass Publishers, 2000. を詳しくは参照されたい．
7) 内閣府国民生活局編『NPO支援組織レポート2002—中間支援組織の現状と課題に関する調査報告書』財務省印刷局発行，2002年8月，3ページより引用．なお，詳しくは本書を参照されたい．
8) 日本総合研究所『わが国企業のCSR経営の動向2005—2005年度「わが国企業のCSR経営の動向」アンケート調査結果』日本総合研究所，2005年，を詳しくは参照されたい．
9) Borzaga, C. and Defourny, J., *The Emergence of Social Enterprise*,

Routledge, a member of the Taylar & Francis Group, 2001．(ボルザガ，C. & ドゥフルニ，J. 編，内山哲朗・石塚秀雄・柳沢敏勝訳『社会的企業——雇用・福祉の EU サードセクター』日本経済評論社，2004年)，本寛治『企業社会のリコンストラクション』千倉書房，2002年の「第14章ソーシャル・エンタープライズと新しい事業スタイル」，そして斎藤槙『社会起業家——社会責任ビジネスの新しい潮流』岩波書店（岩波新書），2004年，を詳しくは参照されたい．

◆参 考 文 献

田尾雅夫『ボランタリー組織の経営管理』有斐閣，1999年

日本 NPO センター編『知っておきたい NPO のこと』日本 NPO センター，2004年

パートナーシップ・サポートセンター・岸田眞代編著『NPO からみた CSR——協働へのチャレンジ（ケース・スタディ II）』同文舘，2005年

山倉健嗣『組織間関係——企業間ネットワークの変革に向けて』有斐閣，1993年

第4部　経営戦略

第15章 経営戦略論の展開

15.1 経営戦略論の理論的展開

　20世紀が，産業革命をはじめとする経済と社会における大変革の時期であったというならば，21世紀は一歩先に何が起こるかわからない大混乱期であるといえるであろう．グローバル化，情報化などに象徴される経営環境の変化が激しさを増している21世紀の現代社会において，それらに対応するための企業の存続・成長戦略が問われている．われわれは社会・経済の環境がめまぐるしく変化している現代社会に生きている．現代社会でどのように生きていくのかという問題は個々人がもっている人生観・価値観・哲学などがどのようなものなのかによって大きく変わる．このような問題は利益追求を目的とし，しかも組織という形をとっている現代の企業において解決しなければならない重要な課題である．

　アメリカで生まれた経営戦略論は，1960年代の創成期から今日に至るまで，時代別の経済的・社会的必要性，時代別に提唱された研究者たちの主張あるいは理論などが相互的に影響を受け合う過程を経て発展してきている．これらの経営戦略における諸理論は体系的で総括的な分析とその限界の克服に貢献した多くの研究者によってさらに発展を成し遂げてきている．ここではその一人として経営戦略論の理論的展開を10つの学派（school）に分類し，詳細な分析を行った人物であるミンツバーグ（Minzberg, H., 1998）の業績を紹介する．[1]

　彼は，各々の学派を基本的に規範的スクールと記述的スクールに大別して

いる．ここでいう規範的スクールとは，「戦略はどのように形成されるべきなのか」という考え方に出発点を置く学派のことをいい，具体的には，デザイン・スクール，プランニング・スクール，ポジショニング・スクールがある．これに対し，後者の記述的スクールとは，「戦略がどのように形を成すのか」という基本的な見地が出発点となっている学派のことをいい，アントレプレナー・スクール，コグニティブ・スクール，ラーニング・スクール，パワー・スクール，カルチャー・スクール，エンバイロンメント・スクールがある．

15.2 規範的スクール

　先述したように，経営戦略論に対する基本的に規範的な見地からアプローチしている学派には，デザイン・スクール，プランニング・スクール，ポジショニング・スクールがある．この規範的スクールは，経営戦略分野においてわれわれによく知られており，経営戦略理論が今日までに至る発展を成し

図表15－1　規範的スクールの特徴

学派	主な内容	主な理論及び研究者	限界	備考
デザイン・スクール	戦略形成における最も基本的な考え方を提唱	チャンドラー，アンドリュウズのSWOT分析	理論の単純化，戦略作成と実行の分離による組織学習の阻害	1960年代
プランニング・スクール	時間軸と組織の階層によって企業全般の運用プランを計画	アンゾフ，クイン	変革期に柔軟な対応が困難，「形式化」に過度な依存	1960—90年代
ポジショニング・スクール	競争市場における自社の位置づけを強調	BCG，ポーター	戦略作成プロセスの過度の形式化	1980年代以降

出所）Mintzberg, H. (1998) を筆者が再整理．

遂げる上で多大な貢献を行ってきたのである．図表15-1では規範的スクールの主な内容，主な研究者，限界などについて整理している．

(1) **デザイン・スクール**

デザイン・スクールは，戦略形成における最も基本的な考え方を提供した学派として知られており，その代表的な研究者にはチャンドラー(Chandler, Alfred D.)とアンドリューズ(Andrews, K. R.)などがいる．

まず，チャンドラーは1960年代にアメリカで戦略の概念を企業経営において導入した人物として最も知られている人物である．彼は1962年に発表された『経営戦略と組織』という本を通して企業戦略の概念および，組織構造との関係についての概念を確立した[2]．

次に，デザイン・スクールの研究者としてSWOT分析(SWOT Analysis)で有名なアンドリュウズがいる[3]．彼の基本的な考え方は，戦略を意思決定のパターンとみなすのが特徴である．経営者によって策定された戦略のロジックが適当であるかどうかを評価するにはいかなるものがあるか．彼によれば，企業における戦略の評価は，企業の強み(Strengths)，弱み(Weaknesses)，機会(Opportunities)，脅威(Threats)からなるという．このモデルでは外部環境分析と内部分析の評価に重点がおかれているのが特徴である．ここでいう外部環境分析の評価とは，外部環境に潜む脅威や機会を捉えることであり，内部分析の評価とは，組織がもつ強み・弱みを明らかにすることである．換言すれば，戦略の策定に必要な外部環境分析は，企業における広範囲のさらなる機会を探索し，あらゆる脅威を見いだす役割が期待され，具体的には業界の構造を理解するための分析ツールとして有用である．そして，内部分析では自社を他社と比較して自社の強みと弱みを，定性的かつ定量的に把握するのに利用される．このように，SWOT分析を利用して企業の戦略に関連のあるあらゆる要因を列挙することができる．

(2) プランニング・スクール

プランニング・スクールは，時間軸と組織の階層によって企業全般の運用プランを立てることが特徴である学派である．この学派の代表的な研究者には，アンゾフ(Ansoff, Igor H.)とクイン(Quinn, James B.)がいる．

まず，アンゾフはより実践的な立場から，経営戦略を体系的に理論化した人物として登場したのである．彼は，1965年に執筆した『企業戦略論』という本で長期経営計画の立案の手続きを整理した．彼は，特に，企業の意思決定を戦略的意思決定，管理的意思決定，業務的意思決定に区分し，最上位の戦略的意思決定の策定プロセスを研究した．いかなる事業分野に進出すべきかという戦略的経営計画の決定が，彼のいう戦略的意思決定である．彼の研究は，後に，戦略的経営の実行を論じた『戦略経営論』(strategic management)(1979)という著書で進展されることとなった．

次に，戦略は，外部の経営環境の変化に対して，段階的に適応する中で少しずつ変更されると提唱している研究者としてクインがいる．彼は「戦略を立案するプロセスは，実はそれほど統一的ではなく，ばらばらで，漸進的・段階的で，直感に頼ったものである」とし，また，今日における企業の競争力や生産力は，土地や工場や設備などのハードな資産より，知識能力やサービス能力にあるという「論理的漸進主義(logical incrementalism)」に根拠をおいている．[4] さらに，製品やサービスの価値の大部分は，知識をベースとする見えざる資源，たとえば，技術，ノウハウ，製品設計，マーケティング手法，顧客理解，個人の創造性，組織の革新性などの開発に左右されるという．

また，クインの考え方は，戦略的変革を進化論的にみると同時に，トップマネジメントが果たす役割を重要視するという両方の視点をもつ．[5] 彼が研究を始めた時，組織は統合された概念としての戦略に必ず到達するはずだという信念をもっていた．彼は大企業数社の経営者たちにインタビューして得た結論は，戦略策定の方法は，プランニングというより漸進主義だということ

であった．しかも，論理的に物事の断片をつなぎ合わせていく漸進主義であるとしている．彼の考え方によると，組織は一連のサブ・システムで成り立っているとしている．たとえば，事業の多角化，組織の再編成，外部との折衝などに，それぞれサブシステムが存在する．

(3) ポジショニング・スクール

競争市場における自社の位置づけを強調した学派にポジショニング・スクールがある．1960年代が，軍事用語であった「戦略（strategy）」の概念を企業経営に適用し理論的基盤の整理を行い始めた時期だとするならば，1970年代は，企業の多角化が一層進展することにより，多角化した事業活動をいかに管理するのかという問題が，すなわちポートフォリオ・プランニングの問題が浮上した時期である．この時期に生まれた経営戦略理論は，学術研究だけではなく，経営コンサルティング会社というスペシャリスト集団の出現とともに，新たな戦略手法の導入に貢献したことは特記すべきものであった．経済が発展し成熟する中，新たな経営環境の生成，直面するさまざまな危機に対応して企業内に蓄積された経営資源をいかに配分し，将来の事業編成のため資源投資をいかに調整するのかが大きな問題となった．これらの問題に対して投資資源を合理的に配分することを可能にする指針を提供したのが，BCG（ボストン・コンサルティング・グループ）によるPPM（プロダクト・ポートフォリオ・マネジメント）である．これは複数の事業を有している企業においてキャッシュフローという観点から，資金を生み出す事業と，将来のために投資が必要な事業とに区分し，全社的なバランスを維持するために駆使されるべき戦略として利用された．自社の事業あるいは製品に関する資金の流出入を，「マーケットシェアと業界の成長率」の組合せによって決定すべきだという考え方である．あまりに資金を投資する事業が多いと資金不足に陥り，逆に資金を再投資する事業が少ないと企業の将来性が見えなくなる問題が発生するため，全社的な次元でバランスをいかに維持する

のかが重要視された．

　1980年代は，企業戦略の次元から特定の事業戦略へ転換し，市場における競争優位の確立に関心が高まった時期でもあった．1980年代に企業の経営戦略に関する代表的な研究者として取り上げられるのがポーター（Porter, Michael E.）である．ポーターの戦略における企業の捉え方は基本的に「活動システム（activity-system）」に立脚している．彼は，企業がいかにして競争優位を創造して維持するのか，という問題を理解するための枠組みを開発した．彼は，企業が競争戦略を策定する際には2つの選択，すなわち，産業の魅力度と，産業における自社のポジショニングの判断と選択が必要であると指摘した．この考え方は，市場構造とその市場にある企業行動が，企業の生み出す成果および業績を決定する前提とした「SPCパラダイム」を考え直したものが，戦略的経営に用いられる業界分析の枠組みの基本であり，その最も有名なものが1980年代初頭に開発した「5つの競争要因（Five Forces）」である．組織を取り巻く環境に潜む，競争に影響を及ぼす，新規参入の脅威・売り手の交渉力・顧客の交渉力・代替品の脅威・競争業者間の敵対関係の強さなどの5つの競争要因を指摘している．これらの理論は，経済学の一領域である産業組織論で展開された考え方，すなわち，「産業の収益性が高いことは解消すべきである」という見解に反するものである．経営戦略の領域では，むしろ収益性の高い状況が望ましく期待されるべきであると主張されている．

15.3　記述的スクール

　記述的アプローチは戦略形成のプロセスによって，さらに3つのグループに分類されている．この3つのグループは，戦略形成の主体である経営者戦略策定者の個人的な能力に注目した学派（アントレプレナー・スクールとコグニティブ・スクール），戦略形成のプロセスが個人の戦略策定とその実行能力の範疇を超え，他の要因との相互作用までを含む多様なアプローチから

の重要性を注目した学派（ラーニング・スクール，パワー・スクール，カルチャー・スクール，エンバイロンメント・スクールが1つのグループ），そして他の9つの学派が取り上げた内容を総合的に捉え，特に戦略の内容，戦略策定プロセス，組織構造などの戦略の要素を企業成長の段階別や状況別に区分した学派（コンフィギュレーション・スクール）であることが特徴である．

(1) 戦略形成の主体を一個人の能力に注目した学派

まず，アントレプレナー・スクールの基本的な発想の起源は1950年代のシュンペーターやコールの主張にみられるが，この学派の提唱者は，戦略的なビジョンに基づく個人のリーダーシップが組織体を成功させる重要な要因であると主張している．その代表的な研究者として知られているのがミンツバーグ(Mintzberg, H.)などである．ミンツバーグは，戦略策定に必要なリーダーの人格として，新しい事業機会の絶えない追求，組織における権力の戦略策定者への集中，不確実な状況での大胆な挑戦，成長を組織目的の最大の課題にする点などを強調した[6]．

第2に，成功した戦略家の戦略形成のプロセスに注目し，それへの徹底し

図表15-2　戦略形成の主体を一個人に注目した学派

学派	主な内容	主な理論及び研究者	限界
アントレプレナー・スクール	戦略形成を企業家的人格に焦点を当てた学派	ミンツバーグ，コリンズとポラス	一個人に過度に依存する面が強く，組織学習が困難
コグニティブ・スクール	アントレプレナー・スクールの発想を認知心理学的側面からさらに発展させた学派	マクリダキス，デュハイムとジュウェンク	認知心理学の理論を十分に実践で生かしていない点

出所）Mintzberg, H. (1998) を筆者が再整理

た解明に努力した学派であるコグニティブ・スクールがある．この学派は，特に人間の頭脳能力と情報処理能力に着目し，ノーベル賞の受賞者であるハーバード・サイモンや，組織行動の研究分野で有名なトム・ピーターズの研究を取り上げた．

(2) 戦略形成の重要要因として人的要素以外にも多様な要素に注目した学派

戦略形成の重要要因として人的要素以外にも多様な要素に注目した学派には，ラーニング・スクール，パワー・スクール，カルチャー・スクール，エ

図表15－3　記述的スクールの特徴

学派	主な内容	主な理論及び研究者	限界
ラーニング・スクール	創発的に現れた戦略をいかに組織の中に体現化するのかに注目した学派	野中，プラハラードとハメル	学習を過度に強調すると企業本来の戦略の本質を喪失する可能性がある点
パワー・スクール	戦略形成において政治などの影響力に注目した学派	マクミラン，ボルドマンとディール	リーダーシップやカルチャーといった統合を図る力の役割を軽視する点
カルチャー・スクール	文化を戦略マネジメントにおいて重要な要素として認識し，80年代の日本企業の成功に注目した学派	ピーターズとウォータマン，資源ベース理論，グラント	組織内に長期に蓄積された文化的要因が変革期に障害要因となる点
エンバイロンメント・スクール	環境が戦略を規定し，組織はあくまでも環境に従属する受動的なものとして認識する学派	フリーマンとハナン，メイヤーとローワン，オリバー	環境の特質があまりにも抽象的であること

出所）Mintzberg, H. (1998) を筆者が再整理

ンバイロンメント・スクールがある．その主な内容，研究者，そしてその限界について整理したのが図表15-3である．

図表15-4　10つの学派の進化

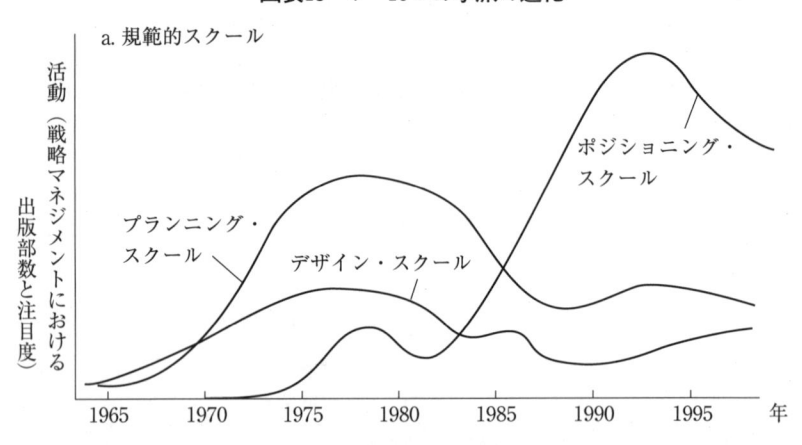

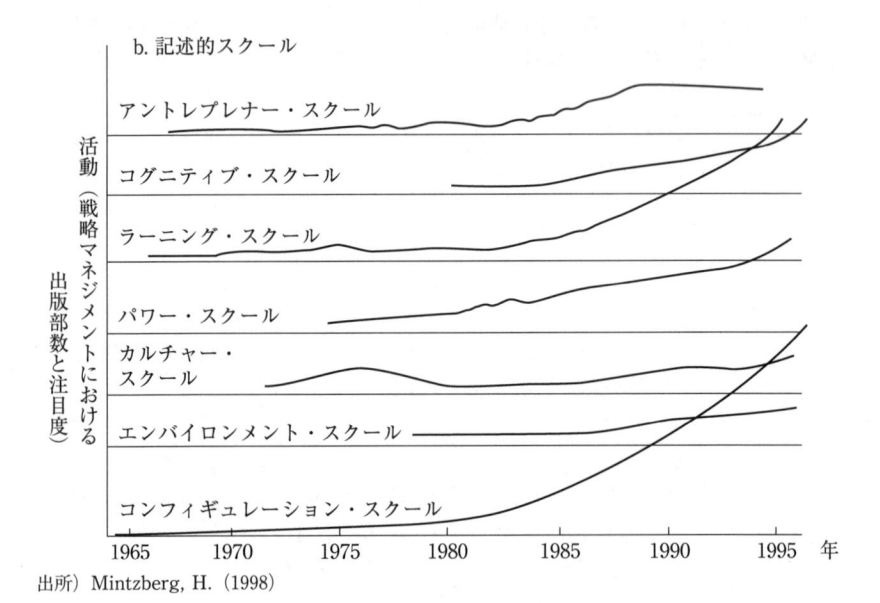

a. 規範的スクール

活動（戦略マネジメントにおける出版部数と注目度）

プランニング・スクール
デザイン・スクール
ポジショニング・スクール

1965　1970　1975　1980　1985　1990　1995　年

b. 記述的スクール

活動（戦略マネジメントにおける出版部数と注目度）

アントレプレナー・スクール
コグニティブ・スクール
ラーニング・スクール
パワー・スクール
カルチャー・スクール
エンバイロンメント・スクール
コンフィギュレーション・スクール

1965　1970　1975　1980　1985　1990　1995　年

出所）Mintzberg, H.（1998）

(3) 戦略の要素を総合的に捉えた学派

最後に，コンフィギュレーション・スクールは，他のすべての学派のメッセージを合しながら，ひとつの方向へ調和させる枠組みを提示した学派である．この学派の主な研究者にはミラー(Miller, D.)，カンドゥワラ(Khandwalla, P.N.)，マイルズとスノー(Miles, R. E. and Snow, C. C.)等が知られている．しかし，この学派は，あまりに単純化，理念化されているため，より高度化したモデルが必要であることが問題点として指摘されている．

以上，概観した通り，経営戦略論の展開は，10の諸形態として発展しているが，これらの学派は相互に影響を受け合う形で継続的な進化を成し遂げてきているのも興味深い．その10の学派の進化の動向を注目度と時間軸によって表したのが図表15-4である．

注)
1) ミンツバーグは1998年で出版された"Strategy Safari"で経営戦略における理論的展開を10の生物にたとえ，それぞれの特徴について整理した．彼は，特に最終章においては，「戦略マネジメント」の重要性について強調した．(Henry Mintzberg, Ltd., Bruce Ahlstrand, and Joseph Lampel, *Strategy Safari: A Guide Tour through the Wild of Strategic Management,* The Free Press, 1998. 斉藤嘉則訳『戦略サファリ』東洋経済新報社, 1999年)
2) 石井淳蔵・奥村昭博・加護野忠男・野中郁次郎『新版　経営戦略論』有斐閣, 1996年
3) Ltd., H. Mintzberg, Bruce Ahlstrand, and Joseph Lampel, *Strategy Safari : A Guide Tour through the Wild of Strategic Management,* The Free Press, 1998. (斉藤嘉則訳『戦略サファリ』東洋経済新報社, 1999年, 26-30ページ.)
4) Quinn, J.B., Strategic Chance : Local Incrementalism, *Sloan Management Review,* Fall, 1978, pp.7-21.
5) Mintzberg, H. Ltd., Bruce Ahlstrand, and Joseph Lampel,ibid,. 斉藤嘉則訳, 前掲書, 195ページ.
6) Mintzberg, H.,Strategy-Makin in Three Modes, *California Management Review,* vol.16. no.2, 1973, pp.44-53.

◆参考文献

Garth Saloner and Andrea Shepard and Joel Podolny, *Strategic Management*, John Wilely & Sons, Inc., 2001.（石倉洋子訳『戦略経営論』東洋経済新報社，2002年）

Henry Mintzberg, Ltd., Bruce Ahlstrand, and Joseph Lampel, *Strategy Safari: A Guide Tour through the Wild of Strategic Management*, The Free Press, 1998.（斉藤嘉則訳『戦略サファリ』東洋経済新報社，1999年）

Ikujiro Nonaka and Hirotaka Takeuchi, *The knowledge Creating Company: How Japanese Companies Create the Dynamics of Innovation*, Oxford University Press, Inc.,1995.（梅本勝博訳『知識創造企業』東洋経済新報社，1996年）

Michael E. Porter, *Competitive Strategy*, Free Press, 1989.（土岐坤・中辻萬治・服部照夫訳『競争の戦略（新訂）』ダイヤモンド社，1995年）

Pankaj Ghemawat, *Strategy and the Business Landscape: Core Concepts*, Prentice Hall Inc., 2001.（大柳正子訳『競争戦略論講義』東洋経済新報社，2002年）

Robert M. Grant, The Resource-Based Theory of Competitive Advantage：Implications for Strategy Formulation, *California Management Review*, spring, 1991, pp.114-135.

石井淳蔵・奥村昭博・加護野忠男・野中郁次郎『新版　経営戦略論』有斐閣，1996年

第16章

競争戦略

　今日において，市場を中心に企業間で生き残りのために繰り広げられている競争は激しさを増している．その市場において競合他社から常に脅威にさらされている立場に置かれている企業にとって「いかに競争するのか」という問いへの答えを見つけるのは容易ではない．特に，競争戦略の計画とその実行に携わる経営者の役割はますます重要視されている．

　この競争戦略は見方によって，「競争に勝つ」ための競争優位の戦略と，「競争しない」あるいは「競争を避ける」という意味での競争回避戦略に区分することもできる．前者は企業が競合相手より平均以上の成果を長期にわたって獲得できる戦略のことをいい，長期的・持続的な経営資源の傾斜配分によって開発されるため長期的ビジョンとの整合性が必要とされる．具体的には製品，技術，企業イメージ，ロジスティックス，マーケティングなどさまざまな要因において競争優位性を確立することができる．また，後者は同じ業界の中にある競争他社がどのような製品やサービスを提供しているかを想定してできるだけ競合相手と競争しないような競争戦略を策定するという考え方である．

　すでに第15章で触れたように，自社の業界におけるポジショニングを明確にしたうえで，できるだけ他社と戦わないで自社の利益を極大化するという意味でミンツバーグは先述したポジショニング・スクールの範疇に入れている．このポジショニング・スクールの代表的な人物にポーターがいる．1980年代に彼の提唱した競争優位戦略は，世界の産業界及び学会において多大な影響を及ぼしている．ここでいう競争優位（competitive advantage）とは人，物，金，情報という経営資源展開や企業の活動領域を決定するドメイ

ン戦略をとおして，競合相手に対して競争上に優位な地位を確立することを意味する．

本章では，「競争要因には何があるのか」，「競争優位を創造するためには何が必要なのか」，そして「確立された競争優位をいかに持続するのか」という問いに答える形で競争戦略についての内容を探る．

16.1 競争要因には何があるのか

では，なぜ競争戦略は重要であるのか．この問いにポーターなどが取り上げて生まれた時代的背景を探る必要がある．この理論が生まれた背景には，アメリカの企業経営における時代的な要求に応えるために行われた自然な動向であると考えられる．70年代の多角化した事業をいかに管理するのかの問題を解決するために戦略理論が確立されたならば，80年代に入ってからは成長している個別事業を業界の中でいかに競争優位性を維持するのかという問いへの関心が高まった．実際に，ポーターは彼が1980年に著した『競争の戦略』という本で初めて実務家への働きを試したこともあった．

(1) 競争要因の理解的背景

ポーターの戦略における企業の捉え方は基本的に「活動システム（activity-system）」に立脚している．彼は，企業がいかにして競争優位を創造して維持するのか，という問題を理解するための枠組みを開発した．彼は，企業が競争戦略を策定する際には2つの選択，すなわち，産業の魅力度と，産業における自社の位置づけ（ポジショニング）の判断と選択が必要であると指摘した．この考え方は，市場構造とその市場にある企業行動が，企業の生み出す成果および業績を決定する前提とした「SPCパラダイム」を考え直したものが，1980年代初頭に開発した「5つの競争要因（Five Forces）」である．このSPCパラダイムは，業界構造が企業行動を決め，さらに企業行動が企業の業績を左右するという考え方である[1]．

これは企業を取り巻く競争要因が自社の競争を決定するという考え方に基づいたものであり，戦略的経営における業界分析の枠組みの基本となっている．

競争要因には新規参入の脅威，顧客の交渉力，競合の脅威，代替製品・サービスの脅威，供給業者の交渉力などの5つのものが存在する．この理論は，経済学の一領域である産業組織論で展開された考え方，すなわち，「産業の収益性が高いことは解消すべきである」という見解に反するものである[2]．経営戦略の領域では，むしろ収益性の高い状況が望ましく期待されるべきであると主張されている．

(2) 競争要因の内容

ポーターは先述した5つの競争要因を分析し，それらの競争要因から自社の存続にとって最適なポジション，あるいは逆に自社に有利になるような競争要因を左右できるようなポジションを業界内部に見出すことがさまざまな競争圧力に対応できると主張する．その具体的内容を明らかにしたのが図表16-1である．

この5つの競争要因モデルは，今日のようにグローバル化や情報化の進展が目まぐるしい時期にはそぐわないという批判があるものの，事業レベルでの戦略の分析と，その立案には依然としてその力を発揮している．

(3) ビジネス・ランドスケープ・プロセス

先述したポーターの5つの競争要因モデルは，未だに確立した理論とはいえないものの，近年，ゲマワット（Ghemawat, Pankaj），ブランデンバーガーとネイルバフ（Brandenberger, Adam M. and Nalebuff, Barry）などの研究者によって，ビジネス・ランドスケープ・プロセスという形でさらなる発展を成し遂げていると考えられる．

このビジネス・ランドスケープ・プロセスは，いまだに確立していないも

のの，基本的に各市場の需要供給分析，ポーターの「5つの競争要因」，価値相関関係図などで構成されている[3]．

これは，現在の自社の経済的収益を目に可視的な形にすることにより，将来における有利な事業環境を作り上げ，究極的にランドスケープのより高い位置へ企業を導くことが目的である．

16.2 競争優位を創造するためには何が必要なのか

先述したように，ある業界内の魅力度と産業における自社の位置づけ（ポジショニング）を明確にするために必要なツールが「5つの競争要因」であ

図表16-1　5つの競争要因モデル

競争要因	概　要	事　例
新規参入の脅威	新規参入の度合いは規模の経済，製品の差別化，巨額の投資資金の必要性，規模に関係ないコストの面での不利，流通チャネルへのアクセス，政府の政策などが参入障壁の程度によって決定される	1960年代のアメリカのワイン・メーカーが一斉に新製品の発売，広告費の増大，全国的な流通網を構築することなどによって新規参入を阻止した
強力な供給業者と買い手	供給業者と買い手は交渉力を通して業界内における企業の地位に影響を及ぼす	ソフト・ドリンクの原液メーカーはボトリング企業の収益力に影響を及ぼす
代替製品・サービスの脅威	代替製品・サービスの登場は価格設定の上限を設ける	トランジスタ技術の登場は真空管メーカーの売上高を低下させた
顧客の交渉力	顧客の戦略的行動が業界の中でのポジションを決める	
業界内のポジション争い	競合企業が多数存在，拡張志向のある業界の中，固定費は高いが製品の陳腐化が迅速に進行，生産能力の増強が大掛かりに進行，撤退障壁が高いなどの場合	

出所）ポーター（1980）を筆者が再整理

ることを明らかにした．では企業が競争優位を創造するためには何が必要なのか．ポーターはこの問いに対して，企業がこれらの諸要因に巧みに対応し，業界内の競合他社に勝ち抜くために「3つの基本戦略」が必要であることを主張している．そしてこの「3つの基本戦略」から1つを選択するには，顧客が必要とされる価値を生み出す連鎖システムとして5つの主要活動と4つの支援活動を分析する「バリューチェーン」が有効であるという．

(1) 3つの基本戦略

ポーターは，1985年で出版された『競争優位の戦略』をとおして企業が競争優位を維持あるいは獲得するためにとるべき戦略として「基本戦略」を提唱した．これは低コストか差別化を軸として企業が競争優位のためにどれかを選択しなければならないという見地に立脚している．具体的にはコスト・リーダーシップ，差別化，集中という基本戦略の中でそのどれにも成功できなかった企業は窮地に立たされるという結論である．

この3つの選択肢の中で「自社にとって最も効果的であるか」という問いへの答えとして自社の戦略の1つが決まるが，これによってさらに自社の「競争の範囲（competitive scope）」が決まる．この競争の範囲には，製品の数，顧客セグメント，営業店舗数，垂直統合の度合い，投資した関連事業とのポジショニングの調整の度合いなどの要素が含まれることになる．換言すれば，コスト・リーダーシップか差別化かを戦略的に選択することによって自社が競合他社との間に競争しなければならない事業範囲のことである．

では，「3つの基本戦略」には，いかなるものがあるのか．

第1に，コスト・リーダーシップとは，競合他社より比較的に低いコストで製品やサービスを提供する戦略のことをいう．そのために，規模の経済性を追求することが最も優先的に考慮されるべきである．近年，日本企業が中国へ，アメリカ企業が南米やメキシコへ，そしてヨーロッパ企業がアフリカへ移転する動向は調達コストを最小限に維持するための1つのよい例として

あげられる．この戦略で最近成功した事例としてサウスウェスト航空（以下SWA）があげられる．この企業は低料金を武器に2000年に最高利益を達成し，アメリカフォーチュン誌が選定した最も尊敬される企業の1つに選ばれた．

この企業の事業戦略をみると，他の航空会社が就航しない空港を主に利用し，燃料効率性の高いボーイング社の737機のみを利用している．SWAは既存の「ハブ＆スポークス・システム」を利用せずに，ノンストップで飛行することによって航空料金が安くて定刻に離着陸できる利点を生かした．さらに，機内食を提供せずに，搭乗回数をベースにマイレージを換算する便利なマイレージ・プログラムを利用している．このような戦略を徹底した結果，SWAは26年間にわたって持続的黒字を維持するなどの驚異的な業績を達成した．

第2に，競合他社が模倣できない独自の価値をもつ製品やサービスを提供する戦略のことをいう差別化がある．これは，単なる優れた技術や経営手法だけではなく，後に触れる企業全体の価値連鎖のあらゆる面においても可能である．ウォルト・ディズニーやナイキがこの戦略を駆使している好例である．

第3に，集中とは，特定の買い手や，製品の種類や，特定の地域市場などに，企業の資金を集中する戦略のことをいう．これはコスト・リーダーシップと差別化にまたがる戦略であるが，より狭いターゲットを目指すのが特徴である．集中の方法には，市場を地理的に限定すること，一部の製品やサービスに限定するなどがある．具体的には，高所得者に特化したクレジット・カードのダイナースクラブや，ビジネスホテル専門の歯ブラシメーカーなどがこれにあたる．

しかし，1990年代以降，ポーターの基本戦略は2つの面において論理上の問題が指摘されている．1つ目は，基本戦略が概念としての有効性は認められているが，経験的な理由から，低コストと差別化との間にどれかを選択し

図表16−2　3つの基本戦略

	戦略的優位	
	顧客が認識する特異性	低コスト・ポジション
全産業	差別化	コストリーダーシップ
特定のセグメントのみ	集　中	

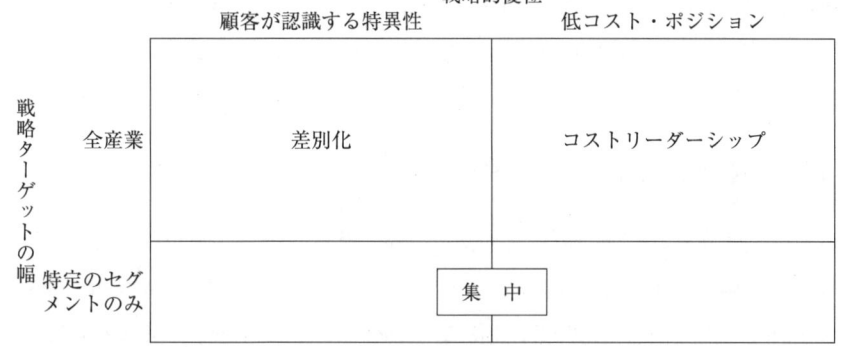

（戦略ターゲットの幅）

出所）Porter, M.E.（1980）

なければならないという相対性は絶対的なものではないという評価である．すなわち，企業がより優れた製品をより低価で生産することが可能であるからである．その代表的な実例が，1970年代から1980年代の日本のメーカーの戦略，近年のマクドナルドなどの低価戦略である．2つ目は，企業が低コストか差別化かという対極の戦略の選択に迫られる傾向があるが，実際の場合には外的環境の要因によって両極端の戦略を同時に遂行しなければならない状況に陥る可能性もあるからである．

(2) バリューチェーン

先述したように，3つの基本戦略から1つを選択するには，顧客が必要とされる価値を生み出す連鎖システムとしてバリューチェーンが有効になる．

バリューチェーンとは，価値プロセスを原材料の獲得から最終消費者の販売やサービスまで至る一連の活動としてみなすことである．ここでいうバリューは業界の中で得られる潜在的な収益力のことをいう．このバリューチェーンを分析することによって，バリューチェーン全体の活動や関連する製品やサービスの差別化要素やコスト分析が可能となり，現在と将来の競争優位

の源泉を特定できる．図表16-3が示しているように，バリューチェーンは物理的な製品の製造に関連する主要活動（primary activities）とそれを支援する支援活動（support activities）に区分することができる．

16.3 確立された競争優位をいかに持続するのか

では，確立された競争優位をいかに持続させるのか．この問いに対してしばしば登場するアプローチに，「活動システムに基づく企業観（activity system view）」と「資源に基づく企業観（resource-based view）」がある．この代表的な2つのアプローチは，戦略における企業の異なる捉え方をとっている．これらは優れた業績を生み出し，持続的な価値創造の源泉としても認識されている．

第1の「活動システムに基づく企業観」は，戦略分野のコアとなる考え方

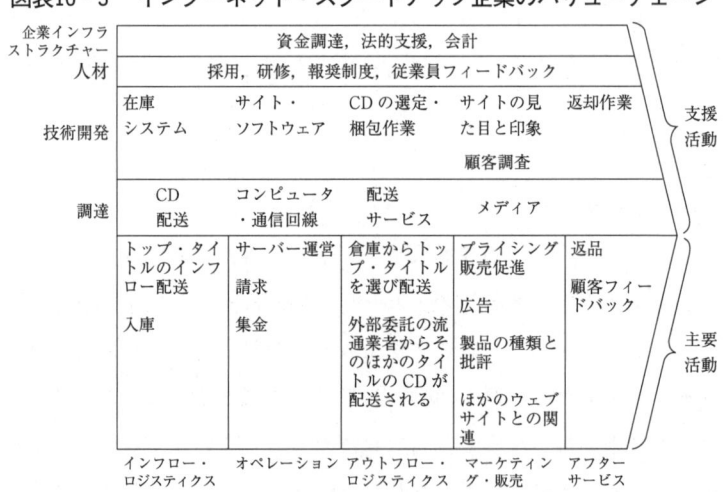

図表16-3　インターネット・スタートアップ企業のバリューチェーン

企業インフラストラクチャー	資金調達，法的支援，会計					支援活動
人材	採用，研修，報奨制度，従業員フィードバック					
技術開発	在庫システム	サイト・ソフトウェア	CDの選定・梱包作業	サイトの見た目と印象　顧客調査	返却作業	
調達	CD配送	コンピュータ・通信回線	配送サービス	メディア		
	トップ・タイトルのインフロー配送　入庫	サーバー運営　請求　集金	倉庫からトップ・タイトルを選び配送　外部委託の流通業者からそのほかのタイトルのCDが配送される	プライシング　販売促進　広告　製品の種類と批評　ほかのウェブサイトとの関連	返品　顧客フィードバック	主要活動
	インフロー・ロジスティクス	オペレーション	アウトフロー・ロジスティクス	マーケティング・販売	アフターサービス	

出所）Porter, M.E. (1985)

の1つであり，文字通りに戦略形成の基本的な要素が「活動（activity）」の相互依存関係にあると考えるアプローチである．たとえば，サウスウェスト航空の活動には，最低限のサービス，中規模の都市，第二空港間の短距離直行ルート，きわめて低い料金，高い飛行機の稼働率，リーンで能率のよい地上・ゲート要員，便数の多さ，定刻通りの出発などがある．ポーターによれば，これらは「優先順位の高い戦略的テーマ」と考え，旅客業においては非常に独特なものとして認識した．この活動に対しては，企業ごとの異なる選択と活動間の連結が行われるため多様な形をとり，究極的には企業の競争力を決定づける基本的な要因となる．

　第2の「資源に基づく企業観」は，「企業が資源をいかに活用するのか」という問題に着目している．特に，企業内で構築された資源を活用する際に，汎用性があるかどうかに注目したアプローチである．この考え方は，古い歴史をもつものとして知られているが，1984年にウェルナフェルト（Wernerfelt, Birger）が論文を発表した以降，近年再び注目を集められたと考えられる[4]．

　しかし，ゲマワット（Ghemawat, Pankaj）は，活動，資源という2つの要素以外に，資源のコミットメント（commitment）とケイパビリティを加えることを強調した[5]．

　さらに彼は，新しく2つの要素を取り入れること以外に，戦略形成においてダイナミックな側面を含むことの重要性についても説いた．ここでいうダイナミックな側面とは，図表16-4が示しているように，活動と資源において生じうるおのおの々の選択を企業の保有資源または機会の進化と結びつけることをいう．究極的には双方の企業観を統合した新たな理論の一般化を試みたものとして考えられる．同図表が表す実線は，「いかなる活動を，いかに行うかという選択は，中長期的にしか変えられない資源に制限されることと，時間が，資源に関する長期的選択と活動に関する短期的選択の双方に重要な役割を果たしていること」を意味している．そして点線は，将来の保有

図表16-4　ダイナミック理論に基づく企業観

```
┌──────────┐      ┌──────────┐      ┌──────────┐
│ 経営資源 │ ───→ │  資源の  │ ───→ │   活動   │
│          │      │コミットメント│      │          │
└──────────┘      └──────────┘      └──────────┘
```

出所）Ghemawat, p. (2001)

資源に対する資源と活動の持続的フィードバックを表している．このような意味でゲマワットの考え方は，従来まで「活動システムに基づく企業観」と「資源に基づく企業観」という双方のアプローチを対立関係から，相互を補完関係に導出したと考えられる．

注）
1)　SPCパラダイムはSPCモデルともいわれ，「産業構造（Structure）」→「企業行動（Conduct）」→「産業の成果・業績（Performance）」という因果経路を有していることから，頭文字のSCPをとって名づけたものである．すなわち，産業の構造が各企業の行動パターンを規定し，最終的におのおのの企業の収益性あるいは利益率を決定づけるという意味として主張されている．Barney, Jay B., *Gaining and Sustaining Competitive Advantage,* 2 nd ed., Prentice Hall, 2002. 岡田正大訳『企業戦略論 上』ダイヤモンド社，2003年，pp. 115-116.
2)　産業組織論は，アメリカにおいて展開されている経済学の学問領域の1つである．これは現実の各産業の資源配分上の効率を，市場構造→市場行動→市場成果という枠組みを用いて検討し，もし非効率がみられる場合にはそのために政策的方向づけを探るという，応用経済学的な研究領域である．
3)　Ghemawat, P., *Strategy and the Business Landscape : Core Concepts,* Prentice Hall Inc., 2001.（大柳正子訳『競争戦略論講義』東洋経済新報社，2002年，40-42ページ．）
4)　ウェルナフェルトの発表した論文は，以下のようである．

Wernerfelt, B., A Resource-Based View of the Firm, *Strategic Management Journal*, Vol. 5, 1984, pp.171-180.
　　また,「資源に基づく企業観」のベースとなったのは, ノーベル経営学賞の受賞者であるウィリアムソン (Williamson, O.E.) などの業績があるが, 彼の理論は浅沼万里などによって継承され, さらに発展された.
5) ゲマワットは, ポーターに代表されるポジショニング・スクールの戦略的思考を継承しながら, 特に新規市場への参入や既存事業からの撤退, 企業のグローバル化, 事業拡大や製品・工程の革新の方法決定などが研究領域である.

◆参 考 文 献

Saloner, G. and Shepard, A. and Podolny, J., *Strategic Management*, John Wilely & Sons, Inc, 2001.(石倉洋子訳『戦略経営論』東洋経済新報社, 2002年)

Mintzberg, Henry Ltd., Bruce Ahlstrand, and Joseph Lampel, *Strategy Safari: A Guide Tour through the Wild of Strategic Management,* The Free Press, 1998.(斉藤嘉則訳『戦略サファリ』東洋経済新報社, 1999年)

Porter, M. E., *Competitive Strategy*, Free Press, 1980.(土岐坤ほか訳『競争の戦略 (新訂)』ダイヤモンド社, 1995年)

Porter, M. E., *The Competitive Advantage of Nations,* The Free Press, 1990.(土岐坤ほか訳『国の競争優位　上・下』ダイヤモンド社, 1992年)

Ghemawat, P., *Strategy and the Business Landscape: Core Concepts,* Prentice Hall Inc., 2001.(大柳正子訳『競争戦略論講義』東洋経済新報社, 2002年)

青島矢一・加藤俊彦『競争戦略論』東洋経済新報社, 2003年

石井淳蔵・奥村昭博・加護野忠男・野中郁次郎『新版　経営戦略論』有斐閣, 1996年

Porter, M. E. *Competitive Adventage*, Free Press, 1985. (土岐坤ほか訳『競争優位の戦略』ダイヤモンド社, 1985年)

第17章 M&A戦略

17.1 M&Aとは何か

(1) M&Aの本来的意味

M&Aとは，Merger & Acquisitionの略であり，本来の意味は"合併と買収"である．ただし，後述のように，合併と買収は必ずしも同一なものではない．さらに，その手法には株式を取得する場合と，事業や組織を資産（「営業」）として取得する場合がある．

前者の株式を取得する場合のM&Aは，株式に付随する議決権が狙いである．すなわち，相手企業の一定以上の株式を獲得することでその企業の支配権を握るためである．一定以上の株式とは，たとえば，3分の1超（特別決議を否決できる比率），過半数（取締役の選任権など普通決議に必要な比率），3分の2以上（合併や解散など特別決議に必要な比率）といった一部の場合もあり，また全株取得する場合もある．後者の事業や組織を資産として取得する場合のM&Aは，会社単位ではなくその中身を獲得することが狙いである．これについても，会社の全資産を取得する場合もあるし，一部の事業部門や資産を取得する場合もある．

以上をまとめると，M&Aとは企業の支配権または事業組織の一部または全部を取得する行為である．

(2) M&Aの戦略的メリット

M&Aが企業の支配権または事業組織の取得であるとすると，そこには2

つの戦略的な意味が備わってくる．1つは，事業展開上どうしても必要だが自社にはない経営資源を獲得できるという点である．特に，技術や知識，ブランドなどの無形資産は，それを形成するのに長い歴史が必要である場合が多い．このような経営資源が必要な場合，自社内で一から蓄積するよりも，すでにそれを形成している企業を買収することによって，戦略的な目標達成への時間を大幅に短縮できる．このように，M&Aの第1の戦略的メリットは，時間をかけずに必要な経営資源を獲得できる点であり，いわば「時間を買う」ことにある．

もう1つは，シナジー効果（相乗効果）である．それまで独立した別個の企業同士がM&Aによって強い結びつきをもつことになる．異なる企業や事業の組み合わせの仕方によって，単なる2社の合計を超える価値を期待できる．このように，「1＋1＝3」になるようなシナジー効果を引き出しうる点がM&Aの第2の戦略的メリットである．

17.2 M&Aの手法

(1) 合　併

合併には吸収合併と新設合併がある．吸収合併とは，一方の企業がもう一方の企業を吸収する合併である．この場合，吸収される企業の法人格は消滅し，吸収する企業の法人格のみが残る．新設合併とは，新たな企業を設立して，合併するどの企業もその新設企業に吸収される合併である．この場合，新設企業の法人格のみが残り，それ以外の企業の法人格は消滅する．このように，合併では2つ以上の企業が1つの企業になり，法人格が1つになる．

(2) 経営統合

経営統合とは，通常，統合に参加する企業が持株会社を設立して，各企業はその子会社に収まるという手法である．合併と異なる点は，統合参加企業の法人格は存続することである．各企業が子会社になるためには，その株式

を従来の株主から持株会社に移転しなければならない．各子会社の従来の株主は，この株式移転によって，一定の交換比率で株式を交換し，持株会社の株主となる．

(3) 株式取得（株式買収）

株式取得とは，支配権にかかわる一定以上の株式を取得することである．これには，① 既発行株式の取得と，② 新規発行株式の引受の2つがある．

① 既発行株式の取得

(A) 市場取得：市場取得とは，株式市場を通じて対象企業の株式を買い集める手法である．この手法では，市場で売りに出される株式しか取得できないので，希望する株数の確保が困難となる．また，市場価格で買い付けるため，価格が変動して，買収価格を事前に確定できない．ただし，5％までは大量保有報告書を提出する義務が生じないため，そこまでは相手に気づかれずに買い進めることができる．[1]

(B) 市場外取得：市場外取得とは，株式市場を通じずに対象企業の株式を買い集める手法である．これには，公開買い付け（TOB）と相対取引がある．

公開買い付け（TOB：Take-over Bid）とは，買収者が買い付け価格や買い付け株数，買い付け期間などを設定し，それを新聞紙上に公告して，株主に持株の売却の応募を訴える手法である．公開買い付けでは，実際の応募株数が事前に設定した買い付け予定株数より少ない場合，1株も買い付けずに応募株数を返却することができる．したがって，不十分な数の株式を買い付けてしまうことがないので買収者にとってのリスクは小さい．また，条件を買収者が設定できるため，買収価格が確定でき，買収にかかる期間も予測できる．ただし，すべての株主が応募できるので，買収者は買い取る相手を選択できない．

相対取引とは，買収対象の企業の株主一人ひとりに持株の売却を交渉して

取得する手法である．相対取引では，買収者が買い取る相手を選択でき，買収価格もその相手に応じて柔軟に決定できる．しかし，交渉に時間とコストがかかる．また，3分の1を超える公開会社の株式を取得する際には相対取引は利用できない．

(C) 株式交換：株式交換とは，買収対象の企業のすべての株式を自社の株式と交換して取得する手法である．これには各当事会社の株主総会の特別決議が必要である．対象企業の全株式の取得を確実に実施できるため，株式交換は完全子会社化の手法として利用される．

② 新規発行株式の引受

新規発行株式の引受とは，買収対象の企業が新たに株式を発行して，買収者がそれを引き受けることによって，買収者が買収対象企業の支配的な株主になる手法である．この際，対象企業は買収者に対して第三者割当増資を行う．第三者割当増資を決定するのは対象企業の取締役会であるため，この手法による買収は友好的な買収となる[2]．

17.3 M&Aの目的と種類

M&Aにはいくつかの種類があり，それはM&Aの目的を反映している．M&Aを買収者の目的で大別すれば，(1) ストラテジック・バイヤーによる買収と，(2) フィナンシャル・バイヤーによる買収の2つに分類できる．ストラテジック・バイヤーによる買収は，買収者が自身の事業上のメリットを目的とする買収であり，フィナンシャル・バイヤーによる買収は，財務的利得の獲得を目的として行われる買収である．M&Aを戦略手法として利用する場合は基本的に (1) に該当する．

(1) ストラテジック・バイヤーによる買収の種類

① 水平的M&A

これは，同一の業種の企業同士によるM&Aである．このタイプのM&

Aの目的は，規模拡大によるスケールメリットの追求であり，重複設備・重複コストの削減やシェア拡大をめざす場合が多い．たとえば，八幡製鉄と富士製鉄の合併（1970年），JALとJASの経営統合（2002年）などの事例がある．

② 垂直的M&A

これは，その事業の川上と川下の関係にある企業同士のM&Aである．すなわち，メーカーが自社製品の納入先企業を買収したり，原材料の調達先企業を買収したりする場合である．これによって，サプライチェーンの効率化を図り，自社の競争力を高めることが目的である．たとえば，花王が自社にとって原料となる紙・パルプを製造するニコー製紙を買収した事例（1986年）や，サントリーがワイン商社のモンテ物産を買収した事例（1999年），セブンイレブンが製パン業者のタワーベーカリーを買収した事例（2005年）などがある．

③ 多角的M&A（混合型M&A）

これは，自社の事業と相手の事業の関係が水平的でも垂直的でもないM&Aである．このタイプの買収の典型は，自社の本業に足りない部分の強化を目的とした買収である．たとえば，玩具製造のバンダイが商品構成を強化するために幼児用玩具製造のピープルに資本参加したり（2005年），アパレル・ブランドのユニクロを展開するファーストリテイリングがファッション事業を強化・拡大するために，海外の複数のアパレル企業や靴専門店のワンゾーン（旧靴のマルトミ）を買収している（2005年）[3]．さらにこのタイプには，自社の事業に関連する新規事業に参入することを目的とした買収も含まれる．たとえば，居酒屋チェーンのワタミフードサービスが介護事業に参入するために老人ホーム運営の「アールの介護」を買収している（2005年）．

(2) フィナンシャル・バイヤーによる買収の種類

フィナンシャル・バイヤーとは投資会社やいわゆる買収ファンドであり，

純粋に投資利得を獲得するために買収を行う．このタイプの買収者は出資者などから募った資金を元手に企業を買収し，その後売却して売却益を得ることを目的としている．買収対象となる企業は，破綻企業や資産を有効に活用していない企業であり，買収によってその企業を再生させる．フィナンシャル・バイヤーによる買収には，売却益の獲得方法として次の2つがある．

① 株式の売却

これは，買収者が所有する買収対象企業の株式を売却して利得を獲得する場合であり，株式の買収金額と売却金額の差額が利得となる．これには，市場で売却する場合と，会社に売却する場合がある．前者の事例として，アメリカの買収ファンドのリップルウッド・ホールディングスが破綻した日本長期信用銀行を1998年に買収し，商号を新生銀行に変更した同行を2004年に株式上場して持株を売却した．後者の事例として，投資会社のユニゾン・キャピタルが設立した買収ファンドが2001年に自動車部品会社のキリウを買収して経営を立て直した後，2004年に同社を住友商事に売却した．

② 資産の売却

これは，買収者が所有する企業を解散してその資産を売却する手法であり，株式の買収金額と資産の売却金額の差額が利得となる．純資産価額より株式時価総額が低い企業がこの買収の対象となりやすい．日本ではこの手法を実施した買収ファンドによる事例は現在みられないが，今後発生する可能性は否定できない．

17.4 日本のM&Aの推移

日本企業はM&Aをどの程度利用しているのだろうか．図表17-1は日本の1985年以降におけるM&A件数の推移である．この図表でいうM&Aとは，グループ内企業同士のM&Aを除いた支配権の移転を伴うM&Aである．これをみると，まず1980年代後半から1990年にかけて増加していることがわかる．この時期では主に，円高とバブル経済を背景に日本企業が海外企

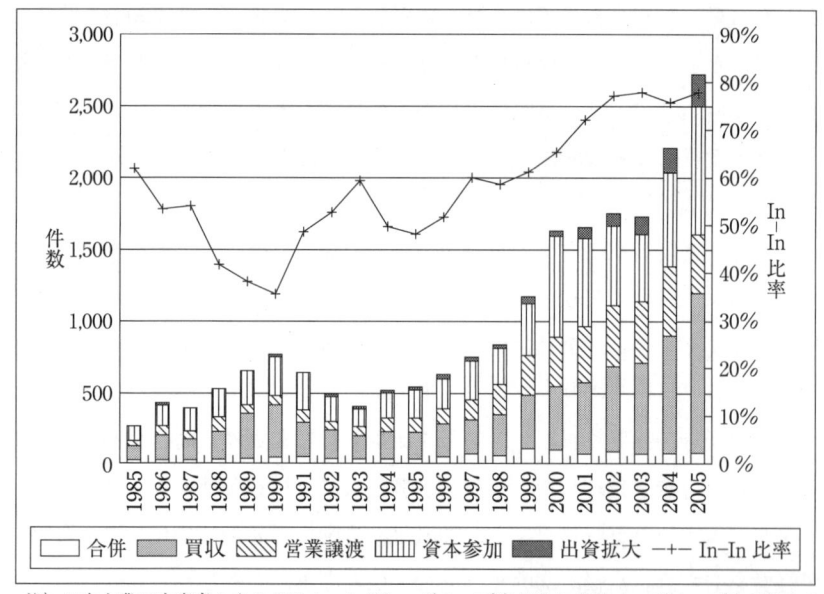

図表17-1　日本のM&A件数の推移

注) 日本企業が当事者となるM&A. ただし, グループ内M&Aを除く. グループ内M&Aとは, 親会社と子会社, 筆頭株主と関連会社など, 意思決定の主体が実質的に同一とみられるもの.
　合併：合併, 株式移転, 会社分割での持株会社による経営統合.
　買収：50%超の株式取得. 増資引き受け, 既存株主からの取得, 株式交換, 会社分割で該当するもの.
　営業譲渡：資産, 従業員, 商権などからなる「営業」の譲渡, 既存事業統合, 50%以下の会社分割.
　資本参加：50%以下の株式取得で, 初回取得のみ.
　出資拡大：資本参加している者による50%以下の追加取得.
　In-In比率：日本企業のかかわるM&A件数に占める日本企業同士のM&Aの比率.
出所) レコフ『マール』2006年2月号

業の買収を推進した. その後, バブル崩壊とともに1990年代前半は低迷するが, 1990年代中頃から徐々に増加し, 1999年以降は急激に上昇している.

　次に, 図表中の「In-In比率」(日本企業同士のM&Aの比率) をみると, 1990年代後半から2000年代前半までほぼ一貫して上昇している. この時期の日本の大企業はいわゆる事業の「選択と集中」を推進し, 本業を強化するた

めに関連する企業や事業を買収する一方，本業以外の事業を売却した．このように日本企業は事業再構築を進める有効な手法としてM&Aを積極的に利用するようになってきている．

17.5 M&A の戦略的意思決定

M&A を行うか否かの判断は戦略的な意思決定に属する．その際，さまざまな要因を考慮に入れる必要があるが，大きな判断基準は以下の2点である．

(1) 社内育成か M&A か（内部成長か外部成長か）

自社にない経営資源の獲得や新たな事業への参入を行う際，それを社内で一から育成する方法と，M&A を利用して外部から内部に取り込む方法のどちらかという選択がある．M&A では育成までの時間がかからない一方で，買収した企業組織と自社組織の融合に時間とコストがかかる．社内育成はこの逆であり，戦略上の意義を案件ごとに評価してどちらを選択するかを判断する必要がある．

(2) 業務提携か M&A か

経営資源の不足を解決する手法には M&A のほかに他社との業務提携がある．業務提携とは，独立した企業同士が特定の業務遂行のために契約に基づく協力関係を形成することである．業務提携の範囲は，生産，販売，購入，物流，研究開発など多様である[4]．

業務提携のメリットは，低コストでの事業・市場参入および退出が可能であること，リスクが相手企業と分散できること，互いに独立性を維持できることなどがある．その一方，デメリットとしては，自社の経営資源が相手企業に流出すること，利害対立が生じうること，活動が制限されることなどがある．M&A では完全に相手企業の支配権を取得してしまうので，このよう

なデメリットは生じない．これらのメリット，デメリットを評価してこの手法の選択を判断する必要がある[5]．

17.6 M&A後の事業統合

買収対象の企業の株式を取得したり合併によって法人格を統一すると，ひとまず取引としてのM&Aは成功する．しかし，M&Aで獲得した事業組織を自社内に有機的に統合して効果的に機能させなければ，当初期待した戦略上の目標を実現することはできない．この点でM&A後の事業統合の成否が重要となる．M&A後の事業統合を実施する上で考慮すべき主な点は，(1) 組織統合の方法，(2) 人事制度の融合，(3) 情報システムの統合の3つである．

(1) 組織統合の方法

M&Aで取得した事業組織を自社の組織に統合する方法としては3つが考えられる．

1つ目は，その事業組織にほとんど手を加えずに，自社の既存組織と並列させる形態である．具体的には，カンパニー制あるいは持株会社による子会社の形態である．この両者には法人格が別のままか統一されるかの違いはあるが，自社の既存組織との実質的な融合はない形態である点は共通している．

2つ目は，取得した事業組織を自社の既存組織に合わせて貼り付ける方法である．この方法では，自社の既存組織に変更がないため混乱が少ないが，取得した事業組織はバラバラに解体されるため，その有機的に結合された組織体としての価値は消失しやすい．

3つ目は，両社どちらの組織にも依拠せず，新たな組織を編成する方法である．この方法では，両組織の融合が相当程度進められることになるが，そのような組織の編成，そして新たな組織の定着と実働化のための時間とコス

トが大きくなりやすい[6].

(2) 人事制度の融合

買収企業と被買収企業の人事制度は通常異なっており，これを融合させなければ組織の統合をしても実質的に機能しない．しかも，人事制度の融合は適切に進めなければ，両社のそれまでの鍵となる優秀な人材が不満を感じて流出する危険がある．人事制度の融合は，①人材の選抜，②人材の定着，③人材の代謝の3点から対処する必要がある．また，それまで築かれた組織文化にも配慮することが求められる[7].

(3) 情報システムの統合

人事制度と同様，買収企業と被買収企業の情報システムは異なっているのが通例であり，組織統合にはこの統合も不可欠である．情報システムの統合においては，まず現状のシステムの調査・分析を行い，次に統合後のシステム化計画の立案を行った上で推進する必要がある．その際，能力・容量，システム運用，セキュリティなどがチェックすべき点としてあげられる[8].

注)
1) ただし，株価の高騰により対象企業に買占めを察知されることもある．
2) ただし，時価よりも低い価格で株式を発行する場合は株主総会の承認が必要となる．
3) ファーストリテイリングは，2003年にアメリカのセオリーの経営権を取得し，2005年にはフランスの「コントワー・デ・コトニエ」を展開するネルソン・フィナンセス，イタリアの「アスペジ」の日本総代理店シールド，フランスのランジェリー販売「プリンセス タム・タム」を展開するプティ・ヴィクルの買収を発表している．
4) 2002年に公表された公正取引委員会の調査によれば，回答企業の80％が業務提携を行っており，1社平均の業務提携件数は15.4件であり，最も多い業務提携は研究開発提携である．公正取引委員会「業務提携と企業間競争に関する実態調査報告書」（2002年2月6日公表）を参照．

5) 提携のメリット，デメリットについては，尾関純・小本恵照編著『M&A 戦略策定ガイドブック』中央経済社，2003年，第6章を参照．
6) M&A 後の組織統合問題全般については，林伸二『日本企業のM&A 戦略』同文舘，1993年を参照．
7) 人事制度の融合については，アンダーセン『統合的 M&A 戦略』ダイヤモンド社，2001年，第6章を参照．
8) 情報システムの統合については，アンダーセン，前掲書，201-205ページを参照．

◆参 考 文 献
中村公一『M&A マネジメントと競争優位』白桃書房，2003年
中村聡一『M&A と経営』NTT 出版，2005年
服部暢達『実践 M&A マネジメント』東洋経済新報社，2004年

第18章

国際化戦略

18.1 企業の国際化と動機

(1) 企業の国際化

　企業の活動範囲は必ずしも1国内にとどまらない．たとえば，インターネットなどを通じて海外にいる顧客に製品を販売したり，反対に海外の原料を購入して自国で生産を行ったりする．あるいは中国やインドに工場を建設して作った製品を日本で販売する場合もある．このように，市場や活動拠点が国境を越えることが企業の国際化である．

(2) 国際化の動機

　企業はなぜ国際化するのだろうか．国際化の本源的な動機には2つある．1つは，有利な販売市場への進出である．自国内の販売市場が飽和や衰退あるいは未成熟な段階にある場合，企業はまだその市場が飽和せず成長していたり，一定以上の需要がいち早く顕現している別の国や地域に進出して自社の商品を販売するのである．もう1つは，有利な経営資源の入手である．たとえば企業は，自国内にない天然資源を輸入したり，コストの低い労働力を求めて海外に工場を設けたり，金利の低い海外の金融市場で資金調達を行ったりする[1]．

　これをもう少し具体的な動機に分けてみよう．図表18-1は，経済産業省が行った2003年度における日本企業の海外進出の動機についてのアンケート結果である．類似するものをまとめてみると上位の3つは，販売の維持拡大

目的（E, F, Gの合計48.0%），低コストな海外生産目的（BとCの合計20.5%），納入先との取引継続目的（Dの10.9%）となる．これらが日本企業の海外進出の主な動機である．

18.2 戦後の日本企業の国際化

(1) 商社を通じた間接輸出

戦後の日本企業，特に製造企業は主に輸出によって海外市場に自社の製品を販売してきた．なかでも戦後しばらくは，これを主に商社を通じて実施してきた．その代表的な業種は繊維，鉄鋼，化学肥料，合板などである．

商社経由の輸出（間接輸出）が選択された理由として次の点があげられる．①日本の商社は戦前より蓄積した広範囲な海外拠点網をもっていた．②日本の製造企業は自社で海外販売拠点に回すだけの資金的，人的余力が不足していた．③取り扱う製品が高ブランド，高技術製品ではないため，販売政策の独自性や顧客の要望への技術的対応の必要性が低かった．

図表18-1　日本企業の海外進出の動機

A	原材料・資源の確保	4.4%
B	海外生産のほうがコストが有利なため	12.2%
C	海外生産によるコスト削減が不可欠	8.3%
D	海外進出した国内納入先への部品等の供給継続	10.9%
E	進出先現地での販売維持拡大	29.6%
F	域内第三国での販売維持拡大	12.1%
G	域外第三国での販売維持拡大	6.3%
H	日本への逆輸入	4.7%
I	配当等の収益の受け取り	6.2%
J	為替リスクの回避	2.5%
K	貿易摩擦回避	0.7%
L	現地での研究開発	2.2%
	合計	100.1%

注）経済産業省による2004年7月実施の調査結果（対象企業は本社企業2,411社、現地法人13,856社）．比率は，複数回答可による回答の構成比．四捨五入のため合計は100.0%にならない．

出所）経済産業省『第34回海外事業活動基本調査』2005年より作成

(2) 現地法人を通じた直接輸出

商社経由の輸出が進んだ一方で，商社に頼らず自社が海外に現地の販売拠点を設けて輸出を推進する製造企業も出現し，その数は大きく増加した．その代表的な業種は電気機械，自動車，工作機械などである．

自社の現地法人を経由した輸出（直接輸出）が選択された理由として次の点があげられる．①取り扱う商品が技術水準の高いハイテク品なため，商社では海外顧客の技術的要望に対応できない．②多くの企業の製品を扱う商社（総合商社）では，製造企業が自社製品の差別化のための独自のマーケティング政策を展開できない．③高度経済成長に伴い日本の製造企業が海外販売拠点を設立するだけの資金的，人的余力をつけた．

(3) 発展途上国における海外生産

戦後，独立を果たしたアジア各国は，主に輸入代替工業化政策によって工業化を推し進めてきた．これは，それまで輸入してきた製品を自国で生産するという政策であり，具体的には，大幅な関税や数量制限を設けたりする．それまでこれらの国に輸出してきた日本の製造企業は，これに対応するためにその国に工場を設立して現地生産を行うようになった．ここでは主に，現地市場向けに小規模な投資で多品種少量生産が行われた．また，原材料や部品は日本から輸入して完成品の組み立てを現地で行う，いわゆるKD（ノックダウン）生産が採用された．

しかし，1970年代からこれらの現地工場の生産は，現地市場向けから他国市場向け（輸出用）へと変化してきた．この背景には，①いくつかの現地政府の政策が輸入代替工業化志向から輸出志向に変更したこと，②日本の現地生産子会社の競争力が高まったことがある．

(4) 先進国における海外生産

1970年代後半から，日本の製造企業はアメリカやヨーロッパにおいても現地工場での生産を開始した．これらを行ってきた代表的な業種は，カラーテレビなどの電気機械や自動車だが，それら以外の業種にも広がっている．ただしこの背景には，欧米との貿易摩擦から輸出に制限がかかったため，現地生産を行わなければ欧米市場での販売を保持できないという事情があった．

(5) 海外における販売と生産の基本的性格

以上のように戦後における日本の製造企業の国際化は，海外販売においては輸出を基調として行われてきた．また，生産においては海外生産拠点の設置も推進されたが，現地政府の政策への対策または貿易摩擦回避のために，

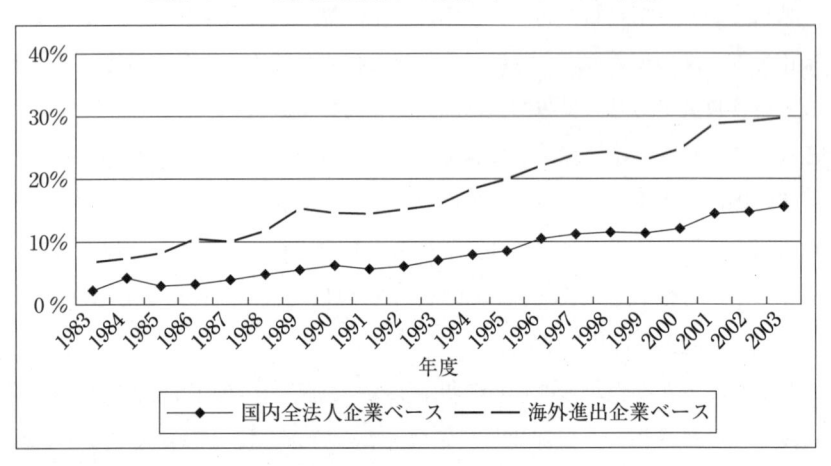

図表18-2　海外生産比率の推移（1983～2003年度）

注）国内全法人企業ベースの海外生産比率＝製造業現地法人売上高／（製造業現地法人売上高＋製造業国内法人企業売上高）×100
　　現地法人企業ベースの海外生産比率＝製造業現地法人売上高／（製造業現地法人売上高＋製造業本社企業売上高）×100
　　2001年度に業種分類の見直しのため，2000年度以前の数値とは断層がある．
出所）図表18-1に同じ

その販売市場を維持すべく受動的に設置する場合も目立った[2]．

しかし2000年代に入った現在，これらの経験を蓄積してきた日本企業の多くが海外拠点をもつようになり，海外生産比率も増加している（図表18-2）．また日本からの輸出だけでなく海外の現地生産拠点の現地・域内販売も定着しており[3]，そこからの輸出が重視されるようになってきている[4]．

18.3 国際化の進展段階

以上のような日本企業の国際化はどのように理解すればいいのだろうか．企業の国際化はその進展によって概念的に4つの段階に類型化できる．なお，ここでは製造企業（完成品メーカー）を想定し，主に基本的な3つの活動（調達，生産，販売）の国際化の進展度に注目する．

(1) 商社経由段階

この段階は，基本的に本国で活動しているが，海外からの調達や海外への販売の必要が生じた段階である．この段階では，企業が本国内にない原材料や部品が必要になった場合，その調達を自社の国内調達拠点（原材料・部品購買部門または系列納入企業）ではなく商社を通じて行う．あるいは，本国

図表18-3 企業活動の国際化（商社経由段階）

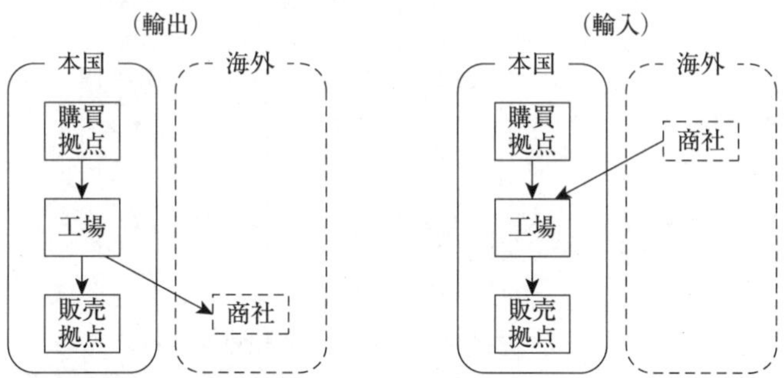

注）矢印はモノ（原材料・部品，製品）の流れを示す．
出所）筆者作成

以外の国・地域にも販売する場合,自社でその地に販売網を築くことなく商社を通じて販売する(図表18-3).この形態では海外拠点設置のための投資が不要な一方で,海外での独自的あるいは機動的な対応は望みにくい.

(2) 現地法人段階

　海外での調達や販売の重要度が増加して,商社を通じた形態に限界を感じるようになると,企業は現地に自社独自の拠点を法人として設置するようになる.この段階では,設立される現地法人の期待される主な機能は調達,生産,販売のどれか1つである.したがってこの形態には主導する機能により3つのタイプが想定される(図表18-4).ただし,現地政府の政策対策や経済摩擦回避などの特殊な事情のために2つの機能を担ったり,市場の変化に対応した経営政策の変更により,別の機能を追加した形態へと次第に進展することもある.しかし,この段階における海外の現地法人はあくまで本国の意思決定の下に運営され,本国を中心とした経営展開の従属的な部署にとどまる.

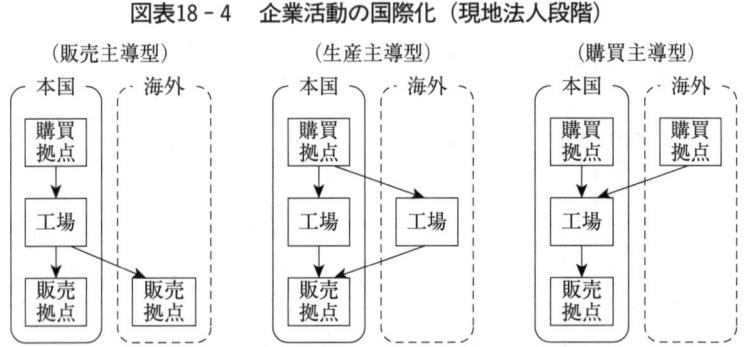

図表18-4　企業活動の国際化(現地法人段階)

（販売主導型）　　　　　（生産主導型）　　　　　（購買主導型）

［本国：購買拠点→工場→販売拠点］［海外：販売拠点］

［本国：購買拠点→工場→販売拠点］［海外：工場→販売拠点］

［本国：購買拠点→工場→販売拠点］［海外：購買拠点］

注)企画,研究開発(R&D),人事,財務などの拠点は本国に立地される.
出所)筆者作成

第18章 国際化戦略　265

図表18 - 5　企業活動の国際化（地域内完結段階）

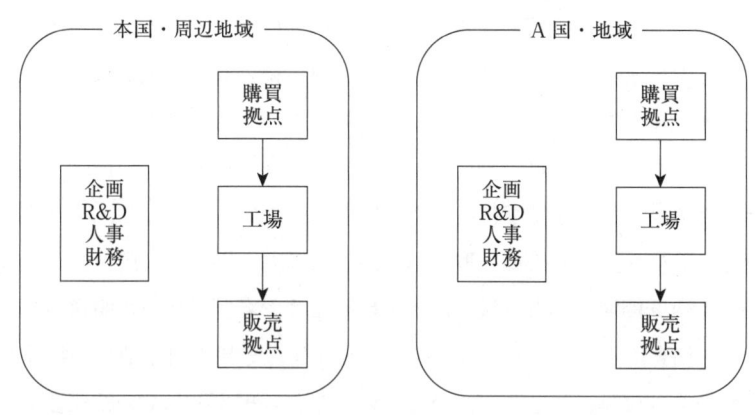

本国・周辺地域: 企画R&D人事財務、購買拠点 → 工場 → 販売拠点

A国・地域: 企画R&D人事財務、購買拠点 → 工場 → 販売拠点

出所）筆者作成

図表18 - 6　企業活動の国際化（グローバル統合段階）

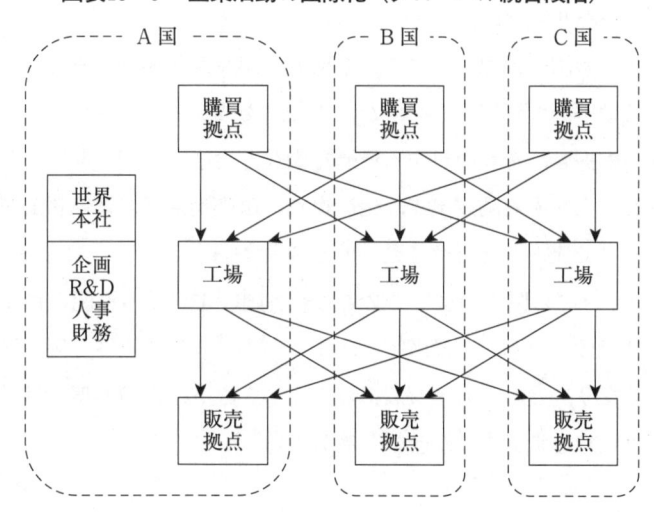

A国: 世界本社／企画R&D人事財務、購買拠点 → 工場 → 販売拠点
B国: 購買拠点 → 工場 → 販売拠点
C国: 購買拠点 → 工場 → 販売拠点
（各国の購買拠点・工場・販売拠点は相互に接続）

出所）筆者作成

(3) 地域内完結段階

　海外の現地法人が複数の機能をもち，本国とは異なるその国や地域の特性に適応した経営を推進する必要が増すと，決定権のない現地法人の形態ではむしろ非効率となる．このような状態に対応するため，本国部門と海外の特定の国・地域部門で組織が完全に区分されるようになる．この段階では，本国と海外の特定の国・地域は実質的に別の意思決定主体となり，それぞれが自己完結的にすべての機能を取り込む．すなわち，調達・生産・販売に限らず企画や研究開発，さらに進めば人事や財務まで各国・地域の組織の裁量下となる（図表18-5）．この段階の組織形態はそれぞれの国や地域の特性への適応性を高度に確保できるが，ひとつの企業グループとしての統一性や各国部門間の資源配分の効率性を十分実現しにくい．

(4) グローバル統合段階

　世界の多くの国や地域にさまざまな機能の拠点が配置されると，これらを全体として効率的に管理する必要が高まる．そうなると，各地域の微細な需要を適確に把握し，それに対する最適な調達，生産，販売に向けた運営のために，各地に点在する調達拠点，生産拠点，販売拠点（および物流拠点）をネットワークで連携させた適宜機動的な運営が行われるようになる（図表18-6）．ただし，この図表のように必ずしも各国にすべての機能の拠点が設立されるわけではない．この段階では，すでに本国とそれ以外の国の質的な差はほぼなくなり，どちらも単なる拠点の1つとなる．この形態では世界のすべての活動拠点を世界本社が統括し調整する[5]．

(5) 現実の国際化企業の組織

　以上の4つは企業活動（機能）の点から国際化の進展段階を概念的に示したものだが，実際の企業が国際的な事業展開において採用する組織のタイプとしては，①国際事業部型（本国以外の事業活動を1つの部門が担当する

型），② 地域別事業部型（国・地域ごとに意思決定を担う組織で部門化する型），③ 製品別事業部型（多角化した製品・ドメインごとに意思決定を担う組織で部門化し，それぞれ国際的に事業を展開する型），④ マトリックス型（意思決定権が地域統括者と製品・ドメイン統括者に与えられている型）がある[6]．

しかし，国際化した企業組織が必ずしもこの4つの組織タイプにそのまま相応しているわけではなく，実際にはそれぞれのタイプの折衷型も多い．

18.4 国際ポートフォリオ戦略

多くの国や地域に進出したりこれからしようとしている企業は，どの国・地域でどのような活動を行い，それをどのように調整するかという判断をしなければならない．これが国際ポートフォリオ戦略の判断の問題である．この判断にはマルチドメスティック戦略，グローバル戦略，グローカル戦略の3つの選択肢がある．

① マルチドメスティック戦略

この戦略は，国や地域で独自の製品開発やマーケティング，生産などの方針を採用して事業を展開する戦略である．これを採用すれば，現地の顧客の要求にきめ細かく対応でき，現地の制度や政策によるリスクにも対応しやすい一方で，グローバルな効率化は実現しにくい．この戦略に適した業種は，

図表18-7　国際ポートフォリオ戦略と産業特性

		グローバルな統合の必要性	
		低い	高い
現地市場への適応の必要性	低い	多様な戦略 (標準化された食品など)	グローバル戦略 (自動車，家電製品，半導体など)
	高い	マルチドメスティック戦略 (トイレタリー用品など)	グローカル戦略 (医薬品，通信，情報システムなど)

出所）伊丹敬之・加護野忠男『ゼミナール経営学入門』(第2版)，日本経済新聞社，1993年，157ページ，図4-4を一部改変して作成

化粧品やトイレタリー用品など生活習慣に影響を受けやすい業種などである．

② グローバル戦略

この戦略は，①とは逆に国や地域の独自性よりも世界全体での共通性を重視して，共通性の高い製品を多くの国や地域に供給し，そのために最適な調達・製造・販売のサプライチェーンを展開する戦略である．これを採用すれば，グローバルな効率性を実現できるが，現地へのきめ細やかな対応はやりしにくくなる．この戦略に適した業種は，自動車やテレビ，半導体など国際的な標準化の程度が高い製品の業種である．

③ グローカル戦略

この戦略は，①と②の中間的な戦略である．すなわち，世界全体での統合を志向しながらも，現地での柔軟な対応や独自性を発揮させようとする戦略である．前二者の戦略の欠点を補うのがこの戦略の狙いだが，そのための経営上の調整は容易ではない．この戦略に適した業種は，医薬品，通信，情報システムなど，技術の基盤は世界全体に適用できるが，顧客の要求や現地の制度に応じて製品の形態やサービスの方法を変える必要がある業種である．

これらの3つの戦略は，現地市場への適応の必要性とグローバルな統合の

図表18-8　日本企業の現地法人の撤退・移転の理由（2003年度）

主たる要因	製造業	非製造業
① 製品需要の見誤りによる販売不振・収益悪化	16.9%	12.1%
② 現地企業との競争激化による販売不振・収益悪化	7.0%	8.1%
③ 日系企業との競争激化による販売不振・収益悪化	2.5%	2.6%
④ 第三国系企業との競争激化による販売不振・収益悪化	10.4%	0.0%
⑤ 為替変動による販売不振・収益悪化	0.5%	1.8%
⑥ 現地パートナーとの対立	1.0%	0.4%
⑦ 地域内関税自由化等の動きに対応した拠点統廃合	8.5%	3.7%
⑧ 短期的な事業目的（ホテル，マンション，ゴルフ場建設等）の完了	0.5%	9.6%

注）調査対象は図表18-1に同じ．撤退とは，「清算（解散・倒産等を含む）」および「出資比率の低下（日本側出資比率が0％超10％未満となった）」が含まれる．
出所）図表18-1に同じ

必要性の点から図表18-7のように図式化できる．なお，インスタント・コーヒーや清涼飲料など標準化された食品などは，グローバルな統合の必要性も現地市場への適応の必要性も低い．[7]

18.5 撤退戦略

現地の経営環境の変化や自社の経営戦略の転換により，過去に進出した海外拠点を撤退させる必要が生じる場合がある．実際に，海外の現地法人をもつ日本企業の撤退比率は4～5％程度あり，2003年度では撤退した現地法人数は602社に上る．[8]

図表18-8は2003年度における日本企業の現地法人の撤退・移転の理由である．もっとも多いのは，製造業，非製造業とも，①の製品需要の見誤りによる販売不振・収益悪化であり，海外市場での製品需要予測の困難さが読み取れる．第2位は，製造業では，④第三国系企業との競争激化による販売不振・収益悪化，非製造業では，⑧短期的な事業目的の完了，と異なっている．また，①から⑤まではいずれも販売不振・収益悪化でありこれらの合計が製造業では37.3％となるのに対して，非製造業では24.6％と少ない．

撤退を実施するには，少なからぬコストが伴う．すなわち，現地の拠点の資産売却，現地の従業員の処遇やその他の利害関係者への対応，現地政府との契約上の問題，自社の拠点網の変更コスト，拠点設立を決定した責任者の責任の問題などである．したがって，撤退の決定が下されるのは，これらの問題やコストを十分考慮してそれでも利点があると判断された場合となる．

注）
1) 国際化の動機についての詳細は，伊丹敬之・加護野忠男『ゼミナール経営学入門』（第2版），日本経済新聞社，1993年，138-142ページ，絹巻康史「国際経営の展開」斎藤祥男編著『国際経営戦略』同文舘，1996年，75-76ページを参照．

2) 戦後の日本企業の国際化についての詳細は吉原英樹「国際化と日本的経営」森川英正・米倉誠一郎編『日本経営史5　高度成長を超えて』岩波書店，1995年，206-221ページを参照．
3) 2003年度における製造業現地法人の販売総額に占める現地および域内販売の割合は，北米95.3％，欧州94.4％とかなり高く，アジアでも70.0％である．経済産業省『第34回　海外事業活動基本調査』2005年3月65-67ページを参照．
4) 2002年5～6月にジェトロメンバー企業2,485社に対して行われたアンケート調査では（有効回答数897社），約70％の企業が海外拠点をもっている．また，現在および将来重要な市場に対する取り組みは「日本からの直接輸出」だけでなく「第三国での生産品を輸出」および「現地生産・加工」と回答が多元化している．さらに，海外進出製造業に限れば「現地生産・加工」（54.1％）が「日本からの直接輸出」（49.4％）を上回っている．日本貿易振興会経済情報部『日本企業の海外事業展開に関するアンケート調査報告書』日本貿易振興機構，2002年8月3ページを参照．
5) これに該当する主な企業像として，単一の製品群を扱う企業だけでなく，複数の原材料や部品を必要とする製品を複数取り扱い，しかもそれを世界各地に販売するような巨大メーカーや，多数の商品を各地から仕入れてそれを多くの国や地域に販売する巨大流通企業が想定される．
6) 国際化企業の組織の詳細については，安室憲一「コントロールと組織戦略」車戸實編『国際経営論』（第2版），八千代出版，1990年，249-255ページ，岩崎尚人「国際化の企業組織」長島賢二編著『国際化社会の経営学』（第3版），八千代出版，1991年，95-102ページ，竹田志郎『国際経営論』中央経済社，1994年，89-96ページ，堀出一郎「国際組織戦略」斎藤祥男編著『国際経営戦略』同文舘，1996年，96-109ページを参照．
7) 国際ポートフォリオ戦略については，伊丹・加護野，前掲書，154-158ページを参照．
8) 経済産業省，前掲書を参照．撤退比率＝撤退現地法人数／（現地法人数＋撤退現地法人数）×100（％）．

◆参考文献

有澤孝義「撤退戦略」車戸實編『国際経営論』（第2版），八千代出版，1990年
岩崎尚人「国際化の企業組織」長島賢二編著『国際化社会の経営学』（第3版），八千代出版，1991年
竹田志郎『国際経営論』中央経済社，1994年
堀出一郎「国際組織戦略」斎藤祥男編著『国際経営戦略』同文舘，1996年
安室憲一「コントロールと組織戦略」車戸實編『国際経営論』（第2版），八千代

出版,1990年
吉原英樹「国際化と日本的経営」森川英正・米倉誠一郎編『日本経営史5　高度成長を超えて』岩波書店,1995年

第5部　中小企業と情報ネットワーク

第19章

中小企業の現状と展開

　わが国の経済の発展に伴い，中小企業は多様な展開をしてきた．そのため，中小企業を一概に規定することはむずかしい．

　そこで，政府は中小企業の実態を明らかにするため，量的な側面に着目し，大企業との相対的な比較を行ってきた．特に，従業員数，売上高，資産額等を活用し，中小企業の規模を測定してきたのである．

　実際，わが国の非一次産業における中小企業の従業員数の割合は，2001年には79.9%に達し，中小企業は，わが国の経済にとって重要な存在となっている．

　しかしながら，中小企業の一部は大企業との従属した関係の他に，さまざまな問題を抱えているため，厳しい局面に立たされている．だからこそ，政府は，このような状況にある中小企業が再生し，経済的な自立を行えるための政策を立案・施行してきたのである．

　その中で，経営能力の高い中小企業はこのような政策に依拠せず，自らのもつ経営資源を有効に活かし，企業発展を行ってきた．これらの中小企業は，自らの経営のあり方を貫き，さまざまな問題を解決することによって業績を伸ばしてきたのである。

　したがって，中小企業は量的側面だけでは分析することができず，その意味でも，質的な側面も併せて考察しなければならない．

　本章では，以上の点を鑑み，日本の中小企業の展開を戦後から現在に至るまで確認し，中小企業の今後の発展の可能性を展望する．

19.1 わが国における中小企業について

わが国の中小企業を中小企業基本法に基づき，量的に以下のとおり確認することができる．

「中小企業とは，おおむね，資本金3億円以下又は常時雇用する従業員300人以下の会社及び従業員300人以下の個人企業を指す．ただし，卸売業の場合は，資本金1億円以下又は従業員100人以下，小売業の場合は，資本金5,000万円以下又は従業員50人以下，サービス業の場合は，資本金5,000万円以下又は従業員100人以下のものとしている．

また『小規模企業』とは，従業員20人以下の企業を指す．ただし，商業及びサービス業については，従業員5人以下のものとしている[2]」．

この小規模企業は，一般的に小規模企業者とよばれ，特に零細規模の企業を示している．

上記のように，中小企業は資本金および従業員数によって規定されているが，実際にどれほどの企業数があるのかを以下に産業別に確認する．

図表19-1から，第1次産業を除く日本の産業を，鉱業，建設業，製造業，電気・ガス・熱供給・水道業，運輸・通信業，卸売・小売業・飲食店，金融・保険業，不動産業，サービス業に区分すると，その各産業における中小企業の割合はどれも94％以上をはるかに越えている．

この中で，1996年から2001年までの大企業数の推移をみると，全体的に2001年の企業数がいちじるしく減少している．特に，卸売・小売業・飲食店は半分以下，また，サービス業は3分の1以下に至っている．

このような大企業数の極端な減少傾向にもかかわらず，中小企業数の減少は10％未満に留まっている．

図表19-2に示されているとおり，電気・ガス・熱供給・水道業を除き，各産業における中小企業の割合は60％から約88％までとなっており，この合計が約70％ということからみても，中小企業の従業員数と大企業のそれとの

図表19-1 民営産業別規模別企業数

産業	年	中小企業		うち小規模企業		大企業		合計	
		企業数	構成比(%)	企業数	構成比(%)	企業数	構成比(%)	企業数	構成比(%)
鉱業	1996	3,209	99.6	2,733	84.8	14	0.4	3,223	100.0
	1999	3,074	99.8	2,633	85.5	5	0.2	3,079	100.0
	2001	2,618	99.7	2,276	86.6	9	0.1	2,627	100.0
建設業	1996	561,745	99.9	547,328	94.0	547	0.1	582,292	100.0
	1999	555,372	99.9	526,027	94.6	475	0.1	555,847	100.0
	2001	543,397	99.9	516,405	95.0	363	0.1	543,760	100.0
製造業	1996	664,946	99.6	593,823	88.9	2,764	0.4	667,710	100.0
	1999	605,212	99.6	537,430	88.8	2,414	0.4	607,626	100.0
	2001	554,431	99.6	493,942	88.7	2,150	0.4	556,581	100.0
電気・ガス・熱供給・水道業	1996	466	94.1	237	47.9	29	5.9	495	100.0
	1999	521	95.2	274	50.1	26	4.8	547	100.0
	2001	510	94.8	266	49.4	28	5.2	538	100.0
運輸・通信業	1996	104,982	99.5	83,948	79.6	516	0.5	105,498	100.0
	1999	103,894	99.6	83,101	79.7	397	0.4	104,291	100.0
	2001	100,459	99.7	80,462	79.8	343	0.3	100,802	100.0
卸売・小売業・飲食店	1996	2,225,572	99.4	1,936,090	86.5	13,322	0.6	2,238,894	100.0
	1999	2,022,803	99.5	1,787,214	85.1	2,099,852 (?)		2,099,851	100.0
	2001	1,999,435	99.7		85.1	6,394	0.3	2,005,829	100.0
卸売業	1996	284,831	98.3	194,448	67.1	4,829	1.7	289,660	100.0
	1999	293,903	99.2	203,261	68.6	2,259	0.8	296,162	100.0
	2001	255,587	99.1	176,374	68.4	2,394	0.9	257,981	100.0
小売業	1996	1,196,240	99.4	1,062,801	88.3	7,239	0.6	1,203,479	100.0
	1999	1,084,209	99.7	945,211	86.9	2,784	0.3	1,087,993	100.0
	2001	1,054,397	99.7	915,668	86.6	3,544	0.3	1,057,941	100.0
飲食店	1996	744,501	99.8	678,841	91.0	1,254	0.2	745,755	100.0
	1999	714,754	99.9	639,231	89.4	642	0.1	715,396	100.0
	2001	689,451	99.9	615,172	89.2	456	0.1	689,907	100.0
金融・保険業	1996	34,346	98.9	33,065	95.2	375	1.1	34,721	100.0
	1999	33,119	98.9	31,842	95.1	362	1.1	35,481	100.0
	2001	34,282	99.1	33,126	95.8	312	0.9	34,594	100.0
不動産業	1996	265,823	98.9	262,980	98.8	82	0.0	265,905	100.0
	1999	260,879	100.0	257,965	98.8	95	0.0	260,947	100.0
	2001	262,654	100.0	260,025	99.0	89	0.0	262,743	100.0
サービス業	1996	1,191,833	99.0	1,023,372	85.0	12,071	1.0	1,203,904	100.0
	1999	1,181,627	99.7	1,001,806	84.5	3,881	0.3	1,185,708	100.0
	2001	1,191,823	99.7	1,008,453	84.3	3,742	0.3	1,195,565	100.0
非1次産業計	1996	5,072,922	99.4	4,483,576	87.9	29,720	0.6	5,102,642	100.0
	1999	4,836,764	99.7	4,228,781	87.2	14,340	0.3	4,851,104	100.0
	2001	4,689,609	99.7	4,102,169	87.2	13,430	0.3	4,703,039	100.0

注：
1. 企業数＝会社数＋個人事業所（単独事業所および本社・本店事業所）とする。
2. 1996年は、常用雇用者300人以下（卸売業は100人以下、小売業、飲食店、サービス業は50人以下）又は資本金1億円以下（卸売業は3,000万円以下、小売業、飲食店、サービス業は1,000万円以下）の企業を中小企業とする。
3. 1999年以降は、中小企業基本法改正後の定義に基づき、常用雇用者300人以下（卸売業、サービス業は100人以下、小売業、飲食店は50人以下）、又は資本金3億円以下（卸売業は1億円以下、小売業、飲食店、サービス業は5,000万円以下）の企業を中小企業とする。
4. 小規模企業は常用雇用者20人以下（卸売業、小売業、飲食店、サービス業は5人以下）の企業を中小企業とする。
5. 小規模企業の構成比は全企業数に占める割合とする。
6. 産業分類は、1993年10月改訂のものにしたがっている。

資料：総務省「事業所・企業統計調査」再編加工
出所：中小企業庁『中小企業白書 2005年』付属統計資料、383ページ

図表19-2　民営産業別規模別従業員数
　　　　　（会社の常雇用者数と個人における従業者総数）

規模＼項目＼産業	中小企業 会社の常雇数＋個人従業員総数（人）	構成比（％）	うち小規模企業 会社の常雇数＋個人従業員総数（人）	構成比（％）	大企業 会社の常雇数＋個人従業員総数（人）	構成比（％）	合計 会社の常雇数＋個人従業員総数（人）	構成比（％）
鉱業	30,478	84.8	14,285	39.8	5,443	15.2	35,921	100.0
建設業	3,516,530	87.7	2,159,911	53.9	493,131	12.3	4,009,661	100.0
製造業	6,635,481	61.7	2,134,914	19.9	4,119,197	38.3	10,754,678	100.0
電気・ガス・熱供給・水道業	26,962	12.4	2,236	1.0	190,678	87.6	217,640	100.0
運輸・通信業	2,058,631	67.9	354,136	11.7	974,096	32.1	3,032,727	100.0
卸売・小売業，飲食店	10,145,170	72.6	3,617,709	25.9	3,828,549	27.4	13,973,719	100.0
卸売業	2,467,928	67.8	388,725	10.7	1,170,471	32.2	3,638,399	100.0
小売業	4,909,837	68.7	1,861,774	26.1	2,234,118	31.3	7,143,955	100.0
飲食店	2,767,405	86.7	1,367,210	42.8	423,960	13.3	3,191,365	100.0
金融・保険業	182,164	15.6	76,491	6.5	987,079	84.4	1,169,243	100.0
不動産業	643,253	87.9	439,757	60.1	88,892	12.1	732,145	100.0
サービス業	6,724,696	77.0	1,993,791	22.8	2,005,533	23.0	8,730,229	100.0
非1次産業計	29,963,365	70.2	10,793,230	25.3	12,692,598	29.8	42,655,963	100.0

注）1. 数値は，会社の常用雇用者数と個人事業所（単独事業所および本所・本社・本店）の従業者総数を合算している。
　2. 中小企業とは常用雇用者300人以下（卸売業，サービス業は100人以下，小売業，飲食店は50人以下），又は資本金3億円以下（卸売業は1億円以下，小売業，飲食店，サービス業は5,000万円以下）の会社及び従業者総数300人以下（卸売業，サービス業は100人以下，小売業，飲食店は50人以下）の個人事業者とする。
　3. 小規模企業は常用雇用者20人以下（卸売業，小売業，飲食店，サービス業は5人以下）の会社及び従業者総数20人以下（卸売業，小売業，飲食店，サービス業は5人以下）の個人事業者とする。
　4. 小規模企業の構成比は会社の常用雇用者数と個人における従業者総数の合計に占める割合とする。
　5. 産業分類は，1993年10月改訂のものにしたがっている。
資料）総務省「事業所・企業統計調査」（2001年）再編加工
出所）中小企業庁『中小企業白書　2005年』付属統計資料，387ページ

割合は，各産業，各年度によっても異なるが，中小企業の従業員が占める割合が相当高いといえよう。

このように日本経済は，圧倒的に大多数の中小企業とわずかな数の大企業とで構成されている。その中で，大企業と競合関係に立っている中小企業も

図表19 - 3　製造業における従業者1人当たりの付加価値額　　（単位：10万円）

年 従業者規模	1994	1995	1996	1997	1998	1999	2000	2001	2002	2003
4～9人	5.71	5.76	5.97	6.12	5.91	5.80	5.88	5.62	5.55	5.44
10～19人	6.81	7.02	7.20	7.43	7.30	7.07	7.21	7.29	7.07	7.07
20～99人	8.21	8.58	8.90	9.08	8.88	8.82	9.14	9.13	8.90	9.00
100～299人	11.52	12.09	12.36	12.76	12.26	12.67	13.05	12.80	12.91	13.25
300～999人	15.79	16.61	17.05	17.38	16.78	16.56	17.44	16.23	15.97	16.36
1,000人以上	17.64	19.52	20.90	21.05	19.68	19.41	21.02	19.58	21.18	22.77
4～299人	8.43	8.77	9.07	9.33	9.01	9.08	9.37	9.32	9.25	9.38
300人以上	16.68	17.97	18.83	19.06	18.09	17.84	19.01	17.68	18.15	18.99

注）中小企業庁『中小企業白書　2005年版』付属統計資料から筆者作成

存在する一方で，大企業と独立して存在する中小企業も決して少なくない．

たとえば，図表19 - 3に示された，製造業における従業者1人当たりの付加価値額は，企業規模が大きければ大きいほど高い．

このように，中小企業は概して企業数や従業員数で大企業を上回っているが，図表19 - 3にみられるように，企業活動によって生み出される付加価値の生産性は，大企業にははるかにおよばないのである．

しかしながら，このような数値の枠に留まらず，極少数であるが独自の高い付加価値を生み出す中小企業も存在する．

その意味で，中小企業を正確に把握するには数量的な面では限界があり，質的な面まで考えていく必要がある．

19.2　戦後の中小企業の歴史的背景

(1)　1945年から1960年まで

日本の敗戦後，GHQの統制下におかれた日本政府は，財閥を解体することによる経済民主化を実現するため「集中排除法」[3]および「独占禁止法」[4]を

1947年に制定した．

　その後，1948年に健全かつ独立した中小企業の育成を掲げることを目的に中小企業庁設置法[5)]が制定された．これらの法律は，中小企業を単に保護育成するということよりも，大企業の独占に対するカウンターパワーとして，中小企業層の健全な役割を発揮させるものであった．

　1949年に実施された財政政策であるドッジラインは，わが国の企業に自立化と産業の合理化の創出を促すこととなった．しかし，ドッジラインは，厳しい金融引き締め政策であったため，企業倒産やそれに伴う失業が増大し，わが国は深刻な経済危機に直面した．

　その矢先，1950年6月，朝鮮戦争による特需が起こり，わが国の経済危機は回避された．その後，数々の産業育成政策，企業合理化政策，公的金融機関の設立等が採られ，中小企業の支援策が行われていった．

　このように，GHQ主導の政策は中小企業の自立をうたったものであったが，その後，大企業の発展に寄与する政策に転換していく中で，日本経済は発展する．それは，大企業の成長による産物であったが，同時に，大企業を支えてきた中小企業の経営努力の成果によるものであった．

　このような経営努力を成し体質の改善を図ってきた中小企業は，証券市場を通じて資本調達を行うことができた．これも，それらの中小企業が，独自の技術力と高い意欲をもっていたからであり，その結果，独立した中小企業へと発展できたのである．なお，その中で脱中小企業化し，独立してはいるが，大企業には至っていない中堅企業とよばれる企業も出現してきた．

　これらのわが国の経済の発展は，大企業と中小企業との経済格差の拡大といった面も露呈させていったが，世界の奇跡ともいえる経済的復興を成し遂げる原動力となった．その結果，1968年にわが国はGDP（国内総生産）で世界第2位の経済力をもつこととなった．

(2) 1970年代

1971年，固定相場制から変動相場制への移行に伴って国際的な通貨危機が起こる．また，1973年および1979年に起こった石油ショックは原油価格の高騰を引き起こし，世界的な経済危機をもたらした．この高騰が製品の製造に転化され，物価の高騰を引き起こすこととなる．

さらに，公害問題が，高度成長により深刻な社会問題を引き起こす中で，わが国は，これまで行ってきた大量生産，大量消費政策に対する構造転換を迫られることになり，企業は，環境に関しても社会的責任を負わなければならなくなった．したがって，企業は，公害に対して配慮する経営を実践せざるを得なくなり，その意味で，環境に対する投資も行い，新たな企業経営のあり方を見出していくことになるのである．

具体的には，わが国の産業界は「省エネルギー」政策とともに，マイクロコンピュータを応用した生産方式を取り入れ（ME革命），構造転換とともに技術革新を推進してきた．

また，大企業は，それに対処するため，エネルギー使用の綿密な計画を立案し，生産の合理化を進めた．これは，当然，大企業の下請関係にあった中小企業に影響し，中小企業そのものの構造転換と同時に技術革新を推進することになった．

実際，大企業は他品種・少量生産への構造転換を図るために，人員削減や生産規模縮小，さらには賃金カットを行った．そのため，下請け関係にあった中小企業にとって生産規模縮小は大きな打撃となり，経営を厳しいものにしたが，中小企業はこの危機を自ら合理化を行うことによって乗り越えていくのである．

(3) 1980年代

1980年代に入るとわが国では，70年代の世界経済危機により培われた経済力が新たに開花することになる．この背景には，技術革新により高度化され

た企業経営がある．

　このようなわが国の経済発展に対して，アメリカでは国際競争力が低下し，対日貿易収支の赤字が非常に膨大なものとなったため，「日本たたき」という日本製品を排除する事態が起こった．

　1985年，G5（先進5ヵ国蔵相・中央銀行総裁会議）が開かれ，ドル高・円高政策を採るというプラザ合意[6]がなされた．また，1988年，アメリカにおいて，不公正な貿易慣行・障壁を有する国に対し報復措置を採るというスーパー301条[7]が施行された．

　このようなプラザ合意やスーパー301条の施行を受け，わが国では急速な円高が進行し，円高不況の発生が懸念されたために低金利政策および内需拡大政策が採用された．

　また，円高の影響により，日本経済の規模は急激に拡大し，賃金の安い国への工場移転などが相次ぎ，産業の「空洞化」現象が起こった．

　しかし，中小企業を含めたわが国の企業は政府が断行した低金利政策および内需拡大政策によって危機を乗り越えていく．これらの政策は好景気を生み出したが，同時にバブル経済の発生原因となった株式投資や不動産投資などのマネーゲームを促進していくこととなる．

(4) バブル崩壊後の中小企業

　このバブル経済は，その絶頂期の1989（平成元）年ごろには空前の「平成景気」とよばれるほど好調となり，実体経済の成長では説明できないほどの資産価格の上昇を伴った．

　この異常な資産価格の上昇を抑えるため，大蔵省は1990年3月「土地関連融資の抑制について」（総量規制）という政策を施行し，景気を人為的に後退させたが，これは大蔵省の予想を上回る急激な景気後退を生み出し，わが国の経済の混乱を招くことになり，長期信用を失墜させてしまった．

　このようにして，1991年を境にバブル経済は崩壊した．この崩壊は，企業

倒産や，それに伴う高い失業率，さらに，巨額の不良債権を生み出し，「失われた10年」といった長期不況を発生させた．

近年，わが国はこの長期不況から抜け出し，景気は回復傾向にあるといわれている．そして，一部の企業はこの好況の波に乗ることができ，業績を伸ばしている．しかし，それ以外の企業はいまだ停滞している状態にある．こういった現象からも，すべて回復傾向にあるとはいえない．

上述のように激変する経済動向の中で，成長している中小企業は独自の経営資源をもち，それを高度化し経営に活かしている．だからこそ，それらの中小企業は好機に乗じ，企業発展を成すことができたのである．

19.3 中小企業の多様性

中小企業は，業種，業態，規模の面でさまざまな多様性をもっているため一律に論じることはできない．これは，中小企業が，経済の発展に伴い，社会的分業の役割を担ってきたことのあらわれといえる．

しかも，中小企業はこの社会的分業によって，量的に増加しただけでなく，質的にも多様性を増幅していったのである．

また，中小企業は，製品市場，労働市場，資本市場において，その規模が中小であるがゆえに，有利性と不利性の両面があらわれ，経営に影響をおよぼしている．そのため中小企業の多くは，その有利性を伸ばし，不利性を補うため，それぞれの中小企業がもつ独自の経営資源を活かした企業経営を行う．このような，中小企業の展開は，多様な経営形態を生み出してきた．

以上の点を踏まえ，次に清成忠男の企業性，立地，独立性の3つの基準による類型化[8]を参照し，中小企業の多様性を明らかにする．

(1) 企業性基準

中小企業の中には，企業よりも家計に近い存在もある．そこで，企業性に着目し，類型を行うと次の4つのタイプになる．

① 本来の企業

理念的にいえば，従業員を雇用し，主として利潤の極大化を目的に行動する．中小企業には，中堅企業，中企業，小企業がある．ただ，企業であるからといって，利潤を蓄積し拡大再生産を無限に図るとは限らず，成長性は経営資源によって大きくバラつく．

② 企業的家族経営

業主と家族従業者の経営が，企業として一応確立しており，利潤と賃金とを明確に分類している．したがって，利潤動機で行動しているため，家族労働も有償化されている．同時に，従業員も雇用し，「本来の企業」へと推移するものも少なくはなく，現代的な合理的高能率零細企業といえる．

③ 生業的家族経営

業主と家族従業者主体の経営であるが，企業以前の存在である．利潤と賃金，営業と家計はそれぞれ分離していない．経営の動機は，生活費としての業主所得の極大化である．

④ 副業的・内職的家族経営

家計補助を目的として営まれ，ますます拡大する支出を補塡するための経営を行う．経営資源はそれほど必要ではなく，参入が容易である．

このように，中小企業であっても，企業性をどの程度もちえているかといった側面も含め，それぞれの抱える問題は多様といえる．

(2) 立地基準

中小企業は，その立地する場所の需要面と供給面とによってビジネス活動のタイプが異なる．これを基準に類型化すると次の2つがあげられる．

① 需要指向立地型

需要が存在する場に接近して立地するタイプの中小企業である．その典型は，地域産業であり，地域の住民から生ずる局地的な需要を自らの市場とす

るタイプの産業があげられる．たとえば，小売業，対個人サービス，各種の製造兼小売業，また，建設業，運輸業，不動産業の一部などである．

② 供給指向立地型

生産要素の調達に規定されて立地するタイプの中小企業であり，原材料や労働力などの調達，観光資源，港湾などの自然条件に規定される立地を選択する．また，現在のように資源が稀少化し，資源立地として成り立たない地域にも，蓄積された経営資源に依存する理由で立地する場合もある．

実際，供給側の要因によって立地している関係で，全国市場や外国市場など需要の発生する地域から離れている中小企業は数多く存在している．

その意味で，この供給指向立地型では，特定の地域に立地して産地を形成し，産地内部に社会的分業を展開する地場産業型中小企業と，主として組立工業の大企業に部品や半製品を供給したり，大企業の生産設備そのものの供給やそれに付随するサービスを提供する大企業関連型中小企業が存在する．この大企業関連型中小企業は，下請の形態をとる企業も多いが，独立型の部品メーカーも存在する．

その他，供給指向立地型には，情報指向立地型や観光指向立地型の企業があり，大企業に依拠しない中小企業が多くみられる．

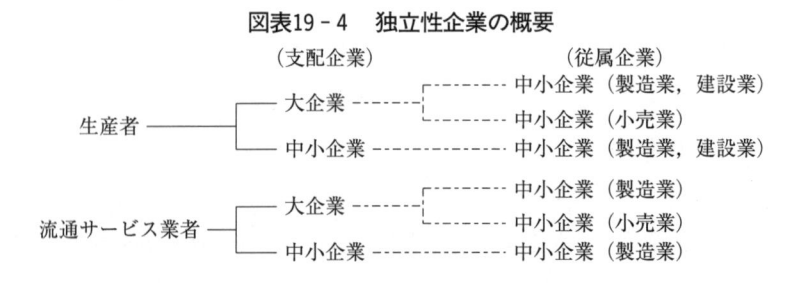

図表19-4　独立性企業の概要

```
                    （支配企業）              （従属企業）
                  ┌─ 大企業 ──────┬──── 中小企業（製造業，建設業）
     生産者 ──────┤              └──── 中小企業（小売業）
                  └─ 中小企業 ────────── 中小企業（製造業，建設業）

                  ┌─ 大企業 ──────┬──── 中小企業（製造業）
流通サービス業者──┤              └──── 中小企業（小売業）
                  └─ 中小企業 ────────── 中小企業（製造業）
```

出所）清成忠男『中小企業読本（第3版）』東洋経済新報社，1997年，22ページ

(3) 独立性基準

大企業とかかわりをもつ中小企業は少なくない．同時に，大企業から独立し，自主的に価格形成を行える中小企業も存在する．その意味で，次のように大企業との関係を基準にした2つの類型があげられる．

① 独立型中小企業

独立型中小企業は明確に規定できるわけではないが，経営者の理念といった考えをもとにすれば，独立型と従属型が考えられる．実際，この2つの間には無数の中間形態ないしは混合形態がある．そのため，図表19-4の類型化は，大企業との取引の有無ではなく，価格形成の上で対等な関係であるか否かで独立型と規定するものである．

② 従属型中小企業

従属型中小企業を支配する企業は，生産者を含め，商社，問屋，小売業，独立型中小企業など多様である．

具体的には，中小メーカーが大メーカーの下請になることや，中小小売業が大メーカーのチェーン店になり販売担当になること，小売業の大企業の下請として生産する中小メーカーや，商社が中小小売業を組織している場合，中小問屋が中小メーカーを下請にしている旧来の形態などがある．

また，従属型中小企業の内部にも，支配・従属の関係があり，重層的な下請関係にある中小企業も存在する．しかし，図表19-4の範囲を越え，下請関係の中にあって，水平的な社会的分業関係をなしている中小企業もある．

このように，従属型中小企業は，従来の下請関係のように，旧来型の支配といった固定的な形態で説明できない多様性をもっているのである．

以上，中小企業を企業性基準，立地基準，独立性基準といった類型で確認してきたが，中小企業としていかような類型であってもどのように健全な経営を行っているのかといった視点も必要となるのである．

19.4　問題性中小企業と完全機能型中小企業

　中小企業の発展は，経営の諸機能が整備され，それが効果的に働くか否かによる．つまり経営内部における経営資源の成熟度の如何により，中小企業は発展の可能性をもつのである．

　これを問題性中小企業と完全機能型中小企業に分けて以下に言及する[9]．

(1) 問題性中小企業

　問題性中小企業とは，自立してビジネス活動を展開するに必要かつ十分な活動機能が不足しているものである．そのため，この企業は，生産性が上がらず，経営資源の有効な活用や規模利益の適正な算出ができない．つまり，問題性中小企業とは，企業を存続・発展するといった正常な機能をもたず，経営不振，従属経営，経営破綻などに陥る中小企業のことをいう．

(2) 完全機能型中小企業

　完全機能型中小企業とは，独自の経営資源をもち，細分化された社会的な分業関係の中で，自立した企業活動を行うにあたって必要な機能を備えた中小企業をいう．

　また，完全機能型中小企業は，付加価値のある生産性の向上や，知識集約化を実現し，競争力を増幅させてきた中小企業であり，具体的には，中堅企業やベンチャービジネスのごとく，健全なビジネスを展開し，企業を成長発展させているものを指している．

　中小企業は，企業性基準，立地基準，独立性基準に類型化できそれぞれの類型化の中で，問題性あるいは完全機能型といったどちらかの側面をもつ．その意味で，特に問題性中小企業はその問題を克服することで，完全機能型中小企業へと発展する可能性をもつのである．

19.5 結 び

　中小企業という存在は非常に奥深く，今まで述べてきた通り一元的に捉えることはむずかしい．しかしながら，中小企業はわが国にとって非常に重要な存在であり，中小企業なくしてわが国の経済は成り立たない．

　実際，地域の自立がさまざまな経済的な局面で求められていく中で，地域を支えてきた中小企業の活性化は，多くの地域にとって切実な問題である．というのも，都市部の中小企業もさることながら，地域に存在する中小企業は地域経済を支える重要な軸なのである．

　その意味で，行政機関は，成長している完全機能型の中小企業をさらに発展させていく有効な施策を講じていくことは当然であるが，問題性を抱える中小企業を支援し，競争力をもつ完全機能型の中小企業に促していく必要がある．

　また，問題性中小企業の経営者自身も，経営理念を整え，問題性を打破することで，自社の発展だけでなく地域を支えることができ，それこそが，わが国の経済を豊かにしていくことにつながっていくことになる．

　したがって，中小企業がどの類型であっても，自らの経営を存続・発展させていくことこそ重要なのである．

注）
1) これは，1999年に公布された中小企業基本法で定義されたものである．中小企業基本法は1963年の公布施行から，1973年の一部改正を経て，1999年に全面的に内容が改正されている．
2) 中小企業庁編『中小企業白書2005年版』2005年，凡例より
3) 日本の財閥解体の一環として，大企業の経済力の集中を排除し分散させるために，昭和22（1947）年に制定された法律であり，米占領政策の転換で徹底されなかった．一般的に集中力排除法といわれているが，正確には，過度経済力排除法である．
4) トラスト・カルテルなどによる競争の制限や事業活動の不当な拘束を排除

し，企業結合などによる過度の経済力集中を防止して公正かつ自由な競争を促進し，国民経済の健全な発達を目的とする法律である．正式名称は「私的独占の禁止及び公正取引の確保に関する法律」．昭和22（1947）年施行．独禁法．
5) 中小企業庁設置法第1条．
6) 1970年代末期のようなドル危機の再発を恐れた先進国により協調的ドル安の実施を図るため，このプラザ合意が成された．
7) もともとこの法律は，1989年と1990年の時限措置であったが，1994年の復活後，1997年に失効した．だが，1999年に大統領令により2001年までの期限で復活した．2001年以降は失効中である．このスーパー301条はその具体的手順として，①輸入障壁のある国を特定して「優先交渉国」とし，その改善を要求する，②3年以内に改善されない場合は報復のため関税引き上げを実施，などを定めている．
8) 清成忠男は，多様化する中小企業を類型化し，明確化した（清成忠男『中小企業読本［第3版］』東洋経済新報社，1997年，19～23ページ）．
9) 問題性中小企業は，問題性型中小企業として山中篤太郎をはじめ多くの研究者らによって論争されてきた．瀧沢菊太郎はこれを整理し，問題性型中小企業と問題をもたない中小企業とに分けた（瀧沢菊太郎「中小企業とは何か」『中小企業とは何か』有斐閣，1996年，9～12ページ）．こういった問題性を抱えた企業の捉え方には諸説がある．たとえば，加藤孝は，企業がどのような所有形態を取るかによって異なる企業性に基づく経営機能の問題とし，「問題性中小企業」と「完全機能型中小企業」とよんで，問題性中小企業の発生のメカニズムを論じている．

　本章では，経営機能の側面に立ち「問題性中小企業」と「完全機能型中小企業」について論じている（詳しくは，加藤孝「中小企業集積地域の活性化方策」『中小企業の現状とこれからの経営』中央大学出版部，1999年，および，加藤孝「県央地域活性化戦略への示唆」『地域活性化ジャーナル』第12号，新潟経営大学地域活性化研究所，2006年を参照されたい）．

◆参考文献

経済企画庁編『経済白書（昭和32年度）』至誠堂，1957年
藤田敬三・竹内正巳編『中小企業論（第3版）』有斐閣双書，1987年
小林靖雄・瀧澤菊太郎編著『中小企業とは何か』有斐閣，1996年
清成忠男『中小企業読本（第3版）』東洋経済新報社，1997年
前田重郎・石崎忠司編著『中小企業の現状とこれからの経営』中央大学出版部，1999年
日本興業銀行産業調査部『日本産業読本（第7版）』東洋経済新報社，1997年

相田利雄・小川雅人・毒島龍一『新版・現代の中小企業』創風社，2002年
池田潔『地域中小企業論』ミネルヴァ書房，2002年
松井敏邇『中小企業論』晃洋書房，2004年
中小企業庁『中小企業白書 2005年版』ぎょうせい，2005年
加藤孝「県央地域活性化戦略への示唆」『地域活性化ジャーナル』第12号，新潟経営大学地域活性化研究所，2006年

第20章

中小企業と情報ネットワーク

　わが国は，2001年から政府主導で推進された e-Japan 戦略[1]の成果として，通信速度の面とブロードバンド料金の低廉化において2004年に世界第1位という評価を国際電気通信連合から得た．

　このようにわが国のインフラ環境が整っていく中で，多くの企業経営者は企業内部においてはもちろんのこと，企業外部においても IT 化を展開していった．特に，企業経営者がめざしたことは，企業の IT 化の中核をなす情報ネットワークを組織に根づかせ，更なる組織強化を図り，取引企業との関係性を深めていくことであった．

　しかしながら，この情報ネットワークを企業のツールとしていち早く活用したのは大企業であり，多くの中小企業は，いまだにその活用を模索している状況である．

　したがって，本章では，以上の点を踏まえ，中小企業と情報ネットワークとの関係について述べ，情報ネットワークの活用による中小企業の発展可能性について言及する．

20.1 情報ネットワークについて

　今井賢一は情報ネットワークを「場」という概念をもって企業経営の側面に特化して考察し，企業内部の効率化を行う「場」と，組織と組織との関係をさらに深めていく「場」の，2つの「場」を説明している[2]．

　情報ネットワークはコンピュータの性能が高度化し，特に LAN の出現によってオンラインシステムが企業内に浸透していく中での情報の共有を可能

にした．この情報ネットワークの進展が企業の内部展開を強化していくこととなる．

実際，企業の内部展開により，コンピュータが単に日常業務を迅速に処理するツールにとどまることなく，経営者の意思決定を社内全体に伝え，組織の一体化を図ることにも寄与していくことになる．

また，企業組織に情報ネットワークが根づいていくことで，業界や自社を取り巻く状況などの戦略的な情報を獲得し，さらに，外部企業との受発注などの取引業務をより活発にするなど企業の外部展開にとっても情報ネットワークが欠かせないものになってきた．

図表20-1が示すように，わが国のブロードバンドは世界一の通信速度と低料金を実現し，企業がそれを活用できる環境が整った．

このような情報ネットワークの環境が整備されてきたことは，外部企業との接続可能性がさらに拡大したことを意味する．しかも，ユビキタスネットワーク時代の到来によって，企業が情報ネットワークを新たに活用していく

図表20-1　ブロードバンドサービス（DSL）の利用料金・通信速度の現状（諸外国との比較）

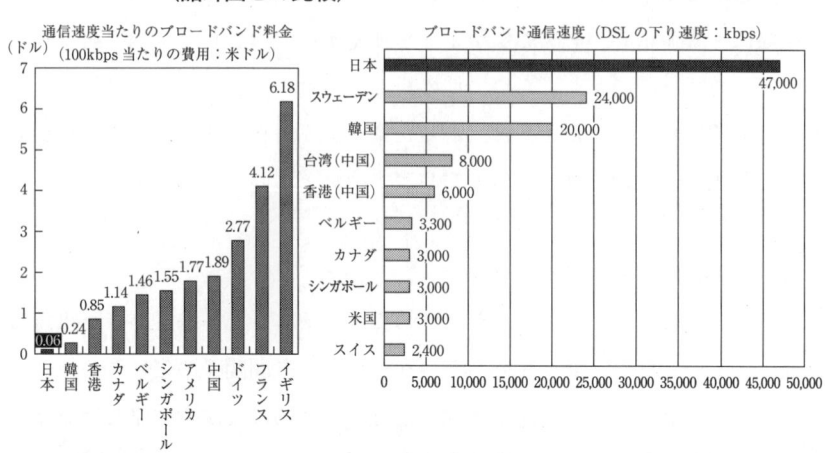

通信速度当たりのブロードバンド料金（ドル）（100kbps当たりの費用：米ドル）

国	料金
日本	0.06
韓国	0.24
香港	0.85
カナダ	1.14
ベルギー	1.46
シンガポール	1.55
アメリカ	1.77
中国	1.89
ドイツ	2.77
フランス	4.12
イギリス	6.18

ブロードバンド通信速度（DSLの下り速度：kbps）

日本	47,000
スウェーデン	24,000
韓国	20,000
台湾（中国）	8,000
香港（中国）	6,000
ベルギー	3,300
カナダ	3,000
シンガポール	3,000
米国	3,000
スイス	2,400

出所）全国均衡のあるブロードバンド基盤の整備に関する研究会『ブロードバンド・ゼロ地域脱出計画』総務省，2005年，8ページ

段階に入っていく可能性が出てきた．

したがって，企業はユビキタスネットワーク時代に対応する情報ネットワークを構築し，どのように活用していくかといった現実的な問題に迫られている．その際企業は情報ネットワークを経営活動の「場」として活かさなければならず，その意味でも，「場」を具体化する企業間の連携など，組織間の関係を明確にしていく必要がある．

以上より，企業がネットワークを活用し他の企業と連携する際の組織間関係のあり方として，次の5つのパースペクティブ[3]があげられる．

(1) 資源依存パースペクティブ

組織は，自らの組織が稀少であり重要と思われる資源を獲得できなければできないほど，他組織に依存してしまう．それゆえ，この資源の獲得・処分をめぐって，対等でない（パワー不均衡）組織間関係が形成・維持される．たとえば，元請・下請関係などが考えられる．

(2) 組織セット・パースペクティブ

組織は，資源依存パースペクティブを補完するものとして，他の組織からの資源・情報を獲得し，さらに，他の組織へ新たに資源・情報を提供する相互作用の関係をいう．たとえば，ある企業から原材料を仕入れ，それを製造し，商品化したものを他の企業に売り渡すそれぞれの組織間の関係をいう．

(3) 協同戦略パースペクティブ

組織は，資源依存パースペクティブのように依存や力を基盤とした組織間関係，あるいは共同・共生・協力という対等の組織間関係のどちらか1つを選択する．後者を選択した組織は他の組織と主体的に交渉や妥協を行いながら，共有化された目標・戦略を達成する．

(4) 制度化パースペクティブ

　組織は，自らの存在の正当性や行動の妥当性・適切性の保障を得るため，自らが同調でき，同型である他の組織と連携する．それは，資源に依存する関係よりむしろ，共通の信念や行動が同一であるかに重く他の組織に依存し，模倣し，あるいは規範とする．たとえば，経済4団体があげられる．

(5) 取引コスト・パースペクティブ

　取引コスト・パースペクティブは，市場・組織・中間形態（ネットワークなど）において価格調整が行われる組織間関係を位置づけるものである．その意味で，これらの組織間の取引関係の中で，このパースペクティブは，「効率」の観点に重きをおいて取引コストを最小化する．

　このような資源依存パースペクティブを中心とする5つのパースペクティブは，企業間にネットワークを構築するそれぞれの契機を明確にしている．つまり，以上の5つのパースペクティブは，ネットワークの概念として一般化されている異業種交流や産学官連携，戦略的連携などを成し，これらの連携によってイノベーションまでも創出される可能性をもつと考えられる．だからこそ，情報ネットワークが企業行動の強化に結びついてきたのである．

20.2 ナレッジ・マネジメントにおける情報ネットワーク

　ネットワークの概念を支えるものとして，ナレッジ・マネジメント[4]があげられる．それは，知識創造，つまり形式知と暗黙知を基盤としており，「場」を形成する上で必要である．

　形式知は，言葉や数字で表すことができ，たやすく伝達・共有することができる．一方，暗黙知は，主観に基づく洞察，直観，勘をいう．さらに，暗黙知は，個人の行動，経験，理想，価値観，情念などにも深く根ざしており，非常に形式化しにくいので，他人に伝達して共有化することはむずか

しい。[5]

もともとコンピュータによるネットワークの構築で必要とされてきたものは，マニュアル化された形式知であった．

たとえば，製造業においては経験を重視し，技術を伝授してきた暗黙知が重要とされる．そのような暗黙知をネットワークに転化していくためには，暗黙知を動員し，形式知に転換することが必要になる．

これは，ネットワークを通じ暗黙知を形式知に転化させ，さらにその形式知を高度な暗黙知に創造していく過程である．

つまり，暗黙知は形式知に転化されることによって初めて経営資源として蓄積される可能性をもつのである．そして，それが組織にかかわる個人の能力を最大限に発揮させることを通じて，組織の力を相乗作用的に高めていくことができるのである．

その意味で，このスパイラルをなす4つのモード[6]は次のように整理することができる．

(1) 共同化（暗黙知から暗黙知へ）

共同化とは，経験を共有することによって，メンタルモデルや技能などの暗黙知を創造するプロセスである．人は言葉を使わずに，他人のもつ暗黙知を獲得することができる．修行中の弟子がその師から，言葉によらず，観察，模倣，練習によって技能を学ぶのはその一例である．

(2) 表出化（暗黙知から形式知へ）

表出化とは，暗黙知を明確なコンセプトにあらわすプロセスである．これは暗黙知がメタファー，アナロジー，コンセプト，仮説，モデルなどの形をとりながら，次第に形式知として明示的になっていくという点で，知識，創造，プロセスの真髄である．われわれは，あるイメージを概念化しようとするときたいていは言語を用いる．書くということは暗黙知を形式知に変換す

る行為なのである．しかしながら，言語表現はしばしば不適当，不十分であり概念化することはむずかしいし，一貫していないことが多い．そのようなイメージと表現の不一致やギャップがわれわれ人間の思考や相互作用を促すのである．

(3) 連結化（形式知から形式知へ）

連結化とは，コンセプトを組み合わせて1つの知識体系を作り出すプロセスで，この知識変換モードは異なった形式知を組み合わせて新たな形式知を作り出す．われわれ一人ひとりは，書類，会議，電話，コンピュータ・ネットワークなどを通じて知識交換しながら組み合わせる．コンピュータ・データベースなどのように既存の形式知を整理・分類して組みかえることによって新しい知識を生み出すこともできる．

(4) 内面化（形式知から暗黙知へ）

内面化とは，形式知を暗黙知へ退化させるプロセスである．それは行動による学習と密接に関連している．個々人の体験が共同化，表出化，連結化を

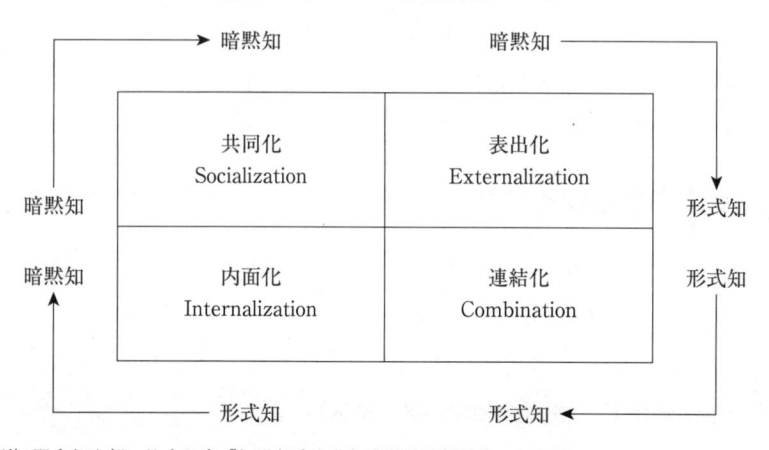

図表20-2　4つの知識変換モード

	暗黙知	暗黙知	
暗黙知	共同化 Socialization	表出化 Externalization	形式知
暗黙知	内面化 Internalization	連結化 Combination	形式知
	形式知	形式知	

出所）野中郁次郎・竹中弘高『知識創造企業』東洋経済新報社，2002年，93ページ

通じてメンタルモデルや技術的ノウハウという形で暗黙知ベースへ内面化されるとき，それは彼らにとって非常に貴重な財産となる．

　形式知を暗黙知に内面化するためには書類，マニュアル，物語などに言語化，図式化されていなければならない．文書化は体験を内面化するのを助けて暗黙知を豊かにする．さらに，文書やマニュアルは形式知の疑点を助け，ある人の経験を他の人に体験させることができる．

　以上，4つのモードを図式化すると次のようになる（図表20-2）．
　中小企業のネットワークを実現するための基本的なアプローチをここで確認してきたが，この中で問題となることは連携する相手を誰にするのか，あるいはネットワークを調整するメカニズムもしっかりと調整していかなければならない．
　中小企業は多様であるがゆえに，複雑性を生み出し，自ら発展する可能性を閉ざしてしまうこともあった．だからこそ，情報ネットワークはその活路を見出す重要なツールとして活用しなければならないのである．実際，現在の情報ネットワークは技術的側面を考えたとき，より高度化しているため不可能といえる技術はないといわれている．
　したがって，中小企業の発展可能性はこの高度な技術をもってどのようにナレッジ・マネジメントを情報ネットワークに活用し，連携する企業と新たな展開を創造できるかによるのである．

20.3　中小企業と情報ネットワーク

　本節では，実際に中小企業においてどのように情報ネットワークが活用されているかを2つの事例から確認する．

(1)　**事例研究1　（株式会社ツバメックス）**
　新潟県新潟市にある株式会社ツバメックス[7]（代表取締役社長：賀井治久

は，金型製造および部品加工を行う企業で，自動車，建築資材，家電製品などのプレス金型，モールド金型の製造および金属部品のプレス加工，プラスチック成形品の製造，組立を行っている．

特に，ツバメックスは，「腕と経験が頼りの職人芸の世界」といわれている金型製造分野で，業界に先駆けて3次元CAD/CAMシステムを導入し，高精度，短納期を実現した金型製造を進めてきた企業である．

具体的には，金型製作の基本となる設計情報をもとに，資材手配，工程管理，進捗情報，原価管理など経営に必要な管理を行うため，ソリッド設計システム[8]を中核とした総合管理システム（CIM）[9]の構築を推進している．また，設計に関して3次元CADソフトを駆使し，設計時間短縮，納期短縮がむずかしい大規模なカスタマイズを実現している．

これらの企業展開を行えるのもツバメックスがさまざまな自動設計ができる3次元設計支援プログラムを開発しているからである．また，3次元の設計は2次元の設計に比べ，一般的に手間がかかり，単純な形状作成において非常に時間がかかる．そこで，ツバメックスは，プレス金型特有の形状作成をプログラムで自動化することにより，設計作業の効率化を図っている．

しかも，量産の効率化によって，小ロットの試作品製作にも対応している．それは，まさに，金属加工部門において，生産技術開発を常に追求し，金型製作・部品加工・組立加工・完成品までの一貫した生産体制で，合理化，自動化，標準化を意欲的に推進していることによる．

また，厳しいチェック体制で信頼性と精度の高い安定した製品を顧客に提供していることや，設計，加工段階に生じるさまざまな不具合を事前に把握することが，新たな製品開発のコストダウンや短納期製作に大きく貢献している．

さらに，ツバメックスは，自社のHPを開設している企業を中心に取引をしており，自らの企業とフラットに取引できる企業との関係を重視している．つまり，ツバメックスは自社の経営資源に対して自信をもち，企業経営

を行っているのである．

というのも，ツバメックスは取引関係を成す企業に対して，せめてHPの掲載や電子メールなどを活用できる能力をもち，その企業と迅速なコミュニケーションを取れることを望んでいるからであるといえよう．

つまり，ツバメックスは，相手企業の望む高質な製品の製造を通じてナレッジ・マネジメントを実現している．具体的には，ナレッジ（知識）を取引企業と共有し，ツバメックスのもつ技術を暗黙知から形式知，形式知から暗黙知へのスパイラルを実現しているのである．その意味で，ツバメックスの3次元CAD/CAMシステムのなす「場」は，ソフト開発により，新たなる創造であるイノベーションを生み出すのである．

以上の展開の中で，ツバメックスは，情報化の時代を見据え，強い経営者意識をもって自社のIT化を進めていった．特に，取引関係の中で，以上のような情報ネットワークを活用したIT化こそ企業発展に必要であるとツバメックスは認識し，他社の追随を許さない強固なIT化を実現したのであ

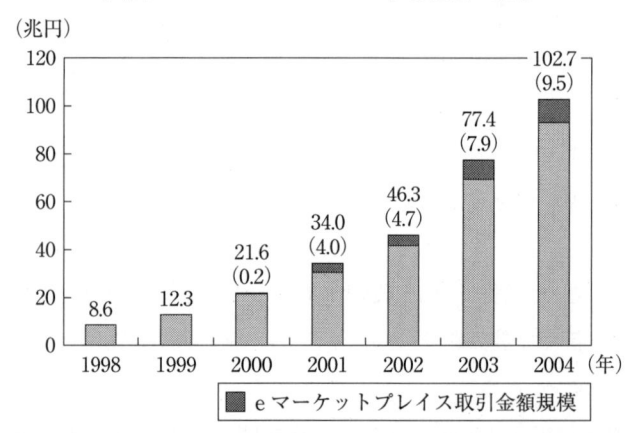

図表20-3　B to B　ECの市場規模の推移

（兆円）

年	市場規模	(eマーケットプレイス)
1998	8.6	
1999	12.3	
2000	21.6	(0.2)
2001	34.0	(4.0)
2002	46.3	(4.7)
2003	77.4	(7.9)
2004	102.7	(9.5)

■ eマーケットプレイス取引金額規模

注）（　）内はeマーケットプレイス取引金額規模　1999年はBtoB EC調査未実施のため，1998年調査の予測値を記載
出所）経済産業省・電子商取引推進協議会・NTTデータ経営研究所「平成16年度電子商取引に関する実態・市場規模調査」2005年，42ページ

る．

(2) 事例研究2（越後ものづくりネットワーク）

『情報化白書 2005』[11]によれば，BtoBのEC市場規模は2004年度において，102兆6,990億円に達した．そして，前年からの伸び率は，33％増であり，前回の伸び率67％増に比べれば鈍化しているものの，金額規模では，25兆円を超える大きな伸びとなっている．

次に，図表20-3において，「BtoB EC市場規模の推移」を確認すると，EC市場全体の102兆6,990億円に対し，eマーケットプレイスは9兆5,170億円に達している．

しかし，eマーケットプレイスは，2000年当時，約1,200サイトが構築されたが，事業的に成り立つことが容易ではなく，2005年までには，50～100サイトに集約されるのではないかとみられていた[12]．

というのも，当初のeマーケットプレイスは，誰に対して売ろうとしているのか，また，そこに参加した企業は何をすればよいのかが模索され，明確化されていなかった[13]．

そういった状況の中で，サイト数が減少してもeマーケットプレイスの取引額が9兆5,170億円に達したことは，それが必要とされるところでは着実に活用されてきたことがうかがえる[14]．

実際，中小企業のBtoBサイトの中で，機能しているいくつかのサイトが存在する．その1例として，社団法人三条工業会（新潟県）が運営する「越後ものづくりネットワーク」[15]を紹介する．

「越後ものづくりネットワーク」は，1998年に新潟県の三条市役所「21世紀産業振興ビジョン推進会議」[16]の中の，IT化推進分科会で考えられたものである．当時からその委員であり，三条工業会のITの展開に貢献してきた成田秀雄（ナリタ工業代表取締役）はこのネットワークの原案をこの委員会で発表し，その結果として構築されたのがBtoBサイトであった．

三条工業会は約500社の製造業者を会員にもち，会員企業に対してIT活用の啓蒙を行うなど，独自のIT展開を進めてきた．

　しかし，新潟県三条市の製造業に限らず全国の中小企業，特に零細企業は，IT化を性急に行う必要を感じていない企業が決して少なくない．

　そこで，三条工業会はIT教育を各会員に根強く行っていき，この「越後ものづくりネットワーク」の活用によって生じる受注増の実現可能性を示したのである．実際にこのネットワークは，2004年のサイトの開設時から受注を得ることができ，わずか1年で総額で約3億円の取引が成立した．

　それができたのも，成田がこのネットワークにパッケージャー[17]というネットワークを仕切る人員を置き，ITをこれから積極的に取り入れていく会員に電話やFAXを使って取引相手を紹介していったからである．

　また，このネットワークはITを活用できる企業がパッケージャーを通さずダイレクトに見積依頼を電子メールで自動的に受け取り，見積依頼を行った企業と直接取引関係を築ける側面ももっている．

　このネットワークのパッケージャーを担当しているのは三条工業会専務理事の涌井清次である．涌井は，新潟県三条市にある株式会社涌井製作所の専務および工場長を平成16年まで務めてきた．このように，経営にも技術にも精通し，相手企業からの高度な専門技術の質問にも答えることができ，地域の諸企業の内容を熟知している人材が，パッケージャーとしてこのネットワークを仕切っているのである．

　言い換えれば，パッケージャーは，業界および地域企業の状況に精通していなければ，その業務を行えないのである．

　だからこそ，このネットワークは，取引企業がネットワークに加入している企業を知ることができるよう，また，パッケージャーが取引企業に対し紹介できるようデータベースはもとより，ネット上でさらにアクティブな展開ができるシステムになっている．また，このネットワークにアクセスした企業が，常にネットワークに関してアクティブな展開を可能とする企業と対話

できるよう構築されているのである．

このように，「越後ものづくりネットワーク」は，ITを今後活用していこうとする中小企業には情報ネットワークから得た取引企業を提供し，ITをすでに活用している企業には新たな取引企業との連携を生み出すといった，二面性をもっている．

さらに，この情報ネットワークから生み出された連携には，以下のようなナレッジ・マネジメントの4つのモードがすべて含まれている．

まず，パッケージャーがそれぞれの中小企業のもつ技術などの暗黙知を形式知に転化し他企業に知らせる情報を作成し，表出化する．次に，形式知を他企業に提供し，取引を成立させ，連結化する．そして，その取引を受けた三条工業会の企業は，その受注内容である形式知を自社で製造することを通じて暗黙知に変え，内面化する．最後に，その完成した製品を取引企業に引き渡すことで，共同化が実現されるのである．

その意味で，「越後ものづくりネットワーク」は，現在情報ネットワークに必要なナレッジ・マネジメントと同時に，先にあげた組織間関係の5つのパースペクティブを体現し，ネットワークに必要な「場」を提供している．

だからこそ，このネットワークは，地域に展開する中小企業のネットワーク[18]として従来考えられてきた異業種交流や戦略的連携を踏まえ，マッチングサイトとしても成功した事例といえるのである．

上述したとおり，情報ネットワークは地域の活性化に寄与する活用へと展開している．その意味で，このネットワークは，ポーター（Porter,M.E., 1998）によって示されたクラスターといった諸産業や諸制度にまたがる横断的な連結性と互換性を生み出し，地域産業の競争力を高める発展可能性をもつのである．

20.4 結 び

2005年にユビキタス社会の到来が提唱され「いつでも，どこでも，何で

も，誰でも」ネットワークにつながることにより，さまざまなサービスが提供され，生活の豊かさの向上や経済の活性化，社会上の問題の軽減などの恩恵がもたらされることが期待されてきた[19]．

このような社会の到来にあって中小企業は構造転換の渦に巻き込まれ，合理化や海外企業との競合関係，さらには産業の空洞化が加速されるただ中にさらされている．その意味で，中小企業はますますその存在が厳しい状況となっている．

また，現在，ブロードバンドの発展に伴い，デジタルディバイド（情報格差）が生み出された結果，新たに地域間の経済格差を生み出してしまった[20]．ブロードバンド環境の整っていない地域の中小企業はこの影響を少なからず受けている．

その一方で，情報ネットワークは国境を越えた経済のグローバル化，特にアジア諸国とのボーダレス化をよりいっそう促進させ，同業の海外企業との熾烈な国際競争を激化させている．

このような状況の中で，IT を自らの経営のツールとしている中小企業は，既成の枠組みを打破し，いかなる環境の中でも，企業発展を成し遂げているのである．

つまり，中小企業が再生していくためには IT をどのように活用するかといった視点だけではなく，中小企業が自らの経営理念をもとに，経営管理・経営組織・経営戦略を再構築することが必要なのである．その基盤を成してこそ，中小企業は，「場」および「ナレッジ・マネジメント」を有機的に構成した情報ネットワークを経営強化のツールにすることができ，だからこそ，中小企業が企業連携して事業を行う際に「5つのパースペクティブ」が活かされるのである．

最後に，中小企業は情報ネットワークを経営強化のツールとして活用することを試みるならば，それを実現する強い意思と実行力が必要なのである．

注)
1) 2001年1月6日に「高度情報通信ネットワーク社会形成基本法」（IT基本法）が施行され，IT戦略本部が発足した．同年，1月22日に「わが国が5年以内に世界最先端のIT国家になる」という目標を掲げたe-Japan戦略が決定された．その結果，わが国のブロードバンド環境は，通信速度と価格の面で世界一になった．
2) これは，筆者による今井賢一の情報ネットワークの要約である．詳しくは今井賢一『情報ネットワーク社会の展開』（筑摩書房，1990年）および今井賢一・野中郁次郎『高度情報化社会の戦略と組織』（第一法規出版，1989年）を参照されたい．
3) 5つのパースペクティブの考えは，山倉健司の「組織間のパースペクティブ」をまとめたものである（山倉健嗣『組織間関係』有斐閣，1993年，33-57ページ）．
4) このナレッジ・マネジメントは，野中郁次郎が『知識創造企業』で述べている．
5) 野中郁次郎・竹中弘高『知識創造企業』東洋経済新報社，2002年，8-9ページ
6) 前掲書，90-109ページ
7) ツバメックスは，1961年に新潟県燕市にプレス加工を行う企業として設立され，1968年に自動車部品金型の製造を開始した企業である．現在，資本金4,000万円，従業員数230人といった中規模の中小企業として，ナカ工業株式会社，株式会社城南製作所，三菱電機ホーム機器株式会社，東亜工業株式会社，石川島芝浦機械株式会社，また，トヨタ自動車株式会社を始め，主要自動車企業などの取引企業をもち，平成17年度前期年間売上高463,800万円の実績を生み出すなど，順調に利益をあげている．このような実績が新潟県から評価され，ツバメックスは平成11年に新潟県経済振興賞を受賞した．
8) コンピュータ上で3次元グラフィックスを扱う際に使われる立体表現方法の1つ．立体を面の集合として捉え，面と面の間の状態に関するデータも扱う手法．物体の体積や重さ，重心を求めたり，断面を表示したりすることができる．工業製品の設計や，学術研究などの分野で使われることの多い手法である．
9) CIMは，Computer Integrated Manufacturingの略であり，製品の設計から生産までの全工程を一貫してコンピュータで統合する方式である．現在，大手自動車メーカーなどがCIMを活用し，急激に普及している．
10) 中小企業庁『中小企業白書 2003年』ぎょうせい，2003年，182ページ
11) （財）日本情報処理開発協会編『情報化白書 2005』コンピュータ・エージ社，2005年，106-107ページ
12) 前掲書，98ページ

13) 拙稿「地域情報ネットワークの視座」『地域活性化ジャーナル』第9号，新潟経営大学地域活性化研究所，2003年，47ページ
14) 『情報化白書 2005』98ページ
15) 2004年1月に説明会を開き，会員にこのネットワークの主旨や活用方法を説明することで会員からも理解を得ることができ，2004年2月にシステム運用を開始した．2005年12月現在でアクセス件数が累計で28,000件を越えた．そして，引き合い案件が年平均約250件，契約件数年平均約25件といった実績をあげた．この「越後ものづくりネットワーク」について詳しくは，成田秀雄「越後ものづくりネットワークについて」『地域活性化ジャーナル』第11号（新潟経営大学地域活性化研究所，2005年）および拙稿「製造業における「地域サプライチェーンネットワーク」の構築」『自動車における軽量化・LCA化および企業情報ネットワークに関する研究』（新潟経営大学地域活性化研究所，2004年，83-87ページ）を参照されたい．
16) 新潟県三条市では，1998年に新潟県三条市の業界団体，県内大学機関などの協力を得て，この産業振興を推進する委員会を立ち上げた．その後，隔年ごとに提言を打ち出し，具体的な展開を行っている．
17) 「越後ものづくりネットワーク」のパッケージャーは工業会に精通している涌井専務理事が担当している．涌井専務は，ネットワークにアクセスしてきた企業に直ちにレスを送り，同時に，会員の中小企業に電子メールはもとより，電話，FAXを駆使し，その企業を紹介する．つまり，マッチングサイトを機能させるパッケージャーとは，経営と技術の両面の情報を発信できる人材のことである．
18) 東大阪の中小企業は情報ネットワークを活用し，異業種交流を実現し製品開発などのさまざまな展開を行っている（湖中齊・前田啓一・粂野博行編『多様化する中小企業ネットワーク』ナカニシヤ出版，2005年，35-48ページ）．
19) 総務省編『平成16年版　情報通信白書』ぎょうせい，2005年，25ページ
20) 全国均等にあるブロードバンド基盤の整備に関する研究会『ブロードバンド・ゼロ地域　脱出計画』総務省，2005年，22ページ

◆参考文献

今井賢一・野中郁次郎『高度情報化社会の戦略と組織』第一法規出版，1989年
今井賢一『情報ネットワーク社会の展開』筑摩書房，1990年
山倉健嗣『組織間関係』有斐閣，1993年
Poter,M.E., *ON COMPETITION*, Harvard Business School Press, 1998.
　（竹内弘高訳『競争戦略II』ダイヤモンド社，1999年）
中山健『中小企業のネットワーク戦略』同友館，2001年

西口敏弘『中小企業とネットワーク』有斐閣，2003年
中小企業庁『中小企業白書 2003年』ぎょうせい，2003年
（財）日本情報処理開発協会編『情報化白書 2005』コンピュータエージ，2005年
湖中齊・前田啓一・粂野博行編『多様化する中小企業ネットワーク』ナカニシヤ出版，2005年
日本政策投資銀行新潟支店『三条・燕地域の企業活力の源泉に学ぶ』2005年
総務省編『平成16年版　情報通信白書』ぎょうせい，2005年
全国均等にあるブロードバンド基盤の整備に関する研究会『ブロードバンド・ゼロ地域　脱出計画』総務省，2005年

第21章

ベンチャービジネスの展開

21.1 はじめに

　ベンチャービジネスとは，研究開発を集約的に行う新規の中小企業の創業や，第二創業といわれるような経営革新を行い既存の事業の枠を打破し新たな事業を展開する中小企業の経営，さらには既存の大企業や中小企業の組織内で新規事業を展開していくことである[1]．このようなベンチャービジネスは，いずれの形態を取っても経済発展の起爆剤として常に注目されてきた．

　また，ベンチャービジネスを支援するためにベンチャーキャピタル（VC）が創設され，第二創業を促すために中小企業基本法（1999年）が大幅に改定された．

　このような中でベンチャービジネスが多様性をもつのも，とりわけ，ベンチャービジネスを活かす土壌が中小企業にあるからではないかと考える．

　しかしながら，中小企業がすべてベンチャービジネスを行っているとはいいがたい．というのも，ベンチャービジネスが中小企業だけでなく大企業の組織内部で展開されていることや，また，中小企業の多くが，既成の業界を支えているからである．

　なお，経営を行う上で経営革新をめざすことは企業として当然であり，その意味で，時に応じて既成の事業を行っている多くの中小企業がベンチャービジネス的な企業行動をとることもある．

　以上の点を踏まえ，本章では，中小企業に着目し，中小企業のベンチャービジネスの展開について言及する．

21.2 ベンチャービジネスとは

　ベンチャービジネスは，1970年代にその考え方が提示され，VC の支援などもあって，現在，図表21-1の体系図に集約できる．特に，ベンチャー組織は，営利型ベンチャーと非営利型ベンチャーとに分かれるが，本節では，営利型ベンチャーをとりあげ，ベンチャービジネスの概念とその定義および VC について述べる．

(1) ベンチャービジネスの概念

　ベンチャービジネスは，1970年に清成忠男と中村秀一郎とによって命名されたものであり，既存の中小企業の事業に対峙する知識集約的な新しいタイプの中小企業が行う事業として考えられたものである．

　その中で，清成は，ベンチャービジネスについて以下のように述べている[2]．

　「ベンチャービジネスとは，知識集約的な現代的イノベーターとしての中小企業である．創造的で，ソフトに特徴のある中小企業である．具体的には，研究開発集約的，デザイン開発的，あるいはシステム開発集約的な企業である．これらの企業は，ハイリスクであり，まさにベンチャービジネスなのである」．

　このような清成の考えは，わが国がベンチャービジネスに対して新たな可能性を見出そうとするものであった．実際，この頃のアメリカにはベンチャービジネスという概念はなかったが，ベンチャービジネスに照応する実体が存在し，それがアメリカの経済発展に大きな影響を及ぼしていた．その意味で，わが国はアメリカのような経済的な成長をベンチャービジネスに求めたのであった．

　また，このベンチャービジネスの登場の背景には，1970年代当時の重化学工業の成熟化による脱工業化への移行，知識集約型の産業展開や既存産業に

図表21-1　ベンチャー組織の体系図

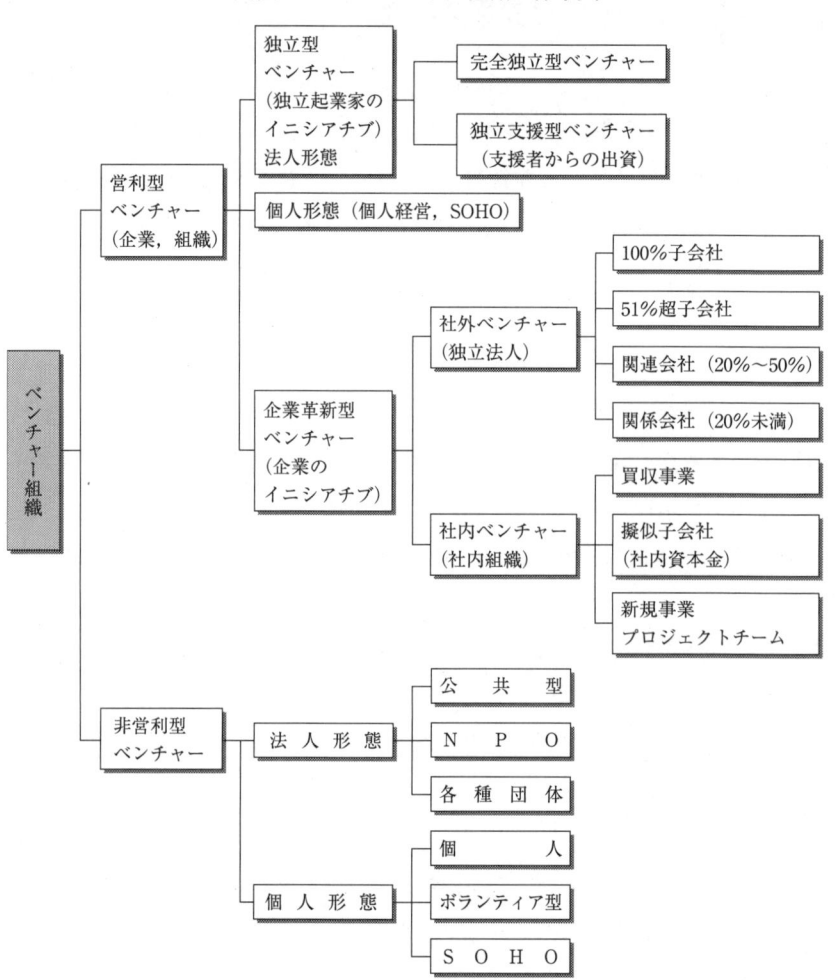

- ベンチャー組織
  - 営利型ベンチャー（企業，組織）
    - 独立型ベンチャー（独立起業家のイニシアチブ）法人形態
      - 完全独立型ベンチャー
      - 独立支援型ベンチャー（支援者からの出資）
    - 個人形態（個人経営，SOHO）
    - 企業革新型ベンチャー（企業のイニシアチブ）
      - 社外ベンチャー（独立法人）
        - 100％子会社
        - 51％超子会社
        - 関連会社（20％〜50％）
        - 関係会社（20％未満）
      - 社内ベンチャー（社内組織）
        - 買収事業
        - 擬似子会社（社内資本金）
        - 新規事業プロジェクトチーム
  - 非営利型ベンチャー
    - 法人形態
      - 公共型
      - ＮＰＯ
      - 各種団体
    - 個人形態
      - 個人
      - ボランティア型
      - ＳＯＨＯ

出所）柳孝一『ベンチャー経営論』日本経済新聞社，2004年，22ページ

おける知識集約化が進行していったことがある．また，大企業であるがゆえに陥りやすい組織の硬直化による限界が露呈し，ベンチャービジネスのようなわが国の産業の活性化を牽引する起爆剤が必要であった．さらにベンチャービジネスを支援するVCの環境が整ったことも影響している[3]．

清成は，ベンチャービジネスに関して次の6つの特徴をあげている[4]．

① 企業家によってリードされている
② 企業家の知能能力が高い
③ 大企業ないしは中堅企業からスピンオフした企業家が多い
④ ダイナミックな組織である
⑤ 人的経営資源の蓄積である
⑥ システム的発想である

清成は，この6つの特徴を総合して，ベンチャービジネスを個性的な異色企業とよび，その具体的形態および発展志向性に関して多様であると述べている．このような考えが，わが国のベンチャービジネス推進の基盤となっていくのである[5]．

(2) ベンチャービジネスの定義

1997年，清成や中村の考えをもとに日本ベンチャー学会が設立され，ベンチャービジネスの概念は統一的見解が出されるなど整備されてきた．

そういった中で，柳孝一はベンチャービジネスを具現化する企業について，「独立型ベンチャー企業」と「企業革新型ベンチャー企業」という考えを峻別し，図表21-1のように体系化した[6]．

① 独立型ベンチャー企業

柳は，中村と清成との考え方に基づいて，この定義を「高い志と成功意欲の強いアントレプレナー（起業家）を中心とした，新規事業への挑戦を行う中小企業で，商品，サービス，あるいは経営システムに，イノベーションに基づく新規性があり，さらに社会性，独立性，普遍性をもった企業」と規定

している．

　これを意味するものは，次の7つである．
- 起業家は，単に経済的成功を自己目的とするだけでなく，高い志が必要である．
- 「中心」という表現には，1人の起業家の完全ワンマンタイプだけでなく，起業家が複数結束して成功するパターンもあることを念頭に置いている．
- 「新規事業」と定めたのは，後にある「イノベーションに基づく新規性」があるからであり，当然新規事業への挑戦ということである．
- 中小企業基本法には，資本金と従業員で中小企業を量的に定めている．独立型ベンチャー企業は，当然中小企業の範囲に入るが，上記のような質的基準を満たすものを定義した．
- 「イノベーション」の内容については，シュンペーター（Shumpeter, J. A.）が述べているように新しい生産物，新しい生産方法，新しい組織の創出，新しい販売市場の開拓など非常に広い範囲が含まれる．
- 「社会性」とは，社会に貢献する事業内容であり，社会の一員として積極的に社会的責任を果たす意志があることを1つの尺度として株式の公開志向があることを意味する．
- 「独立性」は，他企業の下請けや系列でないという意味であり，独立型なのである．

② 企業革新型ベンチャー企業

　「高い志と成功意欲の強いイントレプレナー（社内起業家）を中心とし，企業革新を目指して新規事業への挑戦を行う組織，または企業で，商品，サービス，あるいは，経営システムにイノベーションに基づく新規性があり，さらに，社会性，普遍性をもった組織や企業」を企業革新型ベンチャー企業と規定した．

　これを意味するものは，次の4つである．

- 既存企業が環境変化に対応して企業革新を進める1つの方法として，社内外ベンチャーを位置づけている．
- イントレプレナー（Intrepreneur 社内起業家）は，その名のとおり，既存企業に所属しているが，社内ベンチャーの場合は，形態上別社会の所属になっている場合もありうる．
- 企業革新をめざして新規事業へ挑戦するのであるから，既存企業の経営陣の意思が大きく反映されるし，イントレプレナーにイニシアチブはあるものの，既存企業の戦略枠の中での発揮ということになる．このような位置づけから，「独立性」という項目はない．
- 大企業が企業革新型ベンチャーを起こす場合，特に社外ベンチャーのケースでは，中小企業の範囲である資本金3億円以下，または従業員300人以下を超えることもありうる．

このような「独立型ベンチャー企業」と「企業革新型ベンチャー企業」との明確な区別は，ベンチャー企業の創業をめざす多くの人びとに対しその道筋を示す意味で重要である．

21.3 ベンチャービジネスの支援について

企業を創業する，あるいは新たな事業を展開する場合，当然資金調達が必要となる．実際，その時期は，一般的に企業の経営機能が弱いため，自己資金を調達することは困難である．そこで，ベンチャービジネスの発展には，VCやエンジェルなどの支援が不可欠であった．その意味で，本節では，VCおよびエンジェルとは何かを確認する．

(1) ベンチャーキャピタルとは

中小企業総合事業団では，ベンチャーキャピタル(VC)の定義について諸説があるとした上で，そこに共通する概念および捉え方としては「ベンチャ

図表21-2　ファンドの出資者内訳

(人数：人，金額：百万円)

	人数	構成比	金額	構成比	1人当たり金額
無責任組合員及び業務執行組合員	47	12.0%	48,761	21.5%	918.0
その他組合員計	344	88.0%	178,218	78.5%	416.2
国内計	343	87.7%	174,908	77.1%	416.2
個人	77	19.7%	32,595	14.4%	219.4
他のベンチャーキャピタル	15	3.8%	731	0.3%	48.7
事業法人	118	30.2%	45,682	20.1%	221.2
銀行・信用金庫・信用組合	78	19.9%	39,915	17.6%	491.2
保険会社	15	3.8%	19,865	8.8%	1,418.9
証券会社	9	2.3%	10,570	4.7%	1,174.4
年金基金	0	0.0%	0	0.0%	NC
その他基金・財団	9	2.3%	3,800	1.7%	422.2
その他国内	22	5.6%	21,750	9.6%	1,035.7
海外計	1	0.3%	3,310	1.5%	NC
合計	391	100.0%	226,880	100.0%	483.3

N．サンプル社数　　　　　　　　　N＝54　　　　　　N＝53　　　　　　N＝52

備考）　金額はコミットメント金額ベース（コミットメント金額を特に設定していない場合は支払い金額ベース）である．
注）　1．人数または金額を回答している会社
　　　2．1人当たり金額は人数と金額を両方回答している会社
　　　3．四捨五入や内訳に無回答があるため，内訳計，合計が一致しないことがある
出所）　『平成17年度ベンチャーキャピタル等投資動向調査報告』15ページ

一企業に対する資金供給の主な担い手」であり，かつ資金供給の手段として「直接金融の形態を採る」ということから，「ベンチャービジネス向けの投資事業を実行することで，直接金融の形態を通じてベンチャーファイナンスを担う機関（会社，個人）」と定義している[7]．

つまり，VCとは，有望なベンチャービジネス，または企業家を発掘し，事業成長のための資金を供給し，投資先ベンチャービジネスの経営支援を行

って株式公開を促進し，公開後に市場で株式を売却して資金回収を図る投資を行う企業のことである．[8]

図表21-2の「ファンドの出資者内訳」[9]は，新規に組成された投資事業組合の属性を金額構成で示したものである．ここから，個人企業，事業法人および銀行・信用金庫・信用組合が金額および人数に関して際立っていることが理解できる．

神座保彦は，このように多様化するVCを次の5つに類型化している．[10]

① 金融機関系VC

金融機関の関連企業として設立されたVCであり，証券会社系，銀行系，保険会社系がこれに当たる．たとえば，JAFCO（野村証券），エヌ・アイ・エフSMBCベンチャーズ（大和証券，三井住友銀行）などがある．

② 事業会社系VC

企業が自社の事業ドメインにおけるアライアンス先の選定，あるいは，新分野での事業展開のためのシーズ探索などの意図を有し，ベンチャービジネスの発掘や投資育成を目的としたVCを設立するケースの典型である．たとえば，ソフトバンクインベストメント（ソフトバンク），CSKベンチャーキャピタル（CSK）などがある．

③ 独立系VC

金融機関系や事業会社系以外のVCを，業界では独立系VCとよぶ．実績のあるベンチャー・キャピタリストやベテランの経営者が独自の理念をもとに創設したVCが独立系VCの中核をなしている．たとえば，グローバルベンチャーキャピタル（JAFCOの出身者），フューチャーベンチャーキャピタル（日本アジア投資の出身者）がある．

④ 外資系VC

欧米の大手VCまたは事業会社系VCで，巨大ファンドによるグローバルな投資活動の一貫として，わが国で事務所を開いているVCをいう．その代表格には，インベスター・クロース・キャピタル・アジア，H＆Qアジ

ア・パシフィック・ジャパンなどがある．

⑤ 政府系VC

1963年に施行された中小企業投資育成株式会社法[11]に基づき，政府系VCとして，東京，大阪，名古屋に中小企業投資育成株式会社が設立された．この3社の中小企業投資育成会社は40年の歴史をもち，その間に3,000社に資金供給をした実績をもつ．また，1990年に産業基盤整備基金，日本政策投資銀行と民間企業の共同出資である新規事業投資株式会社も政府系VCの範疇に入る．[12]

(2) エンジェルとは

エンジェルとは，「ベンチャー企業に投資する裕福な個人をいう．エンジェルはベンチャーキャピタリストと同じような機能・役割を有するが，異なる点は，彼らは機関投資家や他の投資家の資金ではなく自分達自身の資金を投資することである[13]」と定義されている．

つまり，エンジェルとは，個人で私財をVBに出資するだけでなく，経営支援も行う個人投資家を指す．自らも成功した体験者が，後進の企業家を支援するために，事業の成功で得た資金や企業のスキルを活用するのである．

通常，ベンチャー企業への支援は，大変なハイリスクを伴う．特に，資金回収の期限が読みにくい．この点に関して，VCであれば，資金回収のメドが立ちにくい個人事業段階の投資に関しては意思決定がむずかしく，仮に投資した場合でも資金回収に対して厳しい態度でベンチャー企業と対峙する．資金の回収が滞ることになれば，M＆Aや別の投資家への株式の売却といった手段も行うのである．

その点，エンジェルは，経営している企業資金だけでなく経営者個人の資金で投資を行っているので，性急な資金の回収というより，むしろベンチャー企業の経営を採算ベースに乗せていくことを望む．その意味で，VCとエ

ンジェルとは実質的に異なるのである[14].

21.4 わが国のベンチャービジネス

　以上述べてきたベンチャービジネスの定義に照らし，わが国の企業を考えると，第2次世界大戦後において，厳しい環境にあったにもかかわらずベンチャー企業がすでに出現してきており，実際，画期的な技術開発の実用化に成功した企業がこの時期に数多く創業されてきた[15].

　そのような土壌の中で，わが国は，VCの出現といった好条件もあり，ベンチャー企業の起業が積極的になり，第1次から第4次に渡るベンチャー・ブームを経ることになるのである（図表21-3）[16].

① 第1次ベンチャー・ブーム

　この1970年代は，わが国の経済が高度成長のただ中にあって，既成の企業から独立し起業家をめざしていく気運が高まり，ベンチャー企業の起業に結びついたが，確かな新技術や画期的なアイデアにもとづくものではなかった．

　しかし，このような動きに対応し，1972年から1974年にかけてVCを行う企業が8社設立され[17]，その融資を通じ，ベンチャー企業が相次いで誕生していく．

　ところが，このVCが軒並み設立されていく中で，1974年に第1次オイルショックによる深刻な不況がわが国に起こり，多くのベンチャー企業は倒産に追い込まれていく．これを契機に第1次ベンチャーブームは沈静化していく[18].

② 第2次ベンチャーブーム

　この第2次ベンチャーブームは2つの要因から成り立っている．1つは1980年代に入ってハイテクブームが起こったこと，もう1つは1983年に施行された株式店頭市場の登録制度見直しである．そういった中で，VCが相次いで新設されていった．

図表21-3　日本のベンチャーブーム

ベンチャー・ブーム	年	出来事
第1次▶ ベンチャー・ブーム （列島改造ブーム） （第1次石油危機で終息）	1963	東京，大阪，名古屋の各中小企業投資育成会社設立
	1972	日本初の民間 VC である KED 設立
	1973	現存する民間 VC 最古の日本合同ファイナンス（現 JAFCO）設立 大手銀行系，大手金融機関系 VC 設立
第2次▶ ベンチャー・ブーム （産業のハイテク化，サービス化）	1982	投資事業組合の第1号を JAFCO が設定
	1983	店頭登録基準，東証2部上場基準の緩和 VC 設立ラッシュ（大手の銀行系，証券会社系に加え地銀系が参入）
（円高不況で終息）	1986	大手 VB 倒産
第3次▶ ベンチャー・ブーム	1993	
	1994	ベンチャー・キャピタルの投資先への役員派遣に関する規制の撤廃
（官民挙げてのベンチャー支援ブーム）	1995	中小企業創造活動促進法制定
	1997	商法改正ストックオプション導入 エンジェル税制導入
第4次▶ ベンチャー・ブーム （IT バブル全盛）	1998	投資事業有限責任組合法施行 大学等技術移転促進法制定 店頭市場改革 事業会社系，外資系，独立系の各 VC の参入相次ぐ
	1999	東証マザーズ開設
（IT バブル崩壊でブーム終息）	2000	ナスダック・ジャパン（現ヘラクレス）設立 新規参入 VC の撤退続出

出所）　神座保彦『[概論] 日本のベンチャー・キャピタル』ファーストプレイス，2005年，61ページ

1982年，VC設立は10社，1983年には14社と増え，地方でも設立することになる．このように第2次ベンチャーブームとは，ベンチャーキャピタルブームでもあったのである．

　ところが，この時期のVCは，新規創業する起業に投資をするのではなく，設立後10年から15年を経た実績のある企業を中心に資金提供をしていった．しかし，このようなベンチャーブームも1986年頃に起こった円高不況で終息していく[19]．

③ 第3次ベンチャーブーム

　1994年頃から第3次ベンチャーブームが発生する．このベンチャーを生み出す最大の要因は，バブル経済の崩壊であった．バブル経済による急激な景気高騰が，いったんはベンチャー企業の設立の機会をなくすことになるが，大企業を始めとしたリストラクチャリングによって大量の人材が放出され，その人材の多くがベンチャー企業を設立していく．

　ここで重要なこととして，この第3次ブームは，第1次，第2次ベンチャーブームのような政策的にも，金融支援にも，マスコミに支持されたブームでもなく，激動する時代の中で自然発生的に生まれてきたブームであった[20]．

④ 第4次ベンチャーブーム

　1998年に投資事業有限責任組合法，および大学等技術移転促進法が制定・施行された．また，同年の店頭市場改革により，東証マザーズ，ナスダック・ジャパンなどの新興市場開設により，ベンチャー企業を創業するための環境が整備されていく．

　さらに，同時期にアメリカにおいて，空前のITブームが起こり，VBやVCは大きな刺激を受けることになる．わが国においても，この余波を受け，ITバブルが発生し，第4次ベンチャーブームが発生する．このブームは，2000年のITバブル崩壊により，沈静化する[21]．

図表21-4　統一的定義による開業率　1988〜1994年[22]（企業に対する%）

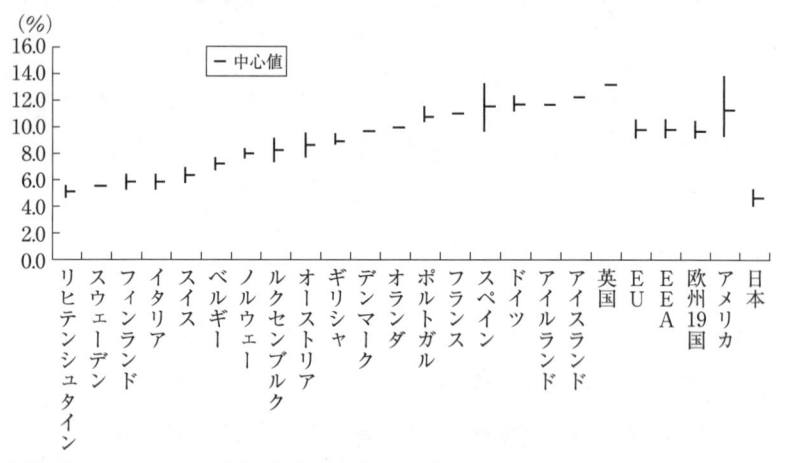

（グラフ：横軸に国名（リヒテンシュタイン、スウェーデン、フィンランド、イタリア、スイス、ベルギー、ノルウェー、ルクセンブルク、オーストリア、ギリシャ、デンマーク、オランダ、ポルトガル、フランス、スペイン、ドイツ、アイルランド、アイスランド、英国、EU、EEA、欧州19国、アメリカ、日本）、縦軸に0.0〜16.0%）

資料）『ヨーロッパ中小企業白書』第5次報告，1997年
注）各国の開業・廃業の定義は統一定義と異なるため，数値は各国統計に基づいて推計し直したものである．それに伴う誤差の範囲を縦線で示している．

出所）中小企業庁『中小企業白書　2003年版』ぎょうせい，2003年，298ページ

21.5 ベンチャービジネスの日米比較

　わが国のベンチャービジネス，特に，独立型のベンチャービジネスは，アメリカのベンチャービジネスから多くの影響を受けている．しかし，このようなアメリカの影響を受け，前節で確認した4期に渡るベンチャーブームを経ながらも，わが国にベンチャービジネスが本質的に根づいていないのではないかといった指摘がある．これは，わが国にベンチャービジネスを支援し，育成するという風土がないからだといわれている．

　清成らが70年代頃のアメリカにおけるベンチャービジネスの展開に照応する形でわが国のベンチャービジネスを推進したことはすでに述べた．加えて，世界経済を牽引してきたアメリカは，ベンチャービジネスの展開によるものであった．一方，日本は，GNP世界第2位の経済大国ではあるが，実

際,図表21-4にみられるヨーロッパ諸国およびアメリカと比較すると,わが国の開業率はいちじるしく低い.その意味でここに上述の指摘を受ける要因がある.

したがって,本節では,ベンチャービジネスの日米比較をする中で,なぜ,わが国に創業が少ないかといった原因をも明らかにする.

(1) アメリカのベンチャービジネス

ベンチャー企業の存在,そしてベンチャー精神は,アメリカ経済の活力と競争力を考える上で,非常に重要である.ベンチャー企業は,市場に革命的なアイデアや新しい技術をもたらし,アメリカ産業史上に残る数多くの企業家を輩出してきた[23].

しかしながら,アメリカにおけるベンチャー企業の実態や経済への貢献度を,具体的な数字で把握することはむずかしい.その理由として,まず「ベンチャー企業」の定義そのものが流動的であることがあげられる.これは,すでに前述のとおりであるが,アメリカでは,高度な技術力や専門性を活かし,高い成長の可能性を追求する創造的な新規事業を行う企業経営者が数多く輩出されているからである[24].

実際,アメリカでの「アントレプレナー」と総称されるベンチャー企業の起業家らは,年齢・性別・人種・経歴など非常に多彩であるが,アメリカで成功を収めているベンチャー企業を創業する起業家の特性は次の5つにまとめられる[25].

- ・創造性:既存の価値体系や常識にとらわれない柔軟な発想で,新しい技術や製品,サービス,経営手法を考え出すことができる力
- ・専門的知識:事業の核となる商品や市場についての豊富な知識と理解
- ・意志力:事業を成功に導こうとする意欲と,そのための不断の努力をいとわない強い意志
- ・安定性:心身ともに健康で,さまざまな問題に積極的かつ柔軟に対応で

きる強さ

・楽観性：リスクを恐れることなく可能性に賭けることを選び，失敗から学んだことを次に活かそうとし，いかなる時にも希望と自信を失わない姿勢

　加えて，ベンチャービジネスへの資金供給システム，大学などの研究機関，公的機関および法律・経営コンサルタントなど支援体制が整ったことで，才能あふれる人材が進んで独立・開業するケースが増えていることがあげられる．

　しかも，アメリカの社会は，ベンチャー企業や起業家の存在を経済発展になくてはならない存在として肯定的に捉えて，その健全な成長を支えようとしている．また，大企業の多くが経営不振にあえぐ中で，快進撃をみせるベンチャー企業と起業家の例はマスコミなどを通して広く知られるようになった．そのことが，多くの優れた人材をベンチャービジネスに引き付ける結果につながったと考えられる．[26]

　このように，1930年代にアメリカン・アプライアンス，1946年にアメリカン・リサーチ・アンド・ディベロップメント（ARD）が設立された．1957年には ARD により DEC が設立，その後中小企業投資会社によって防衛や航空宇宙に関するベンチャー企業が急激に増加していく．

　1980年代においては，シリコンバレーで多くのベンチャー企業が設立され，ベンチャー企業の集積地として注目される．その中で1987年にマイクロソフトが株式公開を行った．

　1990年代，コンピュータ・ソフトウェア，通信，コンピュータ・ネットワークナットワーキング，バイオテクノロジーなどのベンチャー企業が株式公開を行い，特に，1994年以降は，インターネットが急成長し，ハイテク分野，特にコンピュータ関連を中心にベンチャー企業は増加していく．[27]

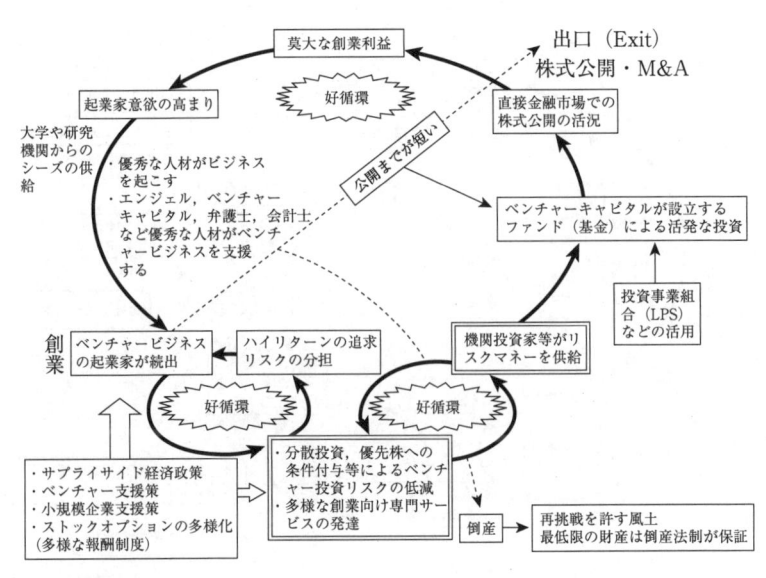

図表21-5　米国の創業の事業展開と好循環[31]

資料）通称産業省作成
出所）中小企業庁『中小企業白書　2000年版』大蔵省印刷局，2000年，232ページ

(2) 日米のベンチャー企業の比較

　日米のベンチャー企業の違いは，とりわけリスクに関する起業家らの意識や社会風土の違いから明らかである．たとえば，アメリカでは「ジュニア・アチーブメント[28]」という起業家育成教育プログラムが1919年から行われており，青少年が社会の仕組みや経済・金融の働きについて正しい理解を通じて，自分の確固たる意思で進路選択や将来設計に取り組み，自らの社会的適応力を育成している．現在，アメリカ国内の145拠点を通じて400万人の生徒がこのプログラムを受講している[29]．

　このようなアメリカの環境が図表21-5にある創業にかかわるさまざまな場で好循環を生み出している．だからこそ，アメリカでは仮に事業に失敗したとしても，肯定的に受け取られ，再挑戦の機会が与えられる[30]．

　一方，わが国の創業に対する事業環境は，図表21-6にある創業にかかわ

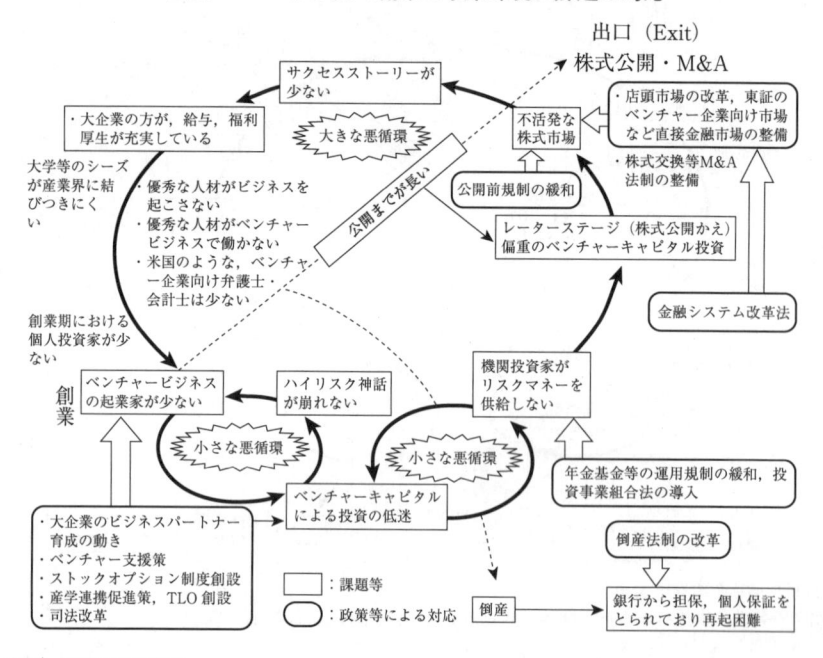

図表21-6　わが国の創業の事業環境の課題と対応

資料）通称産業省作成
出所）中小企業庁『中小企業白書　2000年版』大蔵省印刷局，2000年，233ページ

る場において小規模な悪循環を生み，企業を発展させていく好循環を生みにくいものとなっている．特に，わが国では事業の失敗に対し厳しく，再起の機会を得ることはむずかしい．ただし，通商産業省ではこのベンチャービジネスの日米比較に対し，すべて網羅しているとは述べていない．

　以上の点を鑑み，VCに対する日米比較を行うと，アメリカのVCは，小規模，非公開株式制，パートナーシップ体制などの特徴をもっており，運用した成果を報酬として投資先のベンチャー企業と分かち合うシステムをとっている．

　それに対し，わが国のVCは，株式会社形態をとり，アメリカのVCのような成功報酬システムを導入しているところは少ない．[32)]

図表21-7　日米のベンチャーキャピタルの成長段階別投資割合

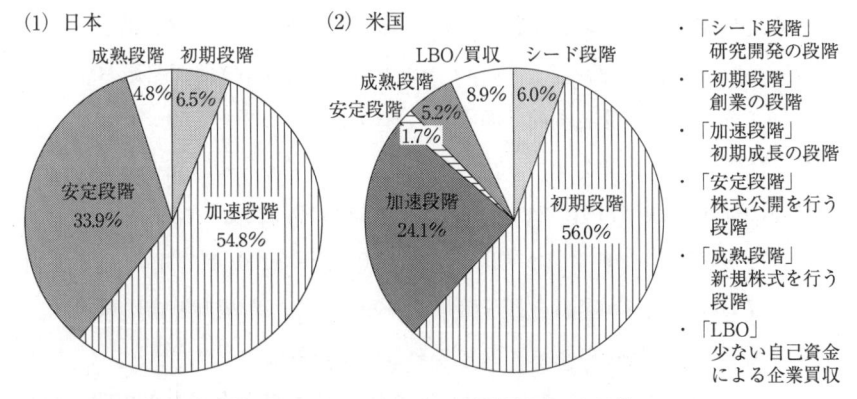

(1) 日本

- 成熟段階 4.8%
- 初期段階 6.5%
- 安定段階 33.9%
- 加速段階 54.8%

(2) 米国

- LBO/買収 8.9%
- シード段階 6.0%
- 成熟段階 5.2%
- 安定段階 1.7%
- 加速段階 24.1%
- 初期段階 56.0%

- 「シード段階」研究開発の段階
- 「初期段階」創業の段階
- 「加速段階」初期成長の段階
- 「安定段階」株式公開を行う段階
- 「成熟段階」新規株式を行う段階
- 「LBO」少ない自己資金による企業買収

資料）(1)は中小企業庁「我が国ベンチャーキャピタル実態調査」8年11月
　　　(2)は中小企業庁「米国ベンチャーキャピタル実態調査」8年12月
出所）中小企業庁『中小企業白書　平成9年版』大蔵省印刷局，1997年，371ページ

　図表21-7は，日米のVCの投資に対する姿勢を示している．たとえば，アメリカのVCがシード段階および創業の段階から投資をベンチャー企業に行っているのに対し，わが国のVCは，ある程度成功し実績のある加速段階および安定段階のベンチャー企業から積極的に投資を行っている．

　現在，わが国のVC環境も良好になってきたとはいえ，わが国のVCが株式会社形態をとっている以上，確実な回収をしなければならない．このため，わが国の資金調達環境はアメリカと比較すると脆弱である．その意味で，わが国のベンチャー企業に対する風土は厳しいものといえよう．

21.6　事例研究

　本節では，上述した，「独立型ベンチャー企業」と「企業革新型ベンチャー企業」の事例をあげ，その展開を確認する．

(1) 事例研究1（独立型ベンチャー企業：株式会社ウイング）

　新潟県新潟市に本社をおく株式会社ウイング（代表取締役　樋山証一）は，

1991年5月にコンピュータのシステム企業として設立されたベンチャー企業である．具体的にウイングが行っている業務は，コンピュータシステムの導入提案・コンサルティング，パッケージソフトウェアの企画開発および販売，ソフトウエアの受託開発，組織と人材の活性化に関するコンサルティングおよび研修，これにかかわるハードウェアおよび書籍の販売である．

現在の従業員数は71名（2005年10月），資本金は9,322万円である．売上高は5億4,000万円（2003年7月期），5億8,000万円（2004年7月期），8億円（2005年7月期）という実績を打ち出している．また，新潟県燕市に県央オフィス，東京都千代田区に東京オフィスをもっている．

この企業の特出すべき点は，1991年の創業時に資本金は1,000万円で，2004年には4,552万円，そのわずか1年後の2005年には9,322万円になったことである．また，社員数は創業時の4人から，2005年には71名に増加し，資本金および社員数といった面からも成長した企業といえよう．

一方，この企業は，経営の質的な面においても，1999年度および2000年度に新潟県経営品質賞奨励賞を受賞し[33]，さらに，2002年度に新潟県経営品質賞県知事賞を受賞する[34]など，この企業がもつ経営品質が対外的に認知された．

その受賞理由として，株式会社ウイングは，社長の熱意あふれるリーダーシップのもと，明確な企業理念と行動指針，営業理念を掲げ，顧客の活性化に貢献する企業の実現をめざして，経営品質向上活動を実践している．さらに，価値観の共有，社員提案による業務改善が進展し，高い顧客満足と高い品質の業務プロセスを確保しており，活動の成果としてV字型の業績回復を実現している．

具体的な評価内容は，以下の6点である．

①「お客様に"快適"と"競争力"を提供します」との明確な営業理念を掲げ，経営トップの熱意あふれるリーダーシップのもと，全員参画による経営品質向上活動の展開．

②「クレームや要望対応」や「アフターサービス対応」など明確な顧客対

応基準とソフトウエアクレームの「ＡＢＣ３段階の深刻度」を設定した「プロジェクト報告書」の有効活用による強い顧客信頼関係の構築.[35]

③「顧客の活性化（顧客の競争力強化）のための価値を提供する」という明確な認識に基づき構築された基幹プロセスと，きめ細かいプロセス管理による品質と顧客満足向上の仕組み.

④経営アセスメント合宿，社員の個別事情対応の研修プログラム，職務要件書，評価面談など，全社員を対象とした価値観共有と人材スキル向上の仕組み.

⑤「ウイング倫理規程」の輪読にみられる企業倫理遵守の精神を社内に浸透させるための全社員による取り組み.

⑥組織が３拠点に分散した中，トップのリーダーシップと社員の高い意欲で達成した業務プロセス改善と顧客支持率向上の結果としてのＶ字型の業績回復.

このような第三者機関からの高い評価は，ウイングの経営に対する取り組みが社内外において正しかったという認識を与え，そのことによって企業の付加価値を高めた．

また，新潟県経営品質賞の受賞は，既存の企業やベンチャー企業の大きな目標となっている．その意味で，ウイングの受賞は，代表取締役の樋山証一の高い企業家としての経営姿勢を反映したものであり，社員がその樋山の姿勢を理解し，具現化したのである．

システム企業としての社員の技術的なスキルはどの企業においてもさほど変わりはない．しかしながら，ウイングの社員は，技術的な側面だけではなく，顧客を満足に導く徹底した姿勢をもっているといえよう．それができるのも，樋山が社員全員に明確な目標を共有させ，社員全員のベクトルを一致させたからに他ならない．

これは，樋山が，社員一人ひとりに権限をもたせ社員の能力を最大限に活

かし，また，「社員の夢，顧客の夢，社会の夢の実現が当社の独自性である」といった基軸を打ち出しているからである．

最後に，樋山は，「ベンチャーは既存のものを打ち崩すもの，そして新しい価値を生むもの」と述べている．また，「トライして失敗することや壁があるからといって尻込まないこと」，「人は与えられた条件で仕事を精一杯行うこと」が次の展開につながると考えている．

(2) 事例研究2（企業革新型ベンチャー企業：株式会社サカタ製作所）

株式会社サカタ製作所（代表取締役　坂田匠）は，新潟県長岡市に本社をおき，金属折板屋根用部品の設計，製造および販売，住宅用建築金物の設計，製造および販売，金型の設計および製造を事業内容としている．

創業は1951年であり，1973年に有限会社，1990年に株式会社になった．2005年11月現在の資本金は1,320万円，従業員数111名である．売上高は2004年12月で31億円，2005年12月で37億円である．また，東京都千代田区と大阪府大阪市に営業所をもつ．

現在，自社開発した200種以上の金型をもとに，顧客のニーズに合わせた製品を数千種以上生産している．実際に，サカタ製作所は，これまで200を超える特許と実用新案を誕生させてきた．具体的には，電動ハゼ締め機械，特殊なタイトフレーム，タイトフレーム用締付け具といった二重屋根工法や葺き替え屋根用の部品も提案し，CQD（C＝葺き替えのコスト削減，Q＝二重構造による住環境の改善，D＝工期の短縮）に貢献してきた．その結果，サカタ製作所の国内シェアは，現在60％に至り，マーケットリーダーとなった．

この企業の何よりも優れた点は，長期不況下であった時も，自社ブランドの高度化だけでなく，OEM生産などにおいて，イノベーションに積極的に取り組んできた点であるが，同時に，CIMを導入し，生産の効率化を実現し，その結果として，労働時間を削減するなど，社員にゆとりを与えたことである．厚生労働省からこの企業努力を評価され，1994年にサカタ製作所は

「ゆとり創造賞・優秀賞」[36]を受賞した．

このように，不況下であっても専業メーカーの中でトップリーダとしての地位を確立しながら高い収益を上げ，社員の労働時間の削減を実現したことは，サカタ製作所が高い経営能力に加え，潜在的な経営資源の高度化を図ってきたことに他ならない．

特に，サカタ製作所は，顧客の要望に応える組織を構築してきた．たとえば，部門ごとに日々専門性を高める一方，管理部門から現場まで社内IT化を進め，情報を社内においてオン・ラインで共有し，迅速かつ柔軟に顧客の要望に対応できる提案型の体制を整えている．

実際，「ノー・プロブレムがプロブレム」という視点で妥協をすることなく，顧客に対して社員が出向き，顧客とのコミュニケーションを実現することで，改善点を発見し，顧客の良き「アドバイザー」となることを目標としている．

また，技術開発部門では，金型の設計，製造から製品の設計まですべて自社内で行い，三次元CADを駆使して顧客の要望を具体化し，信頼される技術力を強化している．

このような展開を具体的に進めるために，生産部門を一工場に集約し，自動化生産ラインと自動倉庫を備え，小ロットの単品対応に加え，大量発注にも即応できるシステムを整えることで一層の合理化を図ってきた．

以上から，サカタ製作所は，中小企業としてバランスの取れた経営を行う，まさに，総合力をもった企業といえよう．

というのも，サカタ製作所が坂田のもとで経営改革のための外部組織・人材の活用を継続しながら，企業の礎たる社員の育成にも尽力し，営業・開発・生産・管理の各体制を強化してきたからである．これも，坂田が高い経営者としての意識を常に再構築してきたことによる．

実際，坂田は1995年に社長に就任するが，実質の経営を担い，サカタ製作所の経営革新に着手したのは，坂田が入社した1985年からである．そこか

ら，先代の社長である坂田省司とともに業界のトップ企業としてサカタ製作所を成長させていき，坂田匠の社長就任によってサカタ製作所は更なる発展を社員と一体となって成し遂げることになるのである．

これは，「社会性に優る方針なし，教育に優る業務なし，会社は公器である」といった経営理念を坂田匠が常に心がけて経営を行ってきたことによるといえよう．

21.7 結 び

現在，わが国のベンチャービジネスは，経済の再生の気運と重なり，積極的な展開をみせてきた．また，短期的に急成長し，巨大化したベンチャー企業の経営者は，収益を上げ，株価を上昇させ，企業買収によって企業を拡大化させ，企業のグローバル化を実現してきた．さらに，これを目の当たりにした多くの人びとは，創業の可能性に魅了され，創業をめざした．

しかし，このように急激な成長を遂げた企業の一部は，衝撃的な不祥事を起こしてしまった．このとき，われわれは成功の意味を再考せざるを得なくなった．

ベンチャー企業を起こし，企業経営を行い，企業を維持・成長させていくには，公正さや企業の社会的責任を考慮して経営を行うことが必要である．その意味で，企業経営には，揺るぎのない基軸が必要である．この基軸を打ち立て，以上に述べた経営を実践することで，初めて真の成功が導き出されると考えるのである．

そのため，わが国では，まずVCの取り組みや諸制度の仕組みや，創業の機会を増やすことと同時に，起業家としての考えを養うことができる環境を整えるべきである．たとえば「ジュニア・アチーブメント」などのような形で教育システムに取り入れることによって，幼少より，持続的に将来設計や未来へのチャレンジ精神が育まれるであろう．

ところで，わが国の企業は，良質な製品を廉価で販売してきた．これは，

わが国の企業が経営革新を弛まず行ってきた成果であり，ベンチャービジネスを具現化してきたといえまいか．

しかしながらわが国における，ベンチャー企業を取りまく環境は依然として厳しいものである．その中で，ベンチャービジネスを実現し，顧客との信頼関係を構築してきた企業もある．たとえば，事例研究で述べたウイングやサカタ製作所もその好例といえよう．

ここで，ウイングの目標の1つである「人は与えられた条件で仕事を精一杯行うこと」は，ベンチャービジネスにとって，困難な環境を乗り越える強い意思が必要であるといえよう．

最後に，ベンチャービジネスは，わが国の経済を活性化させる重要なビジネスであるが，一方で，起業家としての自己実現を果たす重要な場でもある．その意味で，わが国のベンチャービジネスに必要なことは，ベンチャービジネスを成せる環境を整備すると同時に，サカタ製作所の「社会性に優る方針なし，教育に優る業務なし，会社は公器である」といった理念を軸に自己実現を果たす意思を示すことではないかと考えるのである．

注)

1) 佐竹隆幸『中小企業のベンチャー・イノベーション』ミネルヴァ書房，2004年，3ページ
2) 清成忠男『ベンチャー・中小企業 優位の時代』東洋経済新報社，1996年，78ページ
3) 同上書，81-82ページ
4) 同上書，79ページ
5) 1970年代からベンチャービジネスは，産業界に受け入れられていくが，1997年に日本ベンチャー学会が設立されたことからも，学術的にベンチャービジネスという言葉が定着するまで多くの時間を費やした．
6) 松田修一監修/早稲田大学アントレプレヌーレ研究会/編『ベンチャー企業の経営と支援』日本経済新聞社，2002年，5-7ページ
7) 中小企業事業団『平成15年度 中小企業実態調査 主要ベンチャーキャピタルの投資重点分野と支援の実態』2004年，1ページ

8) 神座保彦『[概論] 日本のベンチャー・キャピタル』株式会社ファーストプレス，2005年，2ページ
　この定義は，最近では，企業買収などに投資するなど，VCの活動は拡大を続けている．
9) 財団法人ベンチャーエンタープライズセンター『平成17年度ベンチャーキャピタル等投資動向調査報告』15ページ．同センターは日本のベンチャー企業の発展を支援するために昭和50年に設立された経済産業省の外郭団体である．
10) 神座保彦，前掲書，68‐74ページ
11) 中小企業投資育成株式会社法は，1968年に施行されてから，2005年にかけて8度改定された．この法律は，中小企業投資育成株式会社が中小企業の自己資本の充実を促進し，その健全な成長発展を図るため，中小企業に対する投資等の事業を行うことを目的とするものである．
12) 産業基盤整備基金は，「民間事業者の能力の活用による特定設備の促進に関する臨時措置法」（民活法）に基づき，1986年に旧大蔵省および旧通商産業省共管として設立された特別認可法人である．
13) 『平成15年度　中小企業実態調査　主要ベンチャーキャピタルの投資重点分野と支援の実態』23ページ
14) 神座保彦，前掲書，7‐9ページ
15) 森谷正規・藤川彰一『ベンチャー企業論』放送大学教育振興会，1997年，24-25ページ
　たとえば，浜松ホトニクス(1953年設立)，カシオ計算機(1957年)，京セラ(1959年)，セガ・エンタープライゼス(1960年)，ユニ・チャーム(1961年)，島精機製作所(1961年)，セコム(1962年)などがあげられる．
16) 神座は，『[概論] 日本のベンチャー・キャピタル』において，第3次ベンチャーブームを2000年までに区切らず，1996年ごろに終息したとし，1998年から2000年までを第4次ベンチャーブームとした．
17) この8社は，銀行あるいは銀行と証券会社との共同出資で行われた3大手銀行系や旧4大証券の7社のVCと京都エンタープライズ・デベロップメントというVCである．
18) この時期に設立し成功したベンチャー企業は，SCK（1968年設立），ローランド（1972年），モス・フードサービス（1974年），セブン・イレブン・ジャパン（1973年）などがある．
19) この時期に，アスキー(1977年)，技研製作所(1978年)，日本コンピュータシステム(1980年)，ソフトバンク(1981年)，雪国まいたけ(1983年)，朝日ソーラー(1983年)などが設立された．
20) この時期に創業した起業として，メガチップス(1990年)，鷹山(1990年)，

ザインレクトロニクス(1991年)，IIJ(1992年)，楽天(1997年)などがある．
21) この時期には，株式市場ではIPO（新規株式公開）企業が増加し，2000年の新規公開銘柄は200社を超え，高騰するIT関連企業株が続出した．
22) この資料は，中小企業総合研究機構編『ヨーロッパ中小白書　第5次年次報告』(1997年)のデータを2003年度版の『中小企業白書』で取り上げたものである．その後『ヨーロッパ中小白書』は「第8次年次報告」まで出版されたが，このような「開業率」は，「第5次年次報告」以降作成されていない．
23) 中小企業事業団ニューヨーク事務所『米国におけるベンチャー企業の実態』1996年，3ページ
24) 同上書，4ページ．なお，このような企業家をアメリカでは「アントレスレナーシップ」「スモール・アンド・グローイング・カンパニーズ」「ハイテク・スタートアップ」とよんでいる．
25) 同上書，7ページ
26) 同上書，7ページ．ここでは，ベンチャー企業がアメリカ経済を活性化する切り札となっている点を強調し，その意味で，ベンチャー企業をアメリカ社会が好意的に捉えている点をこの報告書で述べている．
27) 森谷正規・藤川彰一，前掲書，64-95ページ．森谷は，アメリカのベンチャー企業の歴史的な発展を逐一検証し，説明している．本内容に関し，発展したベンチャー企業を書かせて頂いた．
28) これは，世界最大の経済教育団体で民間の非営利活動を展開している．わが国においても1995年に日本本部が設立された（http://www.ja-japan.org/)．
29) これは，ジュニア・アチーブメント国際本部が2005年6月20日にロンドンで報告したものである．
30) 中小企業事業団ニューヨーク事務所，前掲書，3ページ
31) これは，ベンチャー企業のすべてを図式化したものではないが，アメリカのベンチャー企業の概観を概観できる意味で重要である．図表21-6も同様である．
32) 神座保彦，前掲書，110～111ページ
33) この新潟県経営品質賞とは，1998年に創設された新潟県経営品質協議会によって，競争力のある経営体質・組織風土の変革の取り組みを行っている新潟県下企業や組織について評価するものである．
34) 新潟経営品質賞は，「新潟県知事賞」「奨励賞」「チャレンジ賞」に分かれており，その中でも，「新潟県知事賞」とは，卓越した経営，「革新的な素晴らしい経営」として特に高い評価を得たものをいう．
35) ウイングのこの業務プロセスは2002年度新潟県経営品質賞県知事賞を受賞時のものである．というのも，ウイングは業務プロセスを毎年再構築して展

開しているからである (http://www.nqac.com).
36) 1985年に経済対策閣僚会議で決定された「内需拡大に関する対策」における「ゆとり創造社会」へ向けて，労働時間短縮などを実現した企業に対し与えられる賞である．

◆参考文献

清成忠男『ベンチャー・中小企業　優位の時代』東洋経済新報社，1996年
松田修一監修/早稲田大学アントレプレヌーレ研究会/編『ベンチャー企業の経営と支援』日本経済新聞，2002年
柳孝一『ベンチャー経営論』日本経済新聞社，2004年
神座保彦『[概論]日本のベンチャー・キャピタル』ファーストプレイス，2005年
森谷正規・藤川彰一『ベンチャー企業論』放送大学教育振興会，1997年
佐竹隆幸『中小企業のベンチャー・イノベーション』ミネルヴァ書房，2004年
山川晃治『ベンチャー企業経営の時代』産業大学出版部，1995年
中小企業事業団『平成15年度　中小企業実態調査　主要ベンチャーキャピタルの投資重点分野と支援の実態』2004年
(財)中小企業総合研究機構編『アメリカ中小企業白書　2002-2004』同友館，2005年
(財)中小企業総合研究機構編『ヨーロッパ中小企業白書　第8年次報告』同友館，2005年
中小企業庁『中小企業白書　1997年版』大蔵省印刷局，1997年
中小企業庁『中小企業白書　2000年版』大蔵省印刷局，2000年

索 引

あ 行

ISO14000 177-179
相対取引 251
アカウンタビリティ 75
アジア太平洋経済協力会議（Asia-Pasific Economic Cooperation） 118
アンゾフ，I. H. 229
安定株主 61, 110
アンドリューズ，K. R. 228
アントレプレナー 319
アントレプレナー・スクール 232
暗黙知 293
委員会設置会社 9, 56-57, 69
委員会等設置会社 56, 66, 69-70
イギリス会社法 89
育児介護休業法 156
e-Japan戦略 290
5つの競争要因 232
5つのパースペクティブ 292
eマーケットプレイス 299
インターナショナル・コーポレート・ガバナンス・ネットワーク(ICGN) 116
インターミディアリー(intermediary：中間支援組織) 218-221, 223
ウォール・ストリート・ルール 26, 77
失われた10年 282
営業 248
　　――譲渡 37
英米型企業統治システム 86
エージェンシー理論 27-28
SRI 138, 196
SPCパラダイム 231
越後ものづくりネットワーク 299
NGO 188, 192, 213-215, 221-223
NPO 213-223
NPO法 216
M＆A 35, 248
M＆A後の事業統合 256
LLP 13
エンジェル 314
OECDコーポレート・ガバナンス原則（OECD原則） 118

か 行

大塚久雄 20

海外拠点網 260
海外進出の動機 259
海外生産 261
　　――比率 262-263
海外販売拠点 260
会計参与 56
会社構成員法 77
会社の統治主体 78
会社法 6, 9-12, 56-57
会長とCEOの分離 92
外部成長 255
外部取締役 79-81
価値ベース戦略 37
活動システム 231
　　――に基づく企業観 244
合併 35, 249
株式移転 250
株式会社 2, 5, 8-9, 11-13, 15, 101-103
　　――革命論 23, 25
　　――権力 75
株式交換 251
株式合資会社 101
株式時価総額 253
株式取得 37, 250
株式所有構造 92
株式相互所有 60, 103
株式の分散 13, 15-16
株主価値 81-83
株主行動 196
　　――主義 96
株主主権論 81
株主総会 5, 9-10, 13, 15-17, 57, 59, 61, 63, 71, 99, 101-103, 105, 108, 111
株主第1位モデル 83
株主代表訴訟 70-71
株主の権利 121
株主反革命 27
株主民主主義 78
カリフォルニア州公務員退職年金基金（CalPERS） 116

カルテル　34
CalPERSコーポレート・ガバナンス原則　126
CalPERSの対象国家要求　126
CalPERS・Hermesコーポレート・ガバナンス提携の枠組み　126
環境NGO　188
環境会計ガイドライン　179
環境基本法　168-169, 171
環境パフォーマンス指標　182-183
環境報告書　185-186
　──ガイドライン（2003年版）　186
環境マネジメント・システム（EMS: Environmental Management System）　176, 178-179, 192
監査委員会　69
監査役　99
監査役会　9, 56-57, 60, 69-71, 99-101, 105, 107-109, 111
　──設置会社　9, 56-57, 59, 62-63, 70
間接輸出　260
完全機能型中小企業　286
完全子会社化　251
カンドゥワラ, P. N.　235
機関投資家　25-27, 77, 81, 83, 92-94
企業革新型ベンチャー企業　310
企業競争力の強化　133
企業経営機構　132
企業結合　32
企業合同　34
企業集中　32
企業性　48, 50, 53
　──基準　282
企業的家族経営　283
企業統治　11, 17-18, 60-61, 64-65, 69-71
　──改革　86, 88
企業独自原則　127
企業の社会的責任（CSR）　18, 96, 153, 177, 192
企業不祥事の防止　133
企業法制度改革　120
企業連合　34
議決権　248
記述的スクール　226
寄託議決権　105, 110
　──制度　110
規範的スクール　226
規模の経済　4

キャドバリー委員会　87, 115
キャドバリー報告書　88, 94, 115
キャロル, A. B.　142
吸収合併　35, 249
供給指向立地型　284
教職員保険・年金基金大学退職株式ファンド（TIAA-CREF）　116, 126
競争回避戦略　237
競争優位　237
共同化　294
共同決定法　99-100, 109
協同戦略パースペクティブ　292
京都議定書　165-166
業務執行取締役　91
業務提携　255
銀行権力　110
クイン, J. B.　229
グリーンブリー委員会　87, 115
グリーンブリー報告書　88, 94, 115
グローカル戦略　267
グローバル・コーポレート・ガバナンス原則（ICGN原則）　117
グローバル・コーポレート・ガバナンス・フォーラム（GCGF）　124
グローバル戦略　267
グローバル統合段階　266
経営規律　40
経営資源　249, 259
経営者革命論　23
経営者支配　15-16, 23-24, 105, 108
経営体制法　99, 101
経営統合　249
経済協力開発機構（OECD）　118
経済摩擦回避　264
形式知　293
KD（ノックダウン）生産　261
ケイパビリティ　245
ゲマワット, P.　239
現地生産　261
現地法人　261
　──段階　264
ゴーイング・コンサーン（継続企業体）　139
公益性　43-45, 47-50, 53
公開会社（PLC）　56, 89
公開買い付け（TOB）　250
公企業　2, 3, 4
合資会社　2, 5, 7, 8, 102

索　引　335

公私合同企業　2, 3
公衆会社　105
公的規制　46-47, 49
合同会社(LLC)　6, 12
合名会社　2, 4, 5-8, 12, 102
国際化　259
国際化の進展段階　263
国際化の動機　259
国際事業部型　266
国際標準化機構 ISO (International Organization for Standardization)　177
国際ポートフォリオ戦略　267
コグニティブ・スクール　233
コーポレート・ガバナンス　56, 73, 103, 109-110, 114, 144, 155-156
コーポレート・ガバナンス原則　114, 117-118, 124, 127
コーポレート・ガバナンス原則の関係　131
コーポレート・ガバナンスの基本的体系　132
コンツェルン　34
コントラック(Kon Trag)　112
コンビナート　34
コンメンダ(commenda)　5

さ　行

財産の変革　24
サウスウェスト航空　242
サスティナビリティ　139
CII コーポレート・ガバナンス原則　126
CSR (企業の社会的責任)　18, 138, 160, 161, 196
GMコーポレート・ガバナンス原則　127
私企業　2, 43-44, 46-49
事業再構築　255
事業者団体　34
事業組織　248
事業持株会社　38
資源依存パースペクティブ　292
資源に基づく企業観　244
資源のコミットメント　245
市場外取得　250
市場経済　45
市場取得　250
事前承認権　107
執行役　9, 67, 70-71
執行役員　65-66, 70

──制　65-67, 69
私的な政府　74, 83
シナジー効果（相乗効果）　249
支配権　248
資本側代表監査役　101-102, 107
指名委員会　69
社員総会　11
社外監査役　62, 70
社会起業家 (social venture：ソーシャル・ベンチャー)　222-223
社会的企業 (social enterprise：ソーシャル・エンタープライズ)　222-223
社会的責任 (CSR)　27, 74, 222
──投資 (SRI：Social Responsible Investment)　96, 154-155
──報告書 (CSRレポート)　151, 184-185
──論　75
社外取締役　58, 64, 67-69
社内育成　255
シャーマン法　39
従属型中小企業　285
集中排除法　278
ジュニア・アチーブメント　321
需要指向立地型　283
純資産価額　253
純粋持株会社　38
省エネルギー政策　280
小規模企業　275
商社経由段階　263
上場規則　120
情報開示・透明性　121, 132
情報システムの統合　256
情報ネットワーク　290
所有経営者　8
所有と経営の分離　9, 14
所有と支配の分離　16
新規発行株式　251
人事制度の融合　256
新設合併　35, 249
人的会社　7
垂直的 M＆A　251
水平的 M＆A　251
スクリーニング　196
ステークホルダー（利害関係者／利害関係者集団）　17-18, 25, 27, 76, 79, 81, 83, 121, 132, 143, 151, 154-156, 158-159, 162, 180-182, 184-185

──資本主義　82
ストラテジック・バイヤー　251
スノー，C. C.　235
SWOT 分析　228
生業的家族経営　283
製造物責任（PL:Product Liability）　158
制度化パースペクティブ　293
製品別事業部型　267
石油ショック　280
説明責任（アカウンタビリティ）　210
ゼロ・エミッション　172-176
選択と集中　254
専門経営者　8, 14-16
総会屋　59
相互会社　2, 11
ソキエタス（societas）　4
組織・パースペクティブ　292
組織統合の方法　256

た　行

第三者割当増資　251
第3セクター　4
第二創業　306
代表執行役　70
代表取締役　9-10, 57-59, 63, 70
大量保有報告書　250
多角的 M＆A（混合型 M＆A）　252
男女雇用機会均等法　156
単層型取役会制度　90
地域内完結段階　26
地域別事業部型　267
小さな政府　48-49, 51
チャンドラー，A. D.　228
中間支援組織　219
中小企業基本法　275
中小企業庁設置法　279
直接輸出　261
TIAA-CREF コーポレート・ガバナンス原則　126
敵対的買収　26-27, 39, 75-76
デザイン・スクール　227
撤退戦略　269
撤退比率　269
ドイツコーポレート・ガバナンス規範　112
統合規範　86, 88, 90, 94, 116
投資会社　252
独占禁止法　38, 278

特定非営利活動促進法（NPO 法）　215
特別決議　248
独立型中小企業　285
独立型ベンチャー企業　309
独立性基準　285
独立取締役　64, 69
ドッジライン　279
トラスト　34
取締役会　5, 9-10, 13, 15-17, 56-58, 63-64, 66, 69-71, 90-91, 99, 101, 107-108, 121
取締役会委員会　81, 91-92
──制度　90
取締役会会長　91
取締役会の構成員　77, 79
取引コスト・パースペクティブ　293
トリプル・ボトムライン（Triple Bottom Line）　143, 195

な　行

内部成長　255
内部取締役　79, 81
内面化　295
ナレッジ・マネジメント　293
南海泡沫会社事件　21
日本コーポレート・ガバナンス・フォーラム（JCGF）　127
日本郵政株式会社　52
日本郵政公社　51-52
ネイルバフ，B.　239

は　行

場　290
買収　35
買収価格　250
買収ファンド　252
パッケージャー　300
ハブ＆スポークス・システム　242
バブル経済　281
バーリ，A. A.　23, 29
バリューチェーン　241
ハンペル委員会　87, 115
ハンペル報告書　88, 115
東インド会社　20
非業務執行取締役　91
BCG　230
ビジネス・ランドスケープ・プロセス　239
PPM　230

表出化　294
フィナンシャル・バイヤー　251
副業的・内職的家族経営　283
普通決議　248
プラザ合意　281
ブランデンバーガー，A. M.　239
プランニング・スクール　227
ブロードバンド　291
Hermes コーポレート・ガバナンス原則　126
ベンチャーキャピタル　311
ベンチャービジネス　307
ベンチャー・ブーム　315
変動相場制　280
ポイズンピル　40
報酬委員会　69
法人格　249
ポジショニング・スクール　227
ポーター，M. E.　231, 238
ポートフォリオ・プランニング　230
本来の企業　283

ま　行

マイナース報告書　96
マイルズ，R. E.　235
マックスウェル事件　93
マトリックス型　267
マルチドメスティック戦略　267

3つの基本戦略　241
ミラー，D.　235
ミーンズ，G. C.　23, 29
ミンツバーグ，H.　226, 232
無限責任　4, 6, 7
無限責任社員　7
無限責任出資者　5, 7
持株会社　37-38, 249
問題性中小企業　286
モンタン共同決定法　99-100

や　行

有限会社　2, 9-11, 56-57, 71, 101-102
有限責任　5, 13
有限責任事業組合　13
有限責任社員　7, 9
有限責任出資者　5, 7
友好的な買収　251
郵政事業の民営化　50-52
輸出志向　261
ユニバーサル・バンク　109
輸入代替工業化政策　261
4つのモード　294

ら　行

立地基準　283
連結化　295
労働側代表監査役　101, 107

編著者略歴	佐久間信夫	
		明治大学大学院商学研究科博士課程修了

現　職　創価大学経営学部教授　経済学博士
専　攻　経営学，企業論
主要著書
『企業集団研究の方法』文眞堂　1996年（共編著），『現代経営における企業理論』学文社　1997年（共著），『企業集団支配とコーポレート・ガバナンス』文眞堂　1998年（共編者），『現代経営学』学文社　1998年（編著），『企業集団と企業結合の国際比較』文眞堂　2000年（共編著），『新世紀の経営学』学文社　2000年（編著），『現代経営用語の基礎知識』学文社　2001年（編集代表），『企業支配と企業統治』白桃書房　2003年，『企業統治構造の国際比較』ミネルヴァ書房　2003年（編著），『経営戦略論』創成社　2004年（編著），『増補版　現代経営用語の基礎知識』学文社　2005年（編集代表），『アジアのコーポレート・ガバナンス』学文社　2005年（編著）など

現代経営基礎シリーズ2
現代企業論の基礎

2006年8月10日　第一版第一刷発行

編著者　佐　久　間　信　夫
発行所　㈱　学　文　社
発行者　田　中　千　津　子
　東京都目黒区下目黒 3-6-1　〒153-0064
　電話 03(3715)1501　振替 00130-9-98842
落丁，乱丁本は，本社にてお取替えします。
定価は売上カード，カバーに表示してあります。

ISBN 4-7620-1572-5　検印省略
　　　　　　　　　　印刷／シナノ印刷株式会社